W0171411

Ein typisches Brandenburger Dorf

Vorwort

»Willst du immer weiter schweifen? Sieh, das Gute liegt so nah. Lerne nur das Glück ergreifen, denn das Glück ist immer da.« – Goethes berühmter Vierzeiler bekommt im Barnimer Land und in der Uckermark noch einmal einen ganz besonderen Klang. Quasi vor den Toren der Millionenmetropole Berlin, maximal eine Fahrstunde entfernt, zählen die beiden Regionen im Nordosten Brandenburgs zu den schönsten Naturlandschaften, mit denen die deutsche Landkarte aufwarten kann. Von Nord nach Süd, von Ost nach West sind Wasser und Wald die gestaltenden Elemente. Dazu gesellen sich stille Flussauen, Wiesen, Felder und jede Menge Sand, die dem Land seinen ganz eigentümlichen, herben Liebreiz verleihen.

Kleine Dörfer, Alleen mit uralten Bäumen und gemächlich dahinziehende Gewässer, auf denen die Boote schaukeln, laden dazu ein, einen Gang runterzuschalten und die Stille rundum zu genießen. Seen in Hülle und Fülle, über Flüsse und Kanäle miteinander verbunden, außerdem ein über Tausend Kilometer langes Radwegenetz und noch mehr Kilometer Wanderwege machen das Barnimer Land und die Uckermark zu einer einzigartigen Wanderregion – sei es auf Schusters Rappen, sei es mit dem Rad oder dem Boot. Dies ganz im Zeichen des sanften Tourismus in einer Region, in der im Naturpark Barnim, im Naturpark Uckermärkische Seen, im Biosphärenreservat Schorfheide-Chorin und im Nationalpark Unteres Odertal ein Großteil der gesamten Fläche unter Naturschutz steht.

Vom mittelalterlichen Thermalbadestädtchen Templin zum verschwiegenen Land an der Oder, vom Berliner ›Speckgürtel‹ über die grüne Schorfheide zur Flößerstadt Lychen, von der Barnimer Kreisstadt Eberswalde mit langer industriegeschichtlichen Tradition zu den backsteingotischen Hinterlassenschaften in der uckermärkischen Hauptstadt Prenzlau – das nordöstliche Brandenburg hat mannigfaltige Gesichter. Schlösser und Herrenhäuser, mittelalterliche Feldsteinkirchen und Klosterruinen, Orte mit historischen Stadtkernen ebenso wie spannende industriegeschichtliche Denkmale zählen zum reichen kulturellen Erbe.

Wer also meint, die Region bestünde nur aus Wald, Wiesen und Wasser, wird umso überraschter vom vielfältigen, oft auch hochkarätigen kulturellen Angebot auf dem Lande sein. Alte Scheunen, Kirchen, Klosterruinen und Gutshäuser bilden die malerische Kulisse für Konzerte, Lesungen, Aufführungen, Ausstellungen. Allen voran seien der Musiksommer im Kloster Chorin oder das Bebersee Kammermusik-Festival in der Schorfheide genannt.

Und die Sache mit dem Glück? Mag sein, dass es alles umfasst, was das Barnimer Land und die Uckermark an natürlichem Reichtum schenken können: eine unendliche Stille in den Oderauen, einen intensiven würzigen Duft in der Kiefernheide, das Vergnügen, in der Sommerhitze in einen glasklaren kühlen See zu springen oder im Winter in der Einsamkeit den Schnee unter den Füßen knirschen zu hören.

Der alte Wandersmann Fontane hat dazu Folgendes vermerkt: »Ich bin die Mark durchzogen und habe sie reicher gefunden, als ich zu hoffen gewagt hatte. (…) Ein Reichtum ist mir entgegengetreten, dem gegenüber ich das bestimmte Gefühl habe, seiner niemals auch nur annähernd Herr werden zu können.«

Dem gibt es nichts weiter hinzuzufügen.

Das Wichtigste in Kürze

Allgemeine Informationen

In fast jeder größeren Ortschaft befindet sich eine Touristeninformation, die von allgemeinen Informationen zu Stadt und Region über Ausflugs- und Unterkunftstipps bis hin zu Adressen zahlreicher lokaler Anbieter eine umfassende Servicepalette bietet. Oberste Informationsstelle in Brandenburg ist die **Tourismus Marketing Brandenburg GmbH** (TMB) mit einer Fülle von Broschüren und Prospektmaterialien:
TMB, Am Neuen Markt 1, 14467 Potsdam, Tel. 0331/2004747, www.reiseland-brandenburg.de.

Anreise mit dem Auto

Weite Teile der Region sind über die Autobahn schnell erreicht. Die A 11 Berlin–Stettin führt durch das Barnimer Land und die Uckermark; von Norden her stößt die Ostseeautobahn A 20 bei Prenzlau auf die A 11. Die westlichen Landesteile werden in Nord-Süd-Richtung über die B 96 und die B 109 erschlossen, während in West-Ost-Richtung die B 167 vom Havelland bis zur Oder zahlreiche Orte im Barnimer Land miteinander verbindet. Eine entsprechend schnelle West-Ost-Querung in der Uckermark gibt es nicht. Hier verknüpfen Landstraßen, schmale Asphaltbänder und gelegentlich sogar holpriges Kopfsteinpflaster die Ortschaften.

Anreise mit der Bahn

Züge der Deutschen Bahn sowie privater Regionalbahnen fahren im Stundentakt den Nordosten Brandenburgs an. Meist heißt es dafür jedoch in Berlin umsteigen. Von den Berliner Fernbahnhöfen aus gehen die Züge im Liniennetz des Verkehrsverbunds Berlin-Brandenburg (VBB) in die Region: die ›Heidekrautbahn‹ **RB 27** (NEB) von Berlin-Gesundbrunnen über das Wandlitzer Seengebiet in die Schorfheide nach Groß Schönebeck; der **RB 66** von Berlin-Gesundbrunnen über Bernau und Eberswalde nach

Schöne Aussicht vom Stettiner Berg bei Mescherin an der Oder

Abseits der großen Straßen

Angermünde; der **RE 3** Berlin–Stralsund ab Berlin HBF über Bernau, Angermünde, Wilmersdorf, Warnitz, Seehausen, Prenzlau; der RE 3 Berlin–Schwedt ab Berlin HBF über Bernau, Angermünde und Pinnow; der **RB 12** von Berlin-Ostkreuz nach Templin. Die **Fahrradmitnahme** ist in allen Zügen des Regionalverkehrs in gekennzeichneten Wagen möglich.

Tickets und Fahrplaninformationen erhält man unter der Rufnummer des VBB, Tel. 030/25414141 und im Netz unter www. vbb.de. Auskunft zu den Fernzügen der Deutschen Bahn bekommt man unter Tel. 0180/6996633 und www.bahn.de.

Anreise mit dem Boot

In den Nordosten des wasserreichsten deutschen Bundeslands kann man selbstverständlich auch mit dem Boot reisen. Über Havel, Oder, Elbe und die Mecklenburgische Seenplatte sind via Oder-Havel-Kanal Anfahrten mit dem Motorboot möglich. Paddler dürfen auch die kleineren Gewässer befahren. Informationen zu öffentlichen Häfen, Sportboothäfen, Schleusenzeiten, Fahrgeschwindigkeiten u.a. finden sich auf den Seiten des Brandenburger Landesamt für Bauen und Verkehr, www.lbv.brandenburg. de sowie unter www.wsa-eberswalde.de.

Anreise mit dem Rad

Auf zwei internationalen Radfernwegen gelangt man ins Barnimer Land und in die Uckermark. Der **Radfernweg Berlin–Usedom** führt vom Berliner Zentrum über Bernau und Biesenthal durch den Naturpark Barnim und die Schorfheide in die Uckermark, dort am Ober- und Unteruckersee entlang bis Prenzlau und weiter nach Usedom. Der **Oder-Neiße-Radweg** führt an der Oder entlang durch den Nationalpark Unteres Odertal über Schwedt und Gartz nach Stettin.

Als Ost-West-Verbindung startet der **Oder-Havel-Radweg** am Oderdeich bei Hohensaaten, verläuft überwiegend am historischen Finowkanal entlang bis Liebenwalde und verknüpft so den Oder-Neiße-Radweg mit westlich dem Havelradweg.

Der **Uckermärkische Radrundweg** ab Stolpe verbindet die sehenswertesten uckermärkischen Orte miteinander, über Angermünde, Joachimsthal, Templin, Lychen und die Uckerseen bis Prenzlau und durch den Nationalpark Unteres Odertal.

Informationen zu allen ausgewiesen Radwegen in Brandenburg gibt es bei der TMB (s.o.). Ein bewährter Ansprechpartner ist außerdem der **ADFC Landesverband Brandenburg**, Gutenbergstraße 76, 14467 Potsdam, Tel. 0331/2800595, www.brandenburg.adfc.de.

Anreise auf dem Wasser

Herausragende Sehenswürdigkeiten

Schorfheide ▼

Das einstige Jagdrevier von Kaisern und Königen gehört zu den größten zusammenhängenden Waldgebieten Deutschlands und ist heute Teil des Biosphärenreservats Schorfheide-Chorin. Am schönsten lässt es sich auf ausgedehnten Wanderungen oder Radtouren erkunden. (→ S. 102)

Kloster Chorin ▶

Eingebettet in die grüne Natur erklingen in Brandenburgs romantischster Klosterruine im Sommer Opern und klassische Konzerte. (→ S. 97)

Eberswalde

Die Stadt am historischen Finowkanal blickt auf ein reiches industrielles Erbe zurück. Auf den Spuren von Metallhammerwerken des 17. Jahrhunderts bis hin zur Messingwerksiedlung, einem Kleinod der industriellen Moderne, gibt es viel zu entdecken. (→ S. 82)

Schiffshebewerk Niederfinow

Der gigantische Schiffsfahrstuhl am Oder-Havel-Kanal ist ein Meisterwerk der Ingenieurbaukunst. Von der Besucherplattform reicht der Blick weit ins Oderbruch. (→ S. 91)

Werbellinsee ▼

Einen ›Märchenplatz‹ hat ihn Theodor Fontane genannt. Ob Baden, Wassersport oder eine Fahrt mit dem Ausflugsdampfer – der vielbesungene Werbellinsee zieht seit der Erfindung der Sommerfrische die Besucher in seinen Bann. (→ S. 102)

Wildpark Schorfheide

Bei Groß Schönebeck lassen sich auf einem weitläufigen Gelände in Freigehegen heimische Wildtierarten sowie Wisente, Luchse, Elche und Wölfe beobachten. (→ S. 114)

Fachwerkperle Angermünde

Hübsche Ackerbürger- und Fachwerkhäuser des 18. und 19. Jahrhunderts schmücken die Altstadt, die mit Pflastersteingassen, Gasthäusern und Cafés, Blumenkübeln und Linden am Straßenrand zum Verweilen einlädt. (→ S. 137)

Weltnaturerbe Grumsin

2011 wurde der alte Buchenwald Grumsin in der Schorfheide zum Weltnaturerbe erklärt. Vom Flecken Altkünkendorf gehen die Wanderungen in den naturgeschützten Wald hinein. (→ S. 141)

Nationalpark Unteres Odertal ▶

Zwischen Stolpe im Süden und nördlich Mescherin gehören die Polderlandschaften der Oder wohl zu den stillsten Regionen in ganz Europa. Von Schwedt aus geht es mit dem Paddelboot in den Nationalpark hinein. (→ S. 151)

Oberuckersee

Das ›Uckermärkische Meer‹ zählt zum Schönsten, das die Uckermark bietet. Hügelauf und hinab führt ein Rad- und Wanderweg rund um den See – entlang an kleinen Dörfern, herrlichen Aussichtspunkten und erfrischenden Badestellen. (→ S. 164)

Schwedt

Die Industriestadt in idyllischer Lage bietet interessante Kontraste zwischen historischem Ortskern und sozialistischer Architektur. (→ S. 154)

Boitzenburg

Ein kleines Dorf mit großen Sehenswürdigkeiten: Renaissanceschloss und Lenné-Park, Marstall, Klosterruine und Museumsmühle sind mehr als einen Ausflug wert. (→ S. 175)

Prenzlau ▲

Die Hauptstadt der Uckermark besticht mit der ersten bedeutenden backsteingotischen Kirche östlich der Elbe und einem Dominikanerkloster, das heute neben Sammlungen mittelalterlicher Sakralplastiken den ›Schatzes von Seehausen‹ zeigt. (→ S. 182)

Templin ▶

Am Kreuzpunkt von sechs Seen ist die ›Perle der Uckermark‹ von einer komplett erhaltenen mittelalterlichen Feldsteinstadtmauer umgeben. Das zeitgenössische Templin steht für Badegenuss in warmer Thermalsole. (→ S. 122)

Das nordöstliche Brandenburg bietet viel Platz und Raum für Mensch und Natur. In den Dörfern herrscht Ruhe und Ursprünglichkeit, in den kleinen städtischen Zentren findet sich alles, was man zum Leben braucht. Tradition und Moderne geben sich ein Stelldichein. Ein reiches Kulturangebot findet seine Ergänzung im hohen Freizeitwert. Wer das Ländliche liebt, ist im Barnimer Land und in der Uckermark goldrichtig.

Hussitenfest in Bernau

Zahlen und Fakten

Wappen des Landkreises Barnim

Wappen des Landkreises Uckermark

Barnim

Fläche: 1480 Quadratkilometer
Kreisstadt: Eberswalde
Einwohner: 175 000
Größte Städte: Eberswalde (39 303),
Bernau (37 169) und Wandlitz (22 095)
sowie Panketal (20 130) an der nörd-
lichen Berliner Stadtgrenze
Kleinste Gemeinde: Ziethen (449)
Bevölkerungsdichte: 118 Einwohner pro
Quadratkilometer
Erwerbstätige: 51,46 Prozent (2015)
Erwerbsarbeitslose: Agenturbezirk
Eberswalde 11,9 Prozent, Geschäftsstelle
Bernau 5,5 Prozent (2015)
Höchste Erhebung: Sassenberge
(120 Meter) südlich von Althüttendorf
Landwirtschafts Flächen: 36 Prozent
Waldanteil: 46 Prozent
Wasseranteil: 5 Prozent
Größte Seen: Parsteiner See (10,9
Quadratkilometer), Grimnitzsee
(7,8 Quadratkilometer), Werbellinsee
(7,65 Quadratkilometer)

Uckermark

Fläche: 3077 Quadratkilometer
Kreisstadt: Prenzlau
Einwohner: 121 000
Größte Städte: Schwedt (30 262),
Prenzlau (19 275), Templin (16 067),
Angermünde (13 800)
Kleinste Gemeinde: Mittenwalde (372)
Bevölkerungsdichte: 39 Einwohner
pro Quadratkilometer
Erwerbstätige: 45 Prozent (2015)
Erwerbsarbeitslose: Geschäftsstelle
Prenzlau 16 Prozent, Geschäftsstelle
Schwedt 14,3 Prozent, Geschäftsstelle
Templin 13,6 Prozent (2015)
Höchste Erhebung: Blocksberg (139
Meter) südwestlich von Angermünde
Landwirtschaftsflächen: 58 Prozent
Waldanteil: 24,5 Prozent
Wasseranteil: 5 Prozent
Größte Seen: Unteruckersee (10,4
Quadratkilometer), Oberuckersee
(6,85 Quadratkilometer), Wolletzsee
(5,05 Quadratkilometer)

Annäherung an die Region

Die Regionen Barnim und Uckermark bilden die beiden nordöstlichen Landkreise im Bundesland Brandenburg. Der Landkreis Barnim ist mit knapp 1500 Quadratkilometern etwa halb so groß wie die Uckermark, an die er im Norden grenzt. Seine östliche Grenze teilt er sich mit Polen und Märkisch-Oderland. Im Westen stößt er an den Landkreis Oberhavel und im Süden an die Bundeshauptstadt Berlin. Die Bezeichnung ›Barnim‹ erinnert an die slawische Siedlungsepoche zwischen dem 6. und 12. Jahrhundert. Zahlreiche pommersche Herzöge trugen den stolzen Namen. Barnim rührt von altslawisch borniti (kämpfen) und mir (Friede) her und bedeutet übersetzt ›Einer, der für den Frieden kämpft‹.

Verwaltungstechnisch gliedert sich der Landkreis in sieben amtsfreie Städte und Gemeinden sowie drei Ämter mit deren zugehörigen Gemeinden. 46 Prozent seiner Fläche sind von Wald bedeckt; genau 1762 Seen ab 100 Quadratmeter Größe werden gezählt, so dass man mit Fug und Recht sagen kann, die vorherrschenden Farben im Barnimer Land sind Grün und Blau. Ein bisschen Rot von den Ziegeldächern kommt noch dazu. Wobei sich die meisten der rund 175 000 Barnimer im Berliner ›Speckgürtel‹ rund um Bernau und Wandlitz drängeln. Ein weiteres städtisches Konglomerat erstreckt sich zwischen Finowfurt und der Kreisstadt Eberswalde am Finowkanal. Das übrige Land zeigt sich mit zunehmender Entfernung von Berlin umso menschenleerer.

Durchschnittlich nur noch 39 Einwohner leben auf einem Quadratkilometer im Landkreis Uckermark. Zum Vergleich: In der am dichtesten bevölkerten deutschen Stadt München sind es fast 4500 pro Quadratkilometer. Deutschlandweit ist nur noch Mecklenburg-Vorpommern dünner besiedelt; in absoluten Zahlen gehört die Uckermark mit knapp über 120 000 Einwohnern sogar zu den einsamsten deutschen Landstrichen.

Ihr Name geht auf den westslawischen Stamm der Ukranen zurück, der sich im im 6./7. Jahrhundert in der Region niederließ. ›Terra Ukera‹ wurde sie im Mittelalter nach den Ukranen genannt, während Marken die Grenzgebiete des Heiligen Römischen Reichs beschrieben.

Eine von zahlreichen Alleen im nordöstlichen Brandenburg

Land und Leute

Seine heutigen Grenzen teilt der Landkreis Uckermark im Osten mit Polen, im Norden und Westen mit Mecklenburg-Vorpommern, im Südwesten dem Landkreis Oberhavel und im Süden dem Landkreis Barnim. Zwischen westlich der Havel und östlich der Oder, der nördlichsten Gemeinde Uckerland und der südlichsten Stadt Angermünde werden 3077 Quadratkilometer gemessen, womit der Landkreis Uckermark zu den größten in ganz Deutschland gehört. Auf fast 60 Prozent seiner Fläche wird vorwiegend intensiv Landwirtschaft getrieben, auf knapp 25 Prozent dehnen sich Wälder aus und immerhin fünf Prozent sind Gewässer. Der Landkreis besteht aus acht amtsfreien Städten und Gemeinden sowie fünf Ämtern mit deren amtsangehörigen Gemeinden. Sitz der Kreisverwaltung ist Prenzlau, das zugleich die nördliche ›Metropole‹ der Uckermark darstellt.

Naturraum

Tausende Seen und Abertausende Kilometer Flüsse, Bäche und Kanäle zieren die Region vom nördlichen Unteruckersee bis südlich zu Berliner Stadtgrenze. Hinzu kommen Niederungsmoore und jede Menge Sand, mit Kiefernheide und gelegentlich auch Laubmischwäldern geschmückt, mal flach, mal sanft gewellt und mit einer höchsten Erhebung versehen, die gerade soeben mehr als 100 Meter über dem Meeresspiegel aufsteigt. So präsentieren sich die ›üblichen Requisiten märkischer Landschaften‹, wie sie der märkische Wandersmann Theodor Fontane in einem Satz auf den Punkt bringt: ›weite Flächen, Hügelzüge am Horizont, ein See, verstreute Ackerfelder, hier ein Stück Sumpfland, durch das sich Erlenbüsche, und dort ein Stück Sandland, durch das sich Kiefern ziehen.‹ Das ist die Landschaft im nordöstlichen Brandenburg.

Sie ist weitgehend ein Resultat der letzten Eiszeit. Von ungefähr 115 000 bis etwa 8000 Jahre vor unserer Zeitrechnung dehnte sich die Weichsel-Eiszeit mit mehreren Perioden massiver Vergletscherungen von Skandinavien bis gut 50 Kilometer südlich von Berlin aus. Mehrfach überzogen die riesigen Eismassen das Land und schoben dabei wie Planierraupen gewaltige Mengen an Geröll, Kies, Schluff und Sand vor sich her. Alles, was ihnen im Weg stand, wurde in den drei großen Vorstoßphasen der Gletscher zermalmt.

Sonnenblumenfelder schmücken das Land

Badespaß am Oberuckersee

Jeweils bei ihren Rückzügen hinterließen sie an den Eisrandlagen über 100 Meter hohe Schutthaufen-Staffeln, die man Endmoränen nennt: Hügel mit teils steilen Abhängen, wie sie z.B. mit dem Choriner Endmoränenbogen abrupt zur Oderniederung abfallen. Davor breiten sich, normalerweise von einem Gletschertor ausgehend, Sandergebiete aus, auf deren tischebenen weiten Sandflächen am liebsten Kiefern gedeihen und das Heidekraut blüht. Unter dem Eis setzte sich Geschiebemergel in Form von Grundmoränen ab: relativ ebene bis sanft gewellte, vergleichsweise fruchtbare Landschaften, wie sie in der Uckermark gelegentlich sogar die Gestalt munterer kleiner Kuppen annehmen können. Dazwischen blinken die zahllosen Seen auf, die sich in Gletscherschrammen, Schmelzwasserrinnen, Zungenbecken und Toteismulden gegen Ende der Weichsel-Eiszeit füllten.

Neben Moränen, Sandern und Seen hinterließen die eiszeitlichen Gletscher mit ihren Schmelzwassern außerdem großflächige Urstromtäler. Vier sind es in Brandenburg, in denen sich vor Jahrzehntausenden die Wassermassen sammelten und sich von der Weichsel über die Oder bis zur Elbe ihren Weg von Ost nach West in die Nordsee bahnten.

Zwei davon modellieren den Norden des Bundeslands Brandenburg: nördlich das Eberswalder Urstromtal, gefolgt vom Berliner Urstromtal. Meist nur wenige Meter über Normalnull, absolut flach und aus Kies und mächtigen Sanden bestehend, reichen oft einige Schaufeln Bodenaushub, damit dort das Grundwasser steht.

Barnimplatte

Zwischen dem Berliner und dem Eberswalder Urstromtal erhebt sich die Barnimplatte. Der östliche **Oberbarnim** zwischen Bernau, Werneuchen und Hohenfinow besteht vorwiegend aus Grundmoränen mit fruchtbarem Ackerland. So ist die **Barnimer Feldmark**, die den Süden des Oberbarnim einnimmt, denn auch primär landwirtschaftlich geprägt. Den Oberbarnim mit Höhen von 70 bis über 100 Meter durchschneidet der Gamengrund, eine eiszeitliche Rinne, die von Hohenfinow im Norden bis südlich Berlin eine lange Kette schmaler Seen ausbildet.

Am Parsteiner See bei Brodowin

Vom Eberswalder Urstromtal aus trug der Wind in grauen Vorzeiten viel sandiges Material an den Nordrand der Barnimplatte, so dass in der Barnimer Heide oder dem Biesenthaler Becken ausgedehnte, bis zu zehn Meter hohe Dünenfelder entstanden. Von besonderem landschaftlichen Reiz zeigt sich das **Biesenthaler Becken**. In der letzten Eiszeit durch eine Gletscherzunge ausgeschürft, ist es mit seinen Laubmischwäldern, wachsenden Mooren und Trockenstandorten, Feuchtwiesen und Kames (steile runde Hügel, aus Ablagerung des eiszeitlichen Schmelzwassers am Eisrand gegen ein Widerstand aufgestaut) ein Juwel unter den Brandenburger Naturschutzgebieten.

Das Bild des westlichen **Niederbarnim** bestimmen waldbestandene Sanderflächen und im Herzen das Wandlitzer Seengebiet. Hier werden nur noch Höhen zwischen 50 und 60 Meter erreicht, die nach Westen zur Havelniederung hin allmählich auslaufen.

Odertal

Die steilen Oderhänge und grünen Deichvorländer, weit verzweigte Flussaltarme, großflächige Poldergebiete und schließlich die Stromoder prägen das Odertal. Regelmäßige Überschwemmungen haben dem flunderflachen Land fruchtbare Lehmböden geschenkt, aber den Kolonisten, die sich hier ab der zweiten Hälfte des 17. Jahrhunderts ansiedelten, auch große Probleme beschert. Von 1745 an wurde daher zwischen Güstebieser Loose und Hohensaaten für die Oder ein neues, gerade verlaufendes Flussbett gegraben und wurde das Niederoderbruch trockengelegt. Von der Neiße-Einmündung bei Eisenhüttenstadt im südlichen Brandenburg bildet die Oder den Grenzfluss zwischen Deutschland und Polen.

Nordbrandenburgisches Wald- und Seengebiet

Große unfruchtbare Sanderflächen wie der Schorfheide-Sander nehmen das nordwestliche Barnimer Land und den Südwesten der Uckermark ein. Geologisch betrachtet gehören sie zum Vorland der Pommerschen Eisrandlage. In touristischer Hinsicht zählen die riesigen Waldgebiete der Schorfheide und des Naturparks

Uckermärkische Seen mit ihren zahllosen Gewässern zwischen Groß Schönebeck, Templin und Lychen, Werbellinsee und Uckermärkischem Hügelland zum
landschaftlich schönsten, mit dem der Nordosten Brandenburgs aufwarten kann.

Uckermark

Naturräumlich wie kulturhistorisch ist der Nordosten des Landkreises Barnim
vom Grimnitzsee über den Parsteiner See bis zur Oder bereits Teil der Uckermark. Auf den fetten Lehmböden der hügeligen Grundmoränenlandschaft dehnen sich zwischen Angermünde, Prenzlau und dem Odertal Weideland und weite
Felder aus. Es werden Getreide, Ölsaaten, Zuckerrüben und im Raum Schwedt
auch Tabak angebaut. Nicht umsonst wird die Uckermark die ›Kornkammer
Brandenburgs‹ genannt. Nur noch vereinzelt finden sich kleinere Waldgebiete.
Im Osten durchzieht die Randow-Welse-Niederung, ein Durchströmungsmoor,
die Region. Im Zentrum fließt die Ucker von Süd nach Nord. Dabei passiert sie
den Oberuckersee und kurz danach den Unteruckersee, das größte Gewässer der
Uckermark, vor gut 20 000 Jahren von vorstoßenden Gletscherzungen modelliert. Die Region um die Uckerseen ist wie der gesamte uckermärkische Norden
landwirtschaftlich geprägt.

Klima

Das Barnimer Land und die Uckermark liegen in der Übergangszone zwischen
ozeanischem und kontinentalem Klima. Die Temperaturen sind gemäßigt, mit
leichten Schwankungen in den westlichen Landesteilen und stärkeren Schwankungen in den östlichen. Niederschläge fallen im Winter etwas weniger als im
Sommer und sind im Bundesvergleich eher gering. So gewässerreich die beiden
Regionen auch sind, sind sie trotzdem wasserarm. Die durchschnittlichen Nie-
derschlagsmengen liegen um 600 Millimeter, in manchen Gegenden wie dem
Odertal sogar darunter – womit der Nordosten Brandenburgs zu den nieder-
schlagsärmsten Gebieten ganz Deutschlands zählt.

Typischer Kiefernwald

Die Uckermark ist Spitze bei den jährlichen Sonnenstunden

In Bezug auf die mittlere jährliche Sonnenscheindauer gehören das Barnimer Land und die Uckermark dank ihrer nordöstlichen Lage dagegen zu den deutschen Spitzenreitern. 1805 Sonnenstunden werden gezählt, im Bundesdurchschnitt sind es 1723. Im Juli/August klettert das Thermometer auf eine durchschnittliche Höchsttemperatur von 23 Grad Celsius, was eine Reihe von heißen, sehr trockenen Sommertagen mit über 30 Grad einschließt.

Insgesamt hat sich über die vergangenen Jahrzehnte ein Anstieg der Sommertemperaturen von 3,5 °C vollzogen. In den kältesten Monaten Dezember und Januar werden durchschnittliche Höchsttemperaturen von 2 bis 3 Grad erreicht.

Tier- und Pflanzenwelt

Flora

Die Pflanzenwelt im nordöstlichen Brandenburg ist charakteristisch für die Laub- und Mischwaldzone Mitteleuropas. Fast die Hälfte der Fläche im Barnimer Land ist mit Wald bedeckt, in der Uckermark gut ein Viertel. Auf den lehmigen, nährstoffreichen Böden der Grund- und Endmoränen herrschen Eichen-Buchenwälder vor, auf den kargen Sandern der Schorfheide überwiegen Kiefern-Eichenwälder. Ursprünglich bedeckten diese Wälder einmal das ganze Land, unterbrochen nur von Seen und Mooren. Durch Rodungen seit dem 12. Jahrhundert und eine intensive Siedlung wurden die fruchtbaren Böden zunehmend zu Ackerland umgewidmet, weshalb sich der Wald heute vor allem auf ärmeren Standorten als Kiefern-Eichenwald ausdehnt. Die Buche, die reichhaltige Erde liebt, kommt nur noch auf einem Zehntel ihrer angestammten Flächen vor, so im Grumsiner Forst zwischen Joachimsthal und Angermünde, der als einzigartiger Tieflandbuchenwald seit 2011 zum UNESCO-Weltnaturerbe zählt.

Die überwiegende Mehrheit der Wälder besteht indes aus Kiefern. Und wird der immergrüne Nadelbaum nicht in Plantagen gezwängt, sondern

Seerosen bei Mescherin an der Oder

darf sich entfalten, kann er 600 Jahre alt werden. Der anspruchslose Überlebenskünstler schlägt sowohl in sandigen als auch in sauren, vermoorten Böden Wurzeln und teilt dort den Lebensraum mit Sumpfporst, Moosbeere und Wollgräsern.

Wo das Moor nährstoffreicher ist, gedeihen Erlenbruchwälder in Gemeinschaft mit Sumpffarn und Seggen; wo das Wasser nicht steht, sondern fließt, gesellen sich Eschen, Pappeln und Silberweiden dazu. Die Uferbereiche der Fließgewässer und die Feuchtwiesen schmücken sich mit Sumpfdotterblumen und Orchideenarten, und auch der fleischfressende Rundblättrige Sonnentau breitet da und dort seine Tentakeln aus.

Fischotter fühlen sich in den zahlreichen Gewässern wohl

Hätte der Mensch nicht eingegriffen, würden die Flussufer mit schöner Regelmäßigkeit überschwemmt und sich weite Auwälder ausdehnen. Tatsächlich sind die durch einen ständigen Wechsel zwischen Trockenheit und Überflutung geprägten Flusswälder aber kaum noch vorhanden. Urwüchsige Auwaldreste sind noch in den weiten Oder-Flussauen zu finden, wo sich – mehr noch auf der polnischen als auf der deutschen Seite – zwischen Torfinseln und Nasswiesen ein Geflecht von Flutrinnen, Gräben und Altwassern ausdehnt. Schilfgürtel und Teichrosen zieren die stillen Altwasserarme, und landeinwärts blühen Kreuzenzian, Federgras und Adonisröschen auf den Trockenrasen der Oderhänge.

Dichte Schilfgürtel umgeben auch die Ufer der unzähligen Seen. Besonders kontrastreich erscheint der Wasserreichtum dort, wo die Gewässer im sandigen Urstromtal liegen oder große Sanderflächen durchziehen. Auf den trockenen kargen Böden und durch Sandverwehungen entstandenen Binnendünen gelingt es einmal mehr der Kiefer, Wurzeln zu schlagen. Zusammen mit Silbergras, Ginster, Wacholder und Blaubeeren sowie weiten Teppichen von zartrosa über tiefrot bis dunkelviolett blühendem Heidekraut hält sie den flüchtigen Sand.

Fauna

Vor gar nicht allzu langer Zeit durchstreiften noch Wisente und Bären die Wälder im Barnimer Land und der Uckermark. Das Wisent war um 1800 in der Mark ausgestorben; der letzte Bär wurde bereits Mitte des 18. Jahrhunderts erlegt. Wildschweine, Rot-, Dam- und Muffelwild, Füchse, Dachse und Marder tummeln sich dagegen noch heute in großen Scharen im Wald- und Wiesenland. Bedrohte Tierarten wie der Feldhase, der Siebenschläfer und eine Reihe von Fledermausarten fühlen sich wohl, und auch Wölfe durchwandern seit einigen Jahren wieder die freie Wildbahn.

Hirschkühe in der Schönower Heide

Dass Deutschland ein Einwanderungsland ist, haben unlängst Elche unter Beweis gestellt. Exemplare dieser nordischen, größten Hirschart der Welt wurden 2006 erstmals im Nationalpark Unteres Odertal gesehen.

In den klaren, fischreichen Gewässern gehen Fischotter auf Beutefang. An kleinen Flüssen, Bächen und Altwasserarmen bauen Biber ihre Burgen und brütet der bunte Eisvogel. An stillen Seeufern, Teichen und Gräben findet die seltene Europäische Sumpfschildkröte ein Refugium, während die ebenfalls gefährdete Rotbauchunke Tümpeln, Söllen und Flussauen den Vorzug gibt.

Dank ihrer zahllosen Gewässer sind das Barnimer Land und die Uckermark vor allem ein Wasservogelparadies. Ausgedehnte Feuchtwiesen, von dichten Schilfgürteln umgebene flache Seen und Teichlandschaften bilden den Lebensraum für die weltweit vom Aussterben bedrohte Wachtelkönige und Seggenrohrsänger, für Rohrdommeln, Bekassinen und Kampfläufer. Unzählige Kraniche und nordische Gänse legen auf ihren langen Zügen im Frühjahr und Herbst einen Zwischenstopp an den nahrungsreichen Rastplätzen im nordöstlichen Brandenburg ein.

Streng geschützt sind die äußerst seltenen Schwarzstörche, die ihre Horste in dichten Wäldern bauen, sowie die Schreiadler, die ihre Beutetiere an der Grenze zwischen Wald und Offenland schlagen. See- und Fischadler, Kranich und Schwarzmilan stehen dank strenger Schutzprogramme seit 2009 nicht mehr auf der Roten Liste bedrohter Tierarten. Auch der Wanderfalke, der seit den 1970er Jahren nicht mehr gesehen wurde, brütet mittlerweile wieder in der Region, ebenso Steinkauz und Wiedehopf, die in Baumhöhlen, auf Streuobstwiesen, in stillgelegten Steinbrüchen, Ruinen und verlassenen Scheunen nisten. Mäusebussard und Schleiereule suchen auf Wiesen, Äckern oder im Heideland Nahrung. Und der Weißstorch ist als Begleiter der Menschen über die schöne Jahreszeit allerorten in der Region zu Hause.

Weiße Flieger auf roten Socken

Vom Frühling bis zum Spätsommer begleitet uns der Storch durch die schöne Jahreszeit. Sein volkstümlicher Name ›Adebar‹ bedeutet ›Glücksbringer‹ (germanisch ›auda‹ = Glück , ›bera‹ = tragen, gebären). Und tatsächlich: Wenn Störche ihre Horste auf Masten und Dachfirsten bauen, freut sich der Mensch, denn dies heißt, dass das Haus nicht vom Blitz getroffen wird und das Glück darin wohnt. Niemals lässt sich Adebar an Orten nieder, wo sich unterirdische Wasserläufe kreuzen und deshalb dort der Blitz einschlagen könnte. Darüber hinaus ist er ein treuer Geselle. Nach seinem Winteraufenthalt in Afrika kehrt er Ende März, Anfang April in seinen angestammten Sommerheimatort zurück, und bezieht er dort wieder denselben Horst, ist das ein Zeichen dafür, dass die Welt noch in Ordnung ist. Anschließend legt die Storchendame drei bis vier Eier, selten auch bis zu sieben, die sie mit ihrem Gefährten die nächsten 30 bis 35 Tage arbeitsteilig bebrütet.

Vor allem zur Paarungs- und Nistzeit ist die Luft von Schnabelgeklapper erfüllt. Es wird zur Begrüßung des Partners geklappert, zur Balz und zur Verteidigung gegen Futter- und Nestkonkurrenten – weshalb man sie ja auch ›Klapperstörche‹ nennt. Zwitschern oder singen kann der Weißstorch nicht, er hat keine Stimme. Umso umfangreicher erklingt dafür das Repertoire an Rufen und Gesängen, die sein kleinerer schwarzer, äußerst seltener Verwandter von sich gibt. Und während der Weißstorch die weiten Felder und offenen Feuchtgebiete bevorzugt, scheut der Schwarzstorch die Menschen, fühlt sich in tiefen Waldlandschaften wohl und nistet dort in den Baumkronen. Auf der Speisekarte aller Störche stehen Fische, Reptilien und Amphibien. Gut 200 Hektar Jagdrevier benötigen Herr und Frau Adebar, um ihre Nesthocker-Brut großzuziehen. Täglich gut 360 Gramm Futter pro Schnabel – das sind 15 kleine Mäuse oder 60 Regenwürmer – müssen für den hungrigen Nachwuchs herangeschafft werden, bis er nach etwa zwei Monaten flügge wird.

In den letzten Augusttagen neigt sich der Storchensommer dem Ende entgegen. Die Jungstörche beginnen sich in Trupps auf den just abgeernteten Feldern zu sammeln. Hunderte weißschwarze Gesellen staksen dann über die Stoppeln, um hier oder da noch einen Happen als Wegzehrung für die lange Reise zu schnappen. Rund acht Tage nach den Jungen ziehen die Alttiere los. Vor ihnen liegt eine 10 000 bis 12 000 Kilometer lange Strecke, um zu den afrikanischen Winterquartieren zu gelangen.

Anders als ihre westeuropäischen Familienangehörigen, die eine Flugroute über Gibraltar wählen, ziehen die brandenburgischen Störche mit den mittel- und osteuropäischen Storchenverbänden über den Bosporus, Kleinasien und das Rote Meer bis nach Südafrika. Von dort kehren sie im nächsten Frühling wieder in ihre Sommerheimat zurück.

Störche sind gern gesehene Sommergäste in brandenburgischen Dörfern

Umwelt und Naturschutz

Vom Berliner Urstromtal steigt die Barnim-Hochfläche an, die weitgehend der Naturpark Barnim einnimmt. Knapp 750 Quadratkilometer groß ist der herrliche Flickenteppich aus Wasser und Land, an den sich im Norden im Biosphärenreservat Schorfheide-Chorin eines der größten zusammenhängenden Waldgebiete Deutschlands anschließt. Der Grumsiner Forst, ein alter Tieflandbuchenwald mitten im Biosphärenreservat, wurde 2011 von der UNESCO zum Weltnaturerbe erklärt. Das Reservat geht im Nordwesten in den Naturpark Uckermärkische Seen über und mündet östlich an der deutsch-polnischen Grenze in den Nationalpark Unteres Odertal – weshalb die Brandenburger mit Stolz von sich sagen können, dass sie im Nordosten ihres Bundeslands eines der ausgedehntesten Großschutzgebiete in Deutschland besitzen.

Biospährenreservat Schorfheide-Chorin

Zwischen dem Naturpark Uckermärkische Seen im Nordwesten, dem Naturpark Barnim im Südwesten und östlich dem Nationalpark Unteres Odertal dehnt sich das UNESCO-geschützte Biosphärenreservat Schorfheide-Chorin aus. Mit seinen knapp 1300 Quadratkilometern ist es eines der größten Großschutzgebiete der Bundesrepublik. Von Oderberg am Alten Oderstrom bis zum uckermärkischen Oberuckersee hinauf, von Eberswalde über Joachimsthal bis vor die Tore Templins hat die letzte Eiszeit dieses an Seen, Mooren und Söllen reiche Land hinterlassen. Während sich östlich der Linie, die etwa die Autobahn A 11 beschreibt, im sanft gewellten bis kuppigen Grundmoränenland kleine Laubmischwälder mit Weide- und Feldwirtschaft abwechseln, dominieren westlich auf den unfruchtbaren Sanderflächen die weiträumigen Waldgebiete der Schorfheide.

Rund um die Seen im Biosphärenreservat fühlen sich Biber und Fischotter wohl. Die selten gewordenen Laubfrösche und Kreuzottern, die bedrohte Europäische Sumpfschildkröte und Rotbauchunke sind in den zahlreichen Mooren, Feldsöllen und Feuchtwiesen zu Hause. In den Wäldern brüten See-, Fisch- und Schreiadler. Sogar der extrem seltene, scheue Schwarzstorch hat hier ein Refugium.

Nicht weniger reich ist der Wildbestand, dem lange Zeit vornehme Herrschaften nachsetzten. Brandenburgische Markgrafen und Kurfürsten, preußische Könige und deutsche Kaiser, Nazi-Größen und DDR-Politprominenz gingen in der eigens dafür abgeriegelten Schorfheide auf die Pirsch. Zusammen mit zahlreichen weiteren

Wanderwegweiser in der Schorfheide

Naturschutzgebiete im Barnim und der Uckermark   0   25   50 km

schützenswerten Naturgebieten stellte die DDR-Volkskammer diese einzigartige Landschaft noch schnell vor der Wiedervereinigung im Herbst 1990 unter Schutz. Ebenfalls noch 1990 wurde die Region Schorfheide-Chorin von der UNESCO als Biosphärenreservat anerkannt. 17 Jahre danach entdeckte man in der Schorfheide erstmals wieder Spuren freilebender Wölfe.

So zeigen Biosphärenreservate, für die die Organisation für Erziehung, Wissenschaft und Kultur (UNESCO) der Vereinten Nationen zuständig ist, dass Mensch und Natur nicht zwingend im Widerstreit stehen müssen. Weltweit stehen in Biosphärenreservaten über 500 typische natürliche Landschaftsformen und ihre spezifischen Ökosysteme ebenso unter Schutz wie das dort vom Menschen geschaffene Kulturland. Modellhaft sollen die ausgewählten Biosphären zur weitergehenden Entwicklung kulturell, sozial und ökologisch nachhaltiger Wirtschaftsregionen beitragen.

Dazu gliedert sich das Biosphärenreservat in drei unterschiedliche Schutzzonen: In der Kernzone (Schutzzone I) bleibt die Natur sich selbst überlassen und das Betreten ist nicht erlaubt. In der Pflegezone (Schutzzone II) – in Deutschland meist als Naturschutzgebiet ausgewiesen – genießen Tiere und Pflanzen den Vorrang; die gekennzeichneten Wege dürfen nicht verlassen werden. Die Entwicklungszone (Schutzzone III) dient der naturverträglichen Landschaftsnutzung

Landschaft bei Criewen an der Oder

beispielsweise in Form der ökologischen, extensiven Landwirtschaft – hier sei exemplarisch nur das bekannte Ökodorf Brodowin am Parsteiner See genannt – und eines sanften Tourismus. 2013 wurde die Uckermark als Sieger im Bundeswettbewerb ›Nachhaltige Tourismusregionen‹ ausgezeichnet.

Nationalpark Unteres Odertal

Ein den Biosphärenreservaten entsprechender Schutz gilt auch für Nationalparks. Mit dem Ziel des Erhalts wertvoller Ökosysteme für Mensch und Natur sind sie ebenso in Kernzone, Pflege- und Entwicklungszone eingeteilt. Anders als in der Bundesrepublik, wo 1970 mit dem Nationalpark Bayerischer Wald der erste Nationalpark eröffnet wurde, gab es diese Großschutzgebiete in der DDR nicht. Etwa ein Sechstel der Landesfläche war jedoch für die Öffentlichkeit gesperrt, entweder weil die Herrschenden ein Waldgebiet für sich zur Jagd nutzten, oder, und dies war überwiegend der Fall, weil sich dort die Westgruppe der Truppen der Sowjetarmee einquartiert hatte und riesige Gelände für Manöverübungen beanspruchte.

Jenseits solcher zwar massiven, aber doch lediglich zeitweiligen Eingriffe blieb die Natur in diesen Gebieten weitgehend unberührt, und eine hoch spezialisierte Fauna und Flora entwickelte sich. Schnell noch vor der Wiedervereinigung wurden von der ersten und gleichzeitig letzten frei gewählten Volkskammer fünf der schönsten Landschaften der DDR zu Nationalparks erklärt. Brandenburgs einziger Nationalpark ›Unteres Odertal‹ ist allerdings erst eine Gründung von 1995.

Auf 105 Quadratkilometern schützt er die Oder-Flussauen von Hohensaaten im Süden bis Mescherin und – im polnischen Teil Landschaftspark – bis vor die Tore Stettins, wo die Oder das letzte noch in großen Teilen intakte Mündungsdelta Mitteleuropas ausbildet. Zwischen den steilen Oderhängen mit blütenreichen Trockenrasen von Adonisröschen, Grasnelken-Fluren oder Blauschillergras dehnt sich die drei bis fünf Kilometer breite Oderniederung mit ihrem Geflecht von Altoderarmen, Gräben und Kanälen zwischen der Hohensaaten-Friedrichsthaler-Wasserstraße bzw. Westoder und der Stromoder aus. Anders als mancher erwarten würde, nehmen die Gewässer im Nationalpark aber nicht mehr als ein

Fünftel der Fläche ein – wobei diese Angabe je nach Wasserstand der Oder und in den Poldern schwankt. Breite Röhrichtgürtel schmücken die Wasser ebenso wie das Auengrünland der Nasspolder, wo seltene Arten wie das Stumpfblättriges Laichkraut oder der Schwimmfarn ideale Bedingungen finden.

Die regelmäßigen Überflutungen der Polder und Flussauen machen das Untere Odertal darüber hinaus zu einem Paradies für Wasservögel. Rund 200 000 Zugvögel rasten im Frühjahr und Herbst in der Oderniederung. Heerscharen von Blässgänsen, Saatgänsen und im Oktober 15 000 Kraniche erfüllen dann mit ihrem Schnattern, Rufen und Trompeten die Stille. Zwischen den Überschwemmungsflächen und Torfinseln gehen Seeadler, Fischadler und Steinadler, Mäusebussard und Wasserralle auf Beutefang. Insgesamt werden 284 Vogelarten gezählt, von denen 150 im Nationalpark brüten, darunter Wachtelkönige und Seggenrohrsänger. Letztere bauen nur noch im Oder-Reservat und sonst nirgends mehr in Deutschland ihre Nester.

Und noch ein bisschen mehr tierische Statistik: 50 Säugetierarten, 11 Amphibien-, 6 Reptilien- und 49 Fischarten haben im Nationalpark Unteres Odertal zu Wasser und zu Land ihr Zuhause. Fischotter durchpflügen die stehenden Gewässern und Biber betätigen sich als Wasserbaumeister. Zur Pflege des Weidelands setzt die Nationalparkverwaltung seit einigen Jahren Wasserbüffel ein, da sie mit ihren weit auseinander gespreizten Hufen kein Problem mit der Trittfestigkeit im sumpfigen Lebensraum haben.

Naturpark Barnim

Mit gut 750 Quadratkilometern nimmt der Naturpark Barnim etwa die Hälfte des gesamten Landkreises Barnim ein. Naturparks unterliegen weniger strengen Schutzkriterien als Nationalparks und Biosphärenreservate. Sie dienen dem Schutz und Erhalt der Naturlandschaften – insbesondere durch die Ausweisung von Landschafts- und Naturschutzgebieten –, aber ebenso der Erholung des Menschen und in diesem Sinne einem natur- und umweltverträglichen sanften Tourismus.

Bis auf die Barnimer Feldmark umfasst der Naturpark Barnim quasi die gesamte Barnim-Hochfläche, weit über die Hälfte ist Wald. Im Norden grenzt er ans Eberswalder Urstromtal, im Westen an die Havelniederung und im Osten

An der Oder bei Schwedt

an die Barnimer Feldmark. Im Süden liegen 5,4 Prozent seiner Fläche in den Berliner Bezirken Pankow und Reinickendorf, was ihn zu einem länderübergreifenden Naturpark macht.

Wasser in allen möglichen Erscheinungen – ob als See, Fluss, Fließ oder Kanal –, Kiefernheide und an manchen Standorten auch Buchenwald prägen die Landschaft. In den Söllen, eiszeitlichen runden Kleinstgewässern, überdauert die vom Aussterben bedrohte Rotbauchunke, das Wappentier des Nationalparks. Ein besonderes Kleinod stellt das Biesenthaler Becken dar, ein eiszeitliches Gletscherzungenbecken mit wachsenden Mooren, artenreichen Feuchtwiesen, Wasser- und Waldökosystemen.

Moorlandschaft in der Nähe von Bernau

Naturpark Uckermärkische Seen

Rund 900 Quadratkilometer Wasser, Wiesen und Wälder zwischen Lychen, Templin und Fürstenwerder machen den Naturpark Uckermärkische Seen aus. Eigentlich müsste er ›Uckermärkische Wälder‹ heißen, denn er besteht zu mehr als der Hälfte aus Wald. Im dunklen Grün funkeln über 230 Seen im Sonnenlicht, 50 von ihnen sind Klarwasserseen, d.h. dass die Sicht im See im Sommer in über 2,5 Meter Tiefe hinabreicht. Das kommt dem Beutefang des Fischadlers zupass, der nirgends sonst in Mitteleuropa so dicht beieinander seine Horste baut wie im Naturpark Uckermärkische Seen. So nimmt es nicht Wunder, dass der Fischadler zum Wappentier des Naturparks avanciert ist.

Daneben bevölkern Kraniche, Rohrdommeln und Seeadler die feuchten Gefilde, während sich Wiedehopf, Heidelerche oder auch die Rotflüglige Ödlandschrecke (eine in sandigen, steinigen, felsigen Habitaten lebende Heuschrecke) die trockenen Sandheiden und Binnendünen bevorzugen. Ebenfalls ein trockener Geselle ist das rot geflügelte Thymian-Widderchen, ein Schmetterling, der am liebsten in mediterraner Wärme vorkommt.

Über 1200 teils gefährdete Pflanzenarten machen sich im uckermärkischen Naturpark breit: in den Mooren Wollgras, Sumpfporst und Strohgelbes Knabenkraut oder auch der fleischfressende Sonnentau. Auf den Trockenrasen und Sanddünen – oft ehemalige Truppenübungsplätze – gedeihen dagegen die bedürfnislose Kiefer, Heidekraut oder die filigranen Sandnelken.

Über 150 Kilometer Wasserwanderwege und noch mehr Wanderwege trockenen Fußes führen durch den Naturpark. Das Betreten der Naturschutzgebiete ist selbstverständlich nicht möglich. Zusätzlich dürfen große Teile der ehemaligen sowjetischen Truppenübungsplätze noch nicht begangen werden. Die Räumung von Munition und anderen militärischen Altlasten hält immer noch an. Während die Natur die Gelände schon längst zurückerobert.

Waldbrandgefahr in trockenen Sommern

Märkische Kiefernheide auf märkischen Sandböden kann in den regenarmen, manchmal recht heißen märkischen Sommern wie Zunder brennen. Infolge des hohen Anteils an Kiefernreinbeständen zählt Brandenburg sogar zu den am meisten gefährdeten Regionen in Deutschland. Gut ein Drittel aller Waldbrände lodern hier auf, davon sind über 90 Prozent von Menschen verursacht – meistens nicht absichtlich, sondern durch Unachtsamkeit. Deshalb hier einige Verhaltensregeln zu ihrer Vermeidung:

Werfen Sie niemals Zigarettenkippen und Streichhölzer, auch keine abgebrannten, in die Gegend. Ohnehin sind Rauchen und offenes Feuer im Wald, und dort auch in Wassernähe am Badestrand, streng verboten. Leere Flaschen, auch Plastikflaschen, können mit ein paar winzigen Tautropfen wie Brenngläser wirken. Sammeln Sie diesen gefährlichen Abfall bitte ein, auch den von anderen Leuten, sobald sie welchen entdecken. Parken Sie Ihren Wagen nicht auf ausgedörrtem Boden. Der heiße Auspuff auf strohtrockenem Gras könnte wie eine Initialzündung wirken.

In trockenen Sommern sind in den Strandbädern, in Ausflugslokalen und an anderen öffentlichen Orten Tafeln mit Angaben zur Waldbrandgefahr allgegenwärtig. Die verschiedenen Stufen von I bis IV sind definiert und jeweils mit bestimmten Verboten verknüpft:

▶ Keine Angabe heißt ›keine Waldbrandgefahr‹.

▶ Stufe I bedeutet ›Waldbrandgefahr‹ ohne weitere Angabe.

▶ Bei Stufe II, ›erhöhte Waldbrandgefahr‹, dürfen Spaziergänger die gekennzeichneten Waldwege nicht mehr verlassen, Parkplätze und andere touristischen Einrichtungen im Wald können gesperrt werden.

▶ Stufe III warnt vor ›hoher Waldbrandgefahr‹. In diesem Fall sind kleinere und größere Feuer auch in den umliegenden Ortschaften, beispielsweise um im Garten Reisig zu verbrennen, nicht mehr gestattet.

▶ Stufe IV zeigt ›höchste Waldbrandgefahr‹ an. Dann ist das Betreten des Waldes strikt verboten, und auf den Straßen und Parkplätzen nicht nur im Wald, sondern auch am Waldesrand herrscht Parkverbot.

Sollte man unterwegs auf einen entstehenden Brandherd stoßen, heißt es löschen, mit allen zur Verfügung stehenden Mitteln und Möglichkeiten – allerdings nur solange man sich dabei nicht selbst in Gefahr begibt. Auf jeden Fall muss sofort die Feuerwehr alarmiert werden. Hierzu wählt man den bekannten Notruf 112.

Erste-Hilfe-Set gegen Waldbrände

EXTRA

Geschichte

Vergleichsweise spät im Zeitalter der Völkerwanderung, im 6./7. Jahrhundert, erreichen westslawische Stämme den Raum zwischen Oder und Elbe und besiedeln die nahezu menschenleere Region, die im Jahrhundert zuvor germanische Stämme verlassen hatten. Man weiß wenig über sie, da sie keine schriftlichen Aufzeichnungen hinterlassen haben. Es ist lediglich gesichert, dass sie in losen Sippenverbänden lebten, Viehzucht, Fischfang, Jagd und eine spärliche Ackerwirtschaft betrieben und zu einem Pantheon voller Gottheiten beteten. Sie führten Kriege untereinander und Kriege gegen das Heilige Römische Reich, das mit der Kaiserkrönung Karls des Großen im Jahr 800 als ›Renovatio Imperii‹ (Erneuerung des Imperiums) aus der Taufe gehoben worden war.

In der ersten Hälfte des 12. Jahrhunderts existieren im westlichen Brandenburger Land die hevellischen Fürstentümer Havelberg und Brandenburg, die in lockerer Verbindung zum Reich stehen. Östlich der Flüsse Havel und Nuthe herrscht der Sprewanenfürst Jaczo (oder auch Jaxa) über das Land. Zum Gau der Sprewanen gehören das spätere Berlin und auch der barnimsche Kreis. Nördlich davon siedeln in der Uckermark die Ukranen, die der Region ihren Namen gaben. Ab Lychen westwärts leben Retschanen.

Die Geburt der Mark Brandenburg

Albrecht der Bär (um 1100–1170) aus dem Haus der Askanier, einem führend an der deutschen Ostkolonisation beteiligten Fürstengeschlecht, erhält 1134 von Kaiser Lothar III. die Nordmark (die heutige zu Sachsen-Anhalt gehörende Altmark) verliehen. Er gewinnt 1136 die Prignitz und tritt 1150 nach dem Tod des letzten slawischen Fürsten Pribislaw-Heinrich auf der Burg Brandenburg dessen Erbe im westlichen Brandenburg an. Nun steht ihm, um sich zum Herrscher über

die gesamte Grenzmark aufzuschwingen, nur noch Fürst Jaczo feindlich entgegen, den er 1157 in einer blutigen Schlacht bezwingt. Fortan nennt sich Albrecht Markgraf von Brandenburg – womit 1157 die Geschichte der Mark Brandenburg beginnt.

Noch unter Albrecht dem Bär setzt die planmäßige Kolonisierung ein. Siedler aus Sachsen, Schwaben, Westfalen ebenso wie Thüringer, Friesen, Holländer und Flamen wandern ein. Dörfer und befestigte Städte mit Marktrecht entstehen und Klöster werden gegründet. Schätzungsweise 200 000 Einwanderer lassen sich nieder und verschmelzen allmählich mit der slawischen Bevölkerung.

Denkmal für Albrecht den Bären in der Zitadelle Spandau in Berlin

Eine Gründung der Askanier: Lychen in der Uckermark

Terra Ukera

1147 zieht Albrecht der Bär auf dem ›Wendenkreuzzug‹ mit einem Kreuzfahrer-heer gegen Stettin. Die unterlegenen pommerschen Herzöge, selbst christlichen Glaubens, sichern die Missionierung ihrer heidnischen slawischen Untertanen zu. Missionsklöster entstehen: auf Usedom, an der Peene und 1177/78 schließlich im Land der Ukranen in Gramzow am Oderstrom.

1230 kaufen die Urenkel Albrechts, die gemeinsam regierenden Brüder Johann I. (um 1213–1266) und Otto III. (1215–1267) die Terra Ukera‹, das Land der Ukranen, südlich der Welse dem pommerschen Herzog Barnim I. (1210/18–1278) ab. Zwanzig Jahre später kommt es zwischen den drei Herrschern 1250 zum ›Vertrag von Landin‹, in dem auch der nördliche Teil der Uckermark an die brandenburgischen Markgrafen geht. Damit dehnen sie ihren Einflussbereich bis zur Oder hin aus. Im Gegenzug bekommt Barnim I. das Land Wolgast, wodurch er die Brandenburger von der Ostsee fernhält. Der ›Vertrag von Landin‹ gilt heute als die Geburtsstunde der Uckermark.

Sowohl die Markgrafen-Brüder Johann I. und Otto III. aus dem Haus der Askanier als auch der pommersche Landesfürst aus dem slawischen Greifenge-schlecht Barnim I. gehen als Städtegründer und Landgewinner in die Geschichte ein. Unter den Askaniern wird Berlin erstmals genannt, ebenso Bernau und Angermünde.1258 rufen sie die Zisterziensermönche ins Land, die ihre Abtei zunächst auf dem Pehlitzwerder im Parsteiner See, ab 1273 dann am Amtssee bei Chorin errichten. Gründungen Barnims I. sind Stettin, Anklam oder Gartz an der Oder. 1234 bekommt Prenzlau von Barnim I. die Stadtrechte verliehen.

Unruhige Zeiten

Bereits im Teltow-Krieg 1239–1245 können die Askanier den Barnim gegen konkurrierende deutsche Häuser gewinnen. Seit 1245 gehört die Region im Nordosten Berlins zu Brandenburg. Nach dem Aussterben der Askanier fällt die Mark 1319 ans Reich zurück. Unruhige Zeiten mit wechselnden Herrschaften brechen an, zunächst unter den bayerischen Wittelsbachern, ab 1373 dann unter den Luxemburgern als Markgrafen.

In jener mehr oder weniger führungs-
losen Zeit blüht das Raubrittertum auf.
Wegelagereien, Schutzzollerpressun-
gen, Überfälle und Plünderungen von
Handelskarawanen, Märkten und Städten sind an der Tagesordnung. Das Land
steht vor dem Kollaps, als 1411 Kaiser Sigismund den Burggrafen Friedrich VI. (um 1371–1440) von Nürnberg
aus dem Hohenzollern-Geschlecht als
obersten Hauptmann und Verweser in
der unruhigen Region einsetzt. Sechs
Jahre später folgt dessen feierliche Belehnung mit der Kurmark Brandenburg.
Fortan nennt sich der Hohenzoller Kurfürst Friedrich I. von Brandenburg und
wird Urahn aller brandenburgischen,
preußischen und deutschen Kurfürsten,
Könige und Kaiser bis 1918.

*Kurfürst Friedrich der Zweite,
genannt ›Eisenzahn‹*

Mühsamer Aufbau

Friedrich II. (reg. 1440–1470), ›Eisenzahn‹ genannt, drängt den mächtigen
Landadel zurück, schränkt die in der Raubritterzeit erlangte Selbstständigkeit
der Städte wieder ein und gewinnt zahlreiche verlorene Lande zurück. Nur gegen die pommerschen Herzöge vermag er nichts auszurichten. Vom Pommersch-
Brandenburgischen Krieg 1329–1333 bis Ende des 15. Jahrhunderts halten die
zermürbender Grenzkriege an.

1539 führt Kurfürst Joachim II. Hektor (reg. 1535–1571) die Reformation in
Brandenburg ein. 1601 gründet Kurfürst Joachim Friedrich (reg. 1598–1608) in
Grimnitz die erste Glashütte in Brandenburg. Zwei Jahre später ergeht die Or-
der zum Bau des Finowkanals zwischen Oder und Havel, der 1620 auf knapp 40
Kilometer Länge mit 11 Schleusen seinen Betrieb aufnimmt.

Bei allen Bemühungen ist die Mark Anfang des 17. Jahrhunderts dennoch ein
rückständiges und verschuldetes Land. Es nährt seine Menschen mehr schlecht
als recht durch den Ackerbau, während der Adel zugleich seine Grundherrschaft
ausdehnt, indem er Bauernstellen, Gemeindeland, ja ganze Dörfer besetzt (Bauernlegen) und in die Erbuntertänigkeit zwingt.

Dreißigjähriger Krieg

Trotz Neutralität im Dreißigjährigen Krieg (1618–1648), die Kurfürst Georg
Wilhelm (reg. 1619–1640) zu wahren versucht, wird das geopolitisch zwischen
allen Konfliktparteien liegende Brandenburg zum Tummelplatz der Kontrahen-
ten. Ab 1626 überrollt die Kriegswalze das Land. Kaiserliche, Dänen, Schweden
ziehen hindurch, plündern, brandschatzen, morden. Dazu kommen Missernten

und ab 1630 die Pest. Kaum ein anderes Land leidet so stark unter den Kriegs-wirren. Die Hälfte der Dörfer wird dem Erdboden gleichgemacht, fast 50 Prozent der Bevölkerung verlieren ihr Leben, im Barnim sind es 60 Prozent, und für die Uckermark gilt eine Wüstungsquote von etwa 90 Prozent.

Als 1640 Kurfürst Friedrich Wilhelm die Regentschaft antritt, ist die Resi-denzstadt Berlin von vormals 12 000 auf 6000 Einwohner geschrumpft, Ebers-walde zählt statt früher 216 nur noch 33 bewohnte Häuser, Prenzlau 136 statt einst 764, Angermünde 40 statt 284, Lychen 17 statt 184. Brandenburg ist ein verwüstetes, entvölkertes Land, und die Staatsschatullen sind leer. Bis zum West-fälischen Frieden 1648 bleibt es von schwedischen Truppen besetzt.

Der Große Kurfürst

Nie wieder soll die Mark zum Spielball europäischer Mächte werden! So könn-te man den Leitsatz bezeichnen, unter dem Kurfürst Friedrich Wilhelm (reg. 1640–1688) sein großes Aufbauwerk beginnt. Der im calvinistischen Holland erzogene Herrscher stellt – erstmals in Brandenburg – ein stehendes Heer auf und wechselt mehrmals zu seinem Vorteil die politisch-militärischen Bündnisse. Im Westfälischen Frieden, mit dem 1648 der Dreißigjährige Krieg endet, fällt Hinterpommern an Brandenburg. Im Zweiten Nordischen Krieg (1656–1660) kann sich der Kurfürst die Souveränität über Preußen sichern. Militärische Siege werden außerdem im Schwedisch-Brandenburgischen Krieg (1674–1679) errun-gen, und spätestens seit der siegreichen Schlacht von Fehrbellin 1675 gegen die Schweden wird Friedrich Wilhelm der ›Große Kurfürst‹ genannt.

Innenpolitisch treibt er den Aufbau von Wirtschaft und Verwaltung voran. Infrastrukturmaßnahmen wie der Bau von Chausseen werden in Angriff genom-men, Glashütten, Eisen- und Kupferhämmer gebaut und Manufakturen gegrün-det. Für die Uckermark bringen die Kriege ab 1656 indes neues Leid. Abermals

Der Finowkanal entstand ab dem Jahre 1603

gibt es Einquartierungen und zieht eine Soldateska plündernd durchs Land. Der Wiederaufbau wird um Jahrzehnte zurückgeworfen.

So ist ersten Wiederbesiedlungen, etwa von Holländern in Chorin, Gramzow oder Seehausen am Oberuckersee, auch nur mäßiger Erfolg beschieden. Erst infolge des ›Edikts von Potsdam‹ 1685, in dem der Große Kurfürst protestantischen Glaubensflüchtlingen ›eine sichere und freye retraite in alle(n) unsere(n) Lande(n) und Provincien‹ garantiert, strömen Hugenotten aus Frankreich, Reformierte aus den Niederlanden, der Schweiz und der Pfalz, Böhmen und lutherische Salzburger in Land. Sie bringen Fachkenntnisse, Wissen und Kapital, Arbeits- und Steuerkraft mit. Böhmische Einwanderer wirken als Glasarbeiter und Aschbrenner, Holländer verstehen sich auf die Kunst des Deichbaus und der Bodenentwässerung, Hugenotten führen zahlreiche neue Gemüsesorten und in der Uckermark den Tabakbau ein. 1699 ist die französische ›Colonie‹ in Prenzlau nach Berlin, Magdeburg, Halle und Wesel die fünftgrößte in ganz Brandenburg-Preußen.

Unter preußischen Königen

Bei seinem Tod 1688 hinterlässt Friedrich Wilhelm seinem Sohn Friedrich ein geordnetes Kurfürstentum. 13 Jahre später setzt sich der Sohn 1701 in Königsberg eigenhändig die Krone aufs Haupt und nennt sich fortan Friedrich I., König in Preußen.

Sein Nachfolger auf dem preußischen Thron, Friedrich Wilhelm I. (reg. 1713–1740), räumt mit einem Federstrich den höfischen Luxus seines Vorgängers ab und verordnet dem Land ein rigides Sparprogramm. Pünktlichkeit, Fleiß und Gehorsam avancieren zu ersten Tugenden. Die allgemeine Schulpflicht wird eingeführt und das Auswandern verboten. Große Sumpflandschaften werden entwässert, an der Oder Deiche gebaut und allerorts die Einwohnerschaft mit Glaubensflüchtlingen vermehrt. In der Uckermark entstehen am Nordrand der Großen Werbellinischen Heide (Schorfheide) am wie-

derhergestellten Wildzaun reihenweise neue Zaunsetzerstellen, Wälder werden gerodet und kleinere Bauernstellen zu effizienten neuen Vorwerken zusammengelegt. Kalköfen und Ziegeleien nehmen die Arbeit auf, und dank eines schier unerschöpflichen Holzreichtums brummt die Glasproduktion. An seinem Lebensabend blickt Friedrich Wilhelm I. auf ein finanziell konsolidiertes, wirtschaftlich blühendes, zugleich hochgerüstetes Königreich. Die preußische Armee ist mittlerweile die viertgrößte Europas, und der Mann, der nur ein einziges Mal kurz und erfolgreich ins Feld gezogen ist, wird von aller Welt ›Soldatenkönig‹ genannt.

Im Fischereimuseum von Gerswalde

Hugenotten brachten den Tabak nach Brandenburg

Friedrich der Große

Unter seinem Sohn Friedrich II. (reg. 1740–1786) steigt Preußen endgültig zur europäischen Militärmacht auf. Als ›erster Diener seines Staates‹ widmet sich der König darüber hinaus intensiv dem Aufbau des Landes. Mit dem ›Kartoffel-Befehl‹ setzt er den Anbau der nahrhaften Knolle durch; in der Herrschaft Schwedt klauben die Bauern ›Tartuffeln‹ sogar schon im Jahr seines Regierungsantritts aus dem Boden.

Neue Straßen und Schifffahrtswege werden gebaut. Am 1746 eingeweihten zweiten Finowkanal gehen zahlreiche metallverarbeitende Werke in Betrieb. Eberswalde avanciert zur ›Wiege der brandenburgisch-preußischen Industrie‹. 1766 folgt mit der Eröffnung des Werbellinkanals die Anbindung des Werbellin-

Der zweite Finowkanal wurde im 18. Jahrhundert erbaut

Verfallenes Gutshaus in Nechlin

sees an den Finowkanal. Dörfer werden gegründet, Bauern und Handwerker angesiedelt, Sümpfe trockengelegt und urbar gemacht. Allein im Oderbruch finden 50 000 Kolonisten ein neues Zuhause. Denn Friedrich weiß, Menschen sind das größte Kapital in seinem dünn besiedelten Land. Und während sich das Oderbruch mit seinen fruchtbaren Böden zum Gemüsegarten Preußens entwickelt, nennt man die Uckermark bald die ›Kornkammer Berlins‹.

Am Abend der langen Regentschaft Friedrichs des Großen präsentiert sich Preußen für seine Zeit unvergleichbar modern: Todesstrafe und Folter sind abgeschafft, es herrschen religiöse Toleranz und in Ansätzen Rechtsstaatlichkeit. Auf der anderen Seite bleiben die überkommenen Privilegien des preußischen Adels weiterhin unangetastet. Bauernlegen, Frondienste, de facto Leibeigenschaft zählen zu den Auswüchsen jenes gleichzeitig merkwürdig altertümlichen friderizianischen Staats.

Niedergang und Befreiung

Die Jahre ab 1789 stehen politisch ganz im Zeichen der Französischen Revolution. Die Koalitionskriege gegen Frankreich schließen sich an, an deren Ende 1806, nach der Niederlage der preußisch-sächsischen Truppen bei Jena und Auerstedt, der Untergang des alten preußischen Staatswesens steht. Napoleonische Soldaten besetzen Berlin. König Friedrich Wilhelm III. (reg. 1797–1840) muss samt Familie und Hofstaat nach Ostpreußen fliehen.

Währenddessen leiten Freiherr vom und zum Stein und Fürst von Hardenberg in Preußen Reformen ein. 1809 wählen die Bürger in den Städten erstmalig Stadtverordnete. 1810 wird die Leibeigenschaft aufgehoben. ›Mit dem Martinitag 1810 hört alle Gutsuntertänigkeit in unseren sämtlichen Staaten auf‹, lautet der befreiende Satz, der eine massive Landflucht zur Folge hat. Freie Berufswahl, Gewerbefreiheit, die Möglichkeit des Landerwerbs auch für Bürger und

Bauern, die Judenemanzipation, eine Bildungs- und eine Heeresreform zählen zu den weiteren Maßnahmen, die bis 1813 auf den Weg gebracht werden. 1817 folgt eine neue Kreiseinteilung. In der Uckermark bilden sich die Kreise Angermünde, Prenzlau und Templin, während der Nordosten mit Löcknitz, Tantow und weiteren Orten an den Randow-Kreis in Pommern geht. Bereits 1810 hatte der Kreis Niederbarnim die Ortschaften Moabit, Wedding, Gesundbrunnen, Boxhagen, Rummelsburg und Stralau an den Regierungsbezirk Berlin abtreten.

Im 19. Jahrhundert

Die Völkerschlacht bei Leipzig 1813 bringt für Napoleons Grande Armée die vernichtende Niederlage; auf dem Wiener Kongress 1814/15 wird die europäische Landkarte neu gezeichnet. Die Mark Brandenburg geht mit der Niederlausitz sowie der Neumark östlich der Oder in der neu geschaffenen Provinz Brandenburg auf. Von insgesamt zehn preußischen Provinzen ist die brandenburgische mit fast 40 000 Quadratkilometern die zweitgrößte Verwaltungseinheit im Königreich, und in dieser Form wird sie bis zum Untergang Preußens am Ende des Zweiten Weltkriegs fortbestehen.

Im Jahr 1838 hält mit der Eröffnung der Eisenbahnstrecke Berlin–Potsdam der Fortschritt Einzug im Land. 1842 folgt die Bahnlinie Berlin–Stettin mit Haltepunkten in Bernau, Eberswalde und Angermünde, 1863 wird die Zweigstrecke von Angermünde nach Prenzlau eingeweiht. In Eberswalde rauchen die Fabrikschlote am Finowkanal, 1869 laufen die Maschinen in der Hufnagelfabrik an, 1883 und 1893 in den Eisengießereien.

Trotzdem bleibt Brandenburg in weiten Teilen ein Anachronismus. Die preußischen Junker wirtschaften auf ihren Gütern gutsherrlich wie vor Jahrhunderten, und die Bauernbefreiung kommt nur schleppend voran. Die Revolution 1848, als in Berlin auf den Barrikaden gekämpft wird, findet auf dem Land kaum einen Widerhall.

Die Borsighalle in Eberswalde war der Prototyp für spätere Industriebauten

Im Kaiserreich

1858 übernimmt für den erkrankten Friedrich Wilhelm IV. (reg. 1840–1858/61) dessen Bruder Wilhelm die Regierungsgeschäfte. 1861 wird er als Wilhelm I. (reg. 1861–1888) zum preußischen König gekrönt, 1871 nach dem Sieg über Frankreich in Versailles zum deutschen Kaiser erklärt.

Mit der Gründung des deutschen Kaiserreichs, dem darauf folgenden Wirtschaftsboom und der rasanten Industrialisierung verschieben sich die politischen und ökonomischen Gewichte zusehends vom agrarischen Land auf die Industriemetropole und werdende Weltstadt Berlin. Die Provinz profitiert nur geringfügig vom Wirtschaftswachstum.

Eine Rolle spielen die Holzwirtschaft, der Kalkabbau und die Kohleförderung. Neue Transportwege zu Wasser und zu Land entstehen oder werden ausgebaut. Rund um Berlin wachsen Ziegeleien empor, die den unaufhörlichen Hunger der Großstadt nach Backsteinen stillen. 1914 geht der Oder-Havel-Kanal in Betrieb und löst den veralteten Finowkanal als wichtigen Wassertransportweg ab. In Templin gibt es Holzindustrie und in Prenzlau Zuckerrübenverarbeitung. Ansonsten bleibt alles beim Alten, so wie es Friedrich Bamberg 1909 für die Uckermark beschreibt: ›Der schwere Boden liefert Weizen, Gerste, Zuckerrüben und Tabak. Die Viehzucht erstreckt sich hauptsächlich auf Pferde, Rindvieh- und Schafzucht. Handelsprodukte sind Vieh, Getreide, Kartoffeln und Holz. Die Industrie ist gering.‹

In der Weimarer Republik

Am Ende des Ersten Weltkriegs 1918 ist auch die 500-jährige Ära der Hohenzollern zu Ende. Wilhelm II. flieht nach der Kapitulation des Deutschen Kaiserreichs ins holländische Exil. Philipp Scheidemann ruft am 9. November in Berlin die Republik aus. Mit dem ›Gesetz über die Bildung einer neuen Stadtgemeinde Berlin‹ 1920 verliert die Provinz Brandenburg die Städte Charlottenburg, Köpenick, Lichtenberg, Neukölln, Schöneberg, Spandau und Wilmersdorf sowie 59 Landgemeinden und 27 Gutsbezirke an die Spree-Metropole, die damit in der Fläche zur seinerzeit größten Stadt der Welt aufsteigt.

Über den Oder-Havel-Kanal werden bis heute Industriegüter nach Berlin gebracht

Schreckensort während der NS-Zeit: die ehemalige Heilstätte Hohenlychen

Bereits im Jahr davor haben die Brandenburger ihre Stadtverordneten und Gemeindevertreter zum ersten Mal demokratisch gewählt, was bedeutet: Alle ab 21 Jahre und sogar Frauen dürfen jetzt ihre Stimme abgeben! In den ländlichen Regionen löst das großes Befremden aus.

Ab 1924 rollen zwischen Bernau und Berlin die ersten S-Bahnen im Großraum Berlin. Bereits vier Jahre vorher geht in Eberswalde die Hirsch Kupfer- und Messingwerke AG mit einem neuen Werk in Betrieb. Am Vorabend der Weltwirtschaftskrise 1929 gehört es zu den leistungsstärksten Metallschmieden Europas. Weitere, kleinere industrielle Standorte, die den Menschen Arbeit und Auskommen verschaffen, sind Lychen oder Oderberg mit Flößerei und Holzindustrie. Sie alle sind dem Zusammenbruch der Weltwirtschaft Ende der 1920er Jahre nicht gewachsen.

Im Nationalsozialismus

Inflation und Weltwirtschaftskrise verschonen Brandenburg nicht. Mit den Wahlen 1929 ziehen die Nationalsozialisten erstmals in den Potsdamer Provinziallandtag ein. Bei den Reichstagswahlen 1932 werden sie mit über 45 Prozent Stimmenanteil die mit Abstand stärkste Partei. Ende Januar 1933 ernennt der greise Reichspräsident Paul von Hindenburg Adolf Hitler zum Kanzler. Ende Februar 1933 brennt in Berlin das Reichstagsgebäude. Am 23. März 1933 erfolgt mit dem ›Ermächtigungsgesetz‹ die nationalsozialistische Gleichschaltung Deutschlands.

Im Novemberpogrom 1938 gehen in Berlin, in Prenzlau, in Schwedt und vielen anderen Städten die Synagogen in Flammen auf. Sechs Millionen Menschen finden den Tod im Holocaust, der planmäßigen Ermordung der europäischen Juden durch das NS-Regime. Der Zweite Weltkrieg, den Deutschland 1939 entfesselt, kostet über 60 Millionen Menschen das Leben. Städte wie Eberswalde, deren Industrie 1939 voll auf Kriegsproduktion umgestellt, werden 1945 nahezu ausgelöscht.

Friseursalon aus den 1950er Jahren in der Heimatstube Gerswalde

In der DDR

Nach der bedingungslosen Kapitulation Deutschlands am 8. Mai 1945 teilen die Siegermächte auf der Potsdamer Konferenz Deutschland in vier Besatzungszonen und Berlin in vier Sektoren ein. Den ›Staat Preußen, seine Zentralregierung und alle nachgeordneten Behörden‹ löst der Alliierte Kontrollrat 1947 auf.

Nach der Gründung der DDR am 7. Oktober 1949 beginnt die Kollektivierung der Landwirtschaft. Mit der Bodenreform werden Zehntausende Großgrundbesitzer, Großbauern und Domänen enteignet. 1952 beschließt die SED die ›sozialistische Umgestaltung der Landwirtschaft‹. In der Folge entstehen Landwirtschaftliche Produktionsgenossenschaften (LPG). Ebenfalls 1952 wird das Land Brandenburg im Rahmen einer Verwaltungsreform aufgelöst und in die Bezirke Neubrandenburg, Potsdam, Frankfurt/Oder und Cottbus unterteilt. Die Uckermark geht an den Bezirk Neubrandenburg, der Barnim an den Bezirk Frankfurt/Oder. Traditionell agrarische Gegenden werden industrialisiert: Raffinerien und Petrochemie in Schwedt, Maschinenbau und landtechnische Industrieanlagen in Prenzlau, Stanz- und Emallierwerke in Angermünde, Möbelproduktion in Templin.

Dem Arbeiteraufstand am 17. Juni 1953 in Ostberlin schließen sich Werktätige in zahlreichen Industriestädten Brandenburgs an. Selbst in entlegenen Dörfern kommt es zu Protestaktionen, und erst die Sowjetarmee und zehntausende Volkspolizisten können die Lage wieder unter Kontrolle bringen. Mit dem Mauerbau im August 1961 und danach dem Bau des Eisernen Vorhangs werden für die nächsten 28 Jahre die Verbindungen zwischen DDR und BRD gekappt.

Nach Wahlfälschungen bei der Kommunalwahl im Spätfrühling 1989 durch die SED kommt es in der Bevölkerung zu immer schärferen Protesten und schließlich Massenkundgebungen. Elf Tage nach den Feierlichkeiten zum 40. Jahrestag der DDR am 10. Oktober 1989 tritt Erich Honecker als Staatsoberhaupt von seinen Ämtern zurück. Am 9. November fällt die Berliner Mauer.

Barnim und Uckermark heute

Nach der Wende und dem Beitritt der DDR zur Bundesrepublik Deutschland am 3. Oktober 1990 entsteht Brandenburg neu als Bundesland. Noch im Oktober 1990 finden die ersten freien Landtagswahlen statt.

Im Dezember 1993 tritt die Kreisgebietsreform in Kraft. Vorher 38 Kreise und 6 kreisfreie Städte werden zu 14 Landkreisen und 4 kreisfreien Städten zusammengelegt. Der Landkreis Uckermark entsteht aus den alten Kreisen Angermünde, Prenzlau, Templin und der bis dahin kreisfreien Stadt Schwedt, die diesen Status verliert. Der neue Landkreis Barnim geht aus den alten Kreisen Bernau und Eberswalde hervor. Besonders die Diskussion, wo die Kreisverwaltungen ihren Sitz nehmen werden, wird landesweit leidenschaftlich geführt. Für die Uckermark setzt sich Prenzlau als neue Kreisstadt durch, für den Barnim Eberswalde. Ebenfalls im Dezember 1993 finden die ersten Kommunalwahlen statt.

Jahre des Umbruchs, der Neuorientierung und des Aufbaus schließen sich an. Dem wirtschaftlichen Strukturwandel fallen zahlreiche, oftmals veraltete Industrien zum Opfer, die Arbeitslosigkeit schnellt in die Höhe. Darüber hinaus stehen gigantische Aufgaben hinsichtlich der Sanierung verfallener Bausubstanz sowie der Umweltsanierung an: die Konversion der Militärstandorte oder die Bodensanierung von Industrie- und Massentierhaltungsanlagen. Neuansiedlungen insbesondere im Energiesektor und massive Investitionen in die Infrastruktur bringen den Weg aus der Krise. Rund sieben Milliarden Euro werden ab 1990 allein in die Straßeninfrastruktur investiert. Wobei die herrlichen alten Alleen, von denen viele bereits Napoleon anlegen ließ – die Bäume boten seinen marschierenden Soldaten im Sommer Sonnenschutz und in schneereichen Wintern Orientierung über den Straßenverlauf –, zum Glück erhalten blieben.

Im Speckgürtel rund um Berlin siedeln sich zahlreiche Fertigungs- und Dienstleistungsunternehmen an. Gewerbe- und Neubaugebiete werden ausgewiesen. Bernau oder auch Wandlitz wachsen. Doch während der Speckgürtel brummt, verlieren die weiter abgelegenen Gemeinden Einwohner. Prognosen gehen davon aus, dass im Jahr 2030 halb Brandenburg bei Berlin leben wird. Neben der Prignitz und der südlichen Niederlausitz entvölkert sich insbesondere die nördliche Uckermark. Bis 2009 erfolgt der Abriss von tausenden überzähliger Wohnungen, vorwiegend in Plattenbauten, im Rahmen des Bund-Länder-Programms ›Stadtumbau-Ost‹.

Industrieruinen in der Messingwerksiedlung in Eberswalde

Für 2019 steht vor dem Hintergrund des fortwährenden Bevölkerungsrückgangs in den ländlichen Regionen in Brandenburg eine erneute, zurzeit heiß umstrittene Kreisreform an. Die Zahl der Landkreise soll weiter reduziert werden, und vieles deutet daraufhin, dass Barnim und Uckermark zu einem Landkreis zusammengehen – der dann flächenmäßig der größte Deutschlands sein würde.

Wirtschaft und Tourismus

Entsprechend der Teilung Brandenburgs in einen prosperierenden Speckgürtel rund um Berlin, in dem mehr als ein Drittel der Brandenburger lebt, und eine zunehmend verwaisende ländliche Peripherie, sind große Teile der brandenburgischen Wirtschaftsstruktur auf die Hauptstadtregion Berlin-Brandenburg ausgerichtet. An der A10 rund um die deutsche Hauptstadt haben Industrie und Logistikunternehmen ihren Schwerpunkt.

Außerhalb der Metropolregion befinden sich im Barnimer Land und in der Uckermark industrielle Kerne nur noch in Eberswalde und Schwedt; und nach wie vor trägt die hohe Arbeitslosigkeit zur Abwanderung aus der strukturschwachen Region bei. Der dramatische Abbau von Arbeitsplätzen seit Anfang der 1990er Jahre konnte bis heute nicht ausreichend kompensiert werden. Von Ende der 1990er Jahre mit einer Rekordarbeitslosigkeit jenseits der 25 Prozent-Marke in der Uckermark hat sich die Arbeitslosenquote bis 2015 zwar auf 15 Prozent reduziert. Aber auch diese Quote ist hoch, weshalb die Uckermark immer noch zu den arbeitsmarktpolitischen Sorgenkindern gehört.

Neben den beiden definierten Wachstumskernen Eberswalde und Schwedt – Eberswalde mit Kranbau und Zulieferern für die Automobilindustrie, Schwedt mit Petrochemie und Papierfabriken – spielen in der Region außerdem Holz- und

Aus Alt mach Neu: Fassade des ehemaligen FDGB-Ferienheims in Templin

Möbelindustrie sowie die Bauwirtschaft eine Rolle. Dazu gesellen sich eine Reihe Unternehmen, die sich Erneuerbare Energien auf die Fahnen geschrieben haben. Windräder, Solarparks und Biogasanlagen tragen zum Wirtschaftswachstum bei – oder verschandeln die Landschaft, wie viele Anwohner meinen. Das wissenschaftliche Zentrum für Holzwirtschaft, ländliche Entwicklung und Erneuerbare Energien bildet die Hochschule für nachhaltige Entwicklung in Eberswalde.

Als zweites ökonomisches Standbein fungiert traditionell die Landwirtschaft. Der Anbau von Getreide, Kartoffeln, Mais und Zuckerrüben konzentriert sich auf die fruchtbaren Böden vor allem im Südosten des Barnim sowie im Norden und Osten der Uckermark, wo weite Felder die Landschaft prägen. Wo dagegen die Eiszeiten nichts als Wasser und Sand hinterlassen haben, hat sich rund um die Wälder und Seen ein sanfter Tourismus entwickelt. Rad-, Wasser- und Wandertourismus in einer intakten Natur sind die Zugpferde, auf die die Wirtschaft im Nordosten Brandenburgs zunehmend setzen kann.

Schlösser und Herrenhäuser, Dörfer und Städte

Schlösser und Herrenhäuser des märkischen Adels schmücken das Land zwischen Havel und Oder. Als privilegierte Herrschaftsschicht stellten die preußischen Rittergut- und Großgrundbesitzer einst die obersten Ränge im Staatsdienst und Militär und standen ihren Königen in der Errichtung prestigeträchtiger Standessitze nicht nach. Vom riesigen Schloss Boitzenburg oder Schloss Kröchlendorff in der Uckermark über das kleine Jagdschloss in Groß Schönebeck in der Schorfheide, von majestätischen Landsitzen wie Schloss Herrenstein bei Gerswalde oder Schloss Lanke im Wandlitzer Seengebiet bis zum verfallenen Märchenschloss in Hohen Landin zählen sie zu Brandenburgs architekturhistorischen Perlen.

Stammsitz der Familie von Arnim: Schloss Boitzenburg

Nach der Enteignung der alten Adelsgeschlechter 1945 in der sowjetischen Ostzone wurden sie in Schulen, Ferien- und Feierabendheime oder auch Produktionsstätten umgewandelt; andere verfielen oder wurden von den Kommunisten als verhasste Symbole des preußischen Junkertums bewusst abgerissen. Was erhalten blieb, befand sich zum Zeitpunkt der Wiedervereinigung überwiegend in einem erbarmungswürdigen Zustand. Mittlerweile sind viele Millionen Euro geflossen und die meisten der altehrwürdigen Prachtbauten sorgfältig restauriert. Sie dienen als Museen, Veranstaltungsorte und oft auch als Luxushotels oder befinden sich wieder in privater Hand.

Zeugnisse der reichen Geschichte im Barnimer Land und der Uckermark sind auch die vielen bedeutenden Sakralbauten. Ihre Grundsteinlegung reicht oft bis ins 13. und 12. Jahrhundert zurück; herausragend das Kloster Chorin, dessen Mönche bei der Kolonisierung und Missionierung des Raums östlich der Elbe eine wichtige Rolle spielten. Mächtige Gotteshäuser mit erstaunlichen Ausmaßen wie die Marienkirchen in Bernau und Prenzlau gehören zu den eindrucksvollen Zeugnissen der norddeutschen Backsteingotik. Daneben finden sich zahllose kleine Feldstein- und Fachwerkkirchen, viele von ihnen sind schlichte Saalbauten mit wuchtigem Westturm, ebenfalls bereits im 13. Jahrhundert entstanden.

Die Siedlungsformen der brandenburgischen Dörfer weisen in der Zeit oft sogar noch weiter zurück. Als Rundlingsdörfer haben sie ihre Ursprünge häufig noch in der slawische Epoche. Die Straßendörfer – die Häuser giebelständig in einer Reihe an der Hauptstraße entlang – wurden dagegen in großer Anzahl erst nach der Trockenlegung der Sümpfe im 18. Jahrhundert gebaut, während sich die ebenfalls typischen Angerdörfer eher in Regionen mit fruchtbarer Ackerscholle wiederfinden. Dort scharen sich die Bauernhöfe um einen großflächigen zentralen Gemeindeplatz, von dem Kirche und Friedhof einen nicht unwesentlichen Teil einnehmen.

Aus Feldsteinen, die die Märker so zahlreich aus ihren Äckern klauben, oder auch Ziegelsteinen sind die mittelalterlichen Wehrmauern errichtet, die mit stattlichen Toren, Wiekhäusern und Mauertürmen die mittelalterlichen Kerne von Bernau, Templin und Prenzlau umgeben. Kopfsteingepflasterte Märkte, schmucke Fachwerk- und Ackerbürgerhäuser kann man von Angermünde über Gartz an der Oder bis nach Joachimsthal in der Schorfheide allenthalben entdecken.

Essen und Trinken

Die klassische Küche im Barnimer Land und in der Uckermark ist eine bodenständige Landküche. Auf den Teller kommt, was Wald, Feld, Wiese und Wasser zu bieten haben: Wildbret aus der Schorfheide, Rinderbraten vom Weiderind, Gemüse aus dem Oderbruch sowie Hecht, Zander, Aal und eine Fülle weiterer Süßwasserfischarten aus den zahllosen Gewässern; dazu Beeren, Kräuter, Pilze je nach Saison, nicht zu vergessen die Kartoffeln, die bei keinem typischen Gericht fehlen dürfen. ›Regional‹ und ›saisonal‹ lautet die Zauberformel, mit der sich entdecken lässt, dass man Landschaft auch schmecken kann. Die besten Restaurants im Land setzen für ihre leichten, edlen Kreationen auf regionale Bioprodukte und jahreszeitliche Erzeugnisse von den heimischen Märkten.

Vom Garten frisch auf den Tisch

   Dabei war die märkische Kost ursprünglich karg, und auf den Tellern herrschte Monotonie. Kohl, Steckrüben, Schwarzbrot, Bier und Hirsebrei dominierten
lange den Speisezettel. Erst die Hugenotten, französische protestantische Glaubensflüchtlinge, machten im 17. Jahrhundert Spargel, Gurken, Bohnen, Erbsen,
Blumenkohl und Blattsalat in der Mark bekannt.
   Den Anbau der nahrhaften Kartoffel, die kein Problem mit den mageren
märkischen Böden hat, setzte gegen erheblichen Widerstand in der Bevölkerung Friedrich der Große in der zweiten Hälfte des 18. Jahrhunderts durch. In
der Uckermark werden die Kartoffeln ›Nudln‹ genannt. Warum sie so heißen,
kann niemand mit Sicherheit sagen; möglicherweise weil sie die um 1690 ein-
gewanderten Hugenotten ›Nouelles‹ genannt haben. Anlass genug, den gesamten Oktober über ›Nudlwochen‹ zu feiern, ist das allemal. ›Gestowte Wruken‹
(Steckrüben) mit Schweinebauch oder ›Klüt un Beer'n‹ mit gebratenem Schin-
kenspeck, eine Zubereitung ähnlich wie ›Birnen, Bohnen und Speck‹, zeigen die
Nähe zum norddeutschen Mecklenburg-Vorpommern an. Das notorische Schwei-
neschnitzel mit Pommes und Beilage muss natürlich ebenfalls niemand missen.

Gerade mal 50 Kilometer vor den Toren der Metropole
Berlin kann man im grünen Barnimer Land Hektik
und Stress hinter sich lassen und in die stille Landschaft
eintauchen. Sanfte Hügel, weite Sanderflächen und
die großen Waldgebiete der Schorfheide wechseln mit
Flüssen, Kanälen und Seen, Feldern und Weiden,
kleinen Dörfern und alten Pflaster-Alleen ab. Schönheit
der Natur so weit das Auge reicht.

Eiszeitlich geprägte Landschaft bei Brodowin am Parsteiner See

BARNIM

Bernau

Der Sage nach soll der erste Markgraf von Brandenburg, Albrecht der Bär, Bernau Mitte des 13. Jahrhunderts gegründet haben. Auf der Pirsch habe er sich in den dichten Wäldern nahe der Panke-Quelle verirrt, sei auf eine Schänke gestoßen, dort eingekehrt, und ob letztlich die schöne Gegend, der frischherbe Gerstensaft oder die hübsche Wirtin den Ausschlag für die Stadtgründung gegeben hat, liegt im Dunkeln der Geschichte verborgen. Tatsächlich ist der genaue Geburtstag der heute über 37 000 Einwohner zählenden Stadt unbekannt, denn die historischen Dokumente verbrannten bei Feuersbrünsten 1406 und 1484. Mit Sicherheit weiß man, dass Bernau dank seiner Tuche und vor allem durch seine Bierbraukunst im Mittelalter zur Berühmtheit gelangte. Ebenfalls aus dem Mittelalter stammt die größte Attraktion, die die Kleinstadt vor den Toren Berlins ihren Gästen heute bieten kann: eine nahezu vollständig erhaltene, acht Meter hohe Feldsteinstadtmauer. Kreisförmig

umzieht sie den historischen Stadtkern, hielt Raubrittern stand und auch den Hussiten, die 1432 zum Sturm auf Bernau bliesen.

Seit 1832 feiern die Bernauer mit dem ›Hussitenfest‹ alljährlich dieses Ereignis, ausgenommen die DDR-Zeit, drei Tage lang immer am zweiten Juni-Wochenende. Der Stadtpark verwandelt sich dann in ein mittelalterliches Brigantenlager. Gaukler und Musikanten, Marketender und Ritterspiele stehen auf dem Programm und zum Höhepunkt ein farbenprächtiger Festumzug, der mit über 1000 Bernauer Mitwirkenden in historischen Kostümen die wichtigsten Ereignisse in der Stadtgeschichte noch einmal zum Leben erweckt.

Geschichte

1292 wird Bernau erstmals in einer Urkunde erwähnt. Ins 14. Jahrhundert fallen die Gründung der bedeutenden Tuchmachergilde, der Bau der Stadtmauer und der Aufstieg der Bierbrauerei. 1423 erteilt der Kurfürst von Brandenburg Bernau das Privileg, Bier zollfrei verbreiten und verkaufen zu dürfen. Von 310 Wohnstätten wird in jener Zeit in 144 Bier gebraut.

Zur selben Zeit führt fernab in Böhmen die Hinrichtung des Papstkritikers Jan Hus (1369–1415) zu langwierigen kriegerischen Auseinandersetzungen. 1432 stehen die Hussiten vor den Bernauer Stadttoren, und es wird berichtet, dass die wehrhafte Stadtbefestigung ihrem Einmarsch entgegenstand. Oder auch das gute Bernauer Bier, dem die Böhmen erlagen? Was genau zwischen dem 23. und 27. April 1432 vor den Stadttoren geschah, lässt sich nicht mit Gewissheit sagen. Eine große Schlacht hat es wohl nicht gegeben, möglicherweise haben die

Das Bernauer Hussitenfest ist eine jährliche Touristenattraktion

Karte S. 51

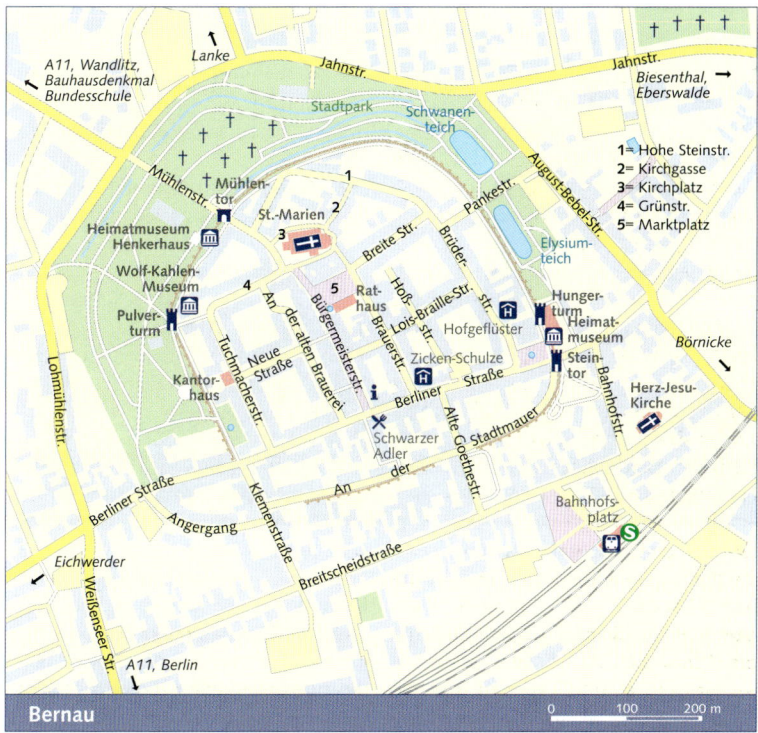

A11, Wandlitz,
Bauhausdenkmal
Bundesschule

Lanke

Jahnstr.

Jahnstr.

Biesenthal, →
Eberswalde

Stadtpark

Schwanen-
teich

Mühlenstr.

Mühlen-
tor

St.-Marien

1

Pankestr.

August-Bebel-Str.

1= Hohe Steinstr.
2= Kirchgasse
3= Kirchplatz
4= Grünstr.
5= Marktplatz

Heimatmuseum
Henkerhaus

2

3

Breite Str.

Brüder Str.

Elysium-
teich

Wolf-Kahlen-
Museum

4

5

Rat-
haus

Hof

Lois-Braille-Str.

Str.

Börnicke

Pulver-
turm

An der alten Brauerei

Bürgermeisterstr.

Brauerstr.

Hofgeflüster

Zicken-Schulze

Hunger-
turm

Heimat-
museum

Stein-
tor

Herz-Jesu-
Kirche

Lohmühlenstr.

Tuchmacherstr.

Neue
Straße

Kantor-
haus

Berliner

Straße

Alte Goethestr.

Bahnhofstr.

Berliner Straße

Klenerstraße

An

der

Stadtmauer

Schwarzer
Adler

Bahnhofs-
platz

Angergang

Eichwerder

Weißenseer Str.

Breitscheidstraße

A11, Berlin

Bernau

0   100   200 m

hussitischen Truppen vor Bernau abge-
dreht. Historisch gesichert ist nur, dass
sie nicht in die Stadt gelangten.

1539 ist Bernau Teil der Reformation in
der Mark. Infolge der Pest Anfang des
17. Jahrhunderts und des Dreißigjährigen Kriegs 1618–1648 wird es zu einer
verlorenen Stadt. Von ehedem 2500 Einwohnern überlebt weniger als ein Drittel.
Erst mit der Industrialisierung in der zweiten Hälfte des 19. Jahrhunderts kommt
es zu neuer Blüte. 1842 wird die Berlin–Stettiner Eisenbahnstrecke mit einem
Haltepunkt in Bernau eingeweiht. 1918
folgt der Bau einer Pilotstrecke zur Elek-
trifizierung der Berliner Bahnen. 1924
geht mit der Verbindung Bernau–Berlin
die erste S-Bahn für den Großraum Berlin in Betrieb.

Vom Bombenhagel am Ende des Zweiten
Weltkriegs bleibt Bernau weitgehend verschont. Der Abriss der zunehmend ver-
fallenden Altstadt erfolgt 1975–1989
im Rahmen eines groß angelegten Flä-
chensanierungsprogramms. Bernau soll
mustergültig für DDR-Klein- und Mittel-
städte neu entstehen. Auf dem Grundriss der mittelalterlichen Stadtanlage
wachsen Plattenbauten empor.

Mit der Wiedervereinigung 1990 wird
Bernau Kreisstadt im gleichnamigen
Landkreis. 1991 zieht die 90. Panzer-
division der Sowjetischen Streitkräfte ab.
Mit der Verwaltungsreform und Bildung
des neuen Landkreises Barnim 1993 gibt
Bernau den Sitz der Kreisverwaltung an
Eberswalde ab. Seit 1999 trägt die Stadt
offiziell den Titel ›Bernau bei Berlin‹.

Das Steintor ist bis heute erhalten

Stadtmauer

Bernaus kreisrunde mittelalterliche Stadtanlage ist noch nahezu vollständig von einer im 13./14. Jahrhundert errichteten **Stadtmauer** umzogen. Von ihren ursprünglich 1,5 Kilometer Länge haben 1,3 Kilometer mit über drei Dutzend Wiekhäusern und zwei Rundtürmen den Zeiten getrotzt. Acht Meter Höhe und bis zu anderthalb Meter Breite misst das aus Feldsteinen aufgebaute Bollwerk, das früher zusätzlich noch ein dreifaches Wall- und Grabensystem umgab. Drei Tore gewährten ehemals Einlass in die Stadt, darunter im Osten das mächtige **Steintor**, das als einziges Tor erhalten blieb. Mitte des 18. Jahrhunderts setzte man ihm eine barocke Haube auf, und so steht Bernaus Wahrzeichen seitdem da. Über zwei Wehrgänge ist es mit dem benachbarten **Hungerturm**, dem alten Stadtgefängnis, verbunden. Über eine Winde wurden die Verurteilten dort in ein acht Meter tiefes Verlies hinabgehievt. Durch das ›Angstloch‹ hindurch

kann man heute noch einen Blick in die unentrinnbare Tiefe riskieren; oder man klettert dem Turm 28 Meter hoch unter die Zinnen und genießt die schöne Aussicht auf die Dächer der Stadt.
Steintor und Hungerturm beherbergen bereits seit 1882 das Bernauer **Heimatmuseum**. Zum 750. Stadtjubiläum und 450. Jahrestag der Hussiten vor Bernau eingeweiht, zeigt es aktuell mittelalterliche Harnisch- und Waffensammlungen sowie Stadtgeschichtliches und die Entwicklung des Bernauer Gewerbes, wobei die Textilherstellung und vor allem viel Wissenswertes rund um das Bernauer Bier – das heute nicht mehr gebraut wird – natürlich nicht fehlen.

Vom Marktplatz zum Mühlentor

Das Herzstück in Bernaus historischem Zentrum bildet der Marktplatz. Südlich rahmt ihn das 1805 erbaute klassizistische **Rathaus**, davor plätschert seit 2015 der neue **Stadtbrunnen** von Händen des

◀ Karte S. 51

Bildhauers Jörg Engelhardt. Seine bronzenen Tierskulpturen auf Sandsteinblöcken versinnbildlichen Bernaus verschiedene Ortsteile.

Nördlich thront weithin sichtbar die 1519 vollendete **St. Marienkirche**. Die spätgotische vierschiffige Backsteinhalle fußt auf einem älteren spätromanischen, dann gotisch veränderten Feldsteinbau. Ebenso hat auch der Kirchturm einen Vorgängerbau. 1846 musste der vormalige Doppelturm dem heutigen, knapp 60 Meter hohen Glockenturm weichen. Den Innenraum des Gotteshauses zieren die bei einer Renovierung wiederentdeckten Ausmalungen von 1519 sowie ein wertvoller, mit reichem Figurenschmuck versehener spätgotischer Flügelschnitzaltar um 1520. Die Malereien auf den Flügeln und der Predella stammen aus der Schule von Lucas Cranach d.Ä.

Im Schatten von St. Marien duckt sich am Kirchhof das alte **Lateinschulhaus** aus dem 16. Jahrhundert. Berühmteste Eleven in Bernaus ältester Schule waren der Renaissance-Schriftsteller und Prediger Georg Rollenhagen (1542–1609) sowie Paulus Praetorius (1521–1565), Sohn eines Bernauer Brauers und Tuchmachers, der nach seiner Tätigkeit als Erzieher und Berater am kurfürstlichen Hof als Direktor an die Lateinschule zurückkehrte. Der **Kirchhof** selbst fungierte bis Ende des 16. Jahrhunderts als Gottesacker. Lange Zeit in Vergessenheit geraten, wurde dort 1999 ein sensationeller Fund getätigt. Beim Ausschachten für neue Leitungen stieß man auf 243 Grabstätten und unterhalb dieser auf zwei mittelalterliche Glockengießanlagen mit erhaltenen Brennöfen.

Nördlich der Marienkirche lohnt sich vor der Stadtumwallung noch ein Blick auf die Fachwerkhäuser aus dem 17./18. Jahrhundert, bevor es durch das **Mühlentor** zur Altstadt hinaus geht. 2013 haben die Bernauer Stadtoberen das neue Mühlentor eingeweiht. Es steht genau an der Stelle des alten und ist jenem nachempfunden, allerdings mit einer erheblich größeren Tordurchfahrt versehen. Schon 1885 wurde das alte Tor an der Mühlenstraße abgetragen, da die Fuhrwerke kaum noch hindurchpassten. Das neue Mühlentor besitzt nun aktuelle brandschutzrechtliche Abmessungen, so dass auch Feuerwehrlöschzüge passieren können.

Den Abschluss der Stadtmauer am Mühlentor ziert seit 1998 das **Deserteursdenkmal**. Das Bronzerelief des Biesenthaler Künstlers Friedrich Schötschel ehrt alle Deserteure und Kriegsdienstverweigerer und antwortet damit auf das benachbarte wilhelminische Kriegerdenkmal von 1890. Es liegt bereits außerhalb der Stadtmauer in der Grünanlage des historischen Wall- und Grabensystems. Ihm gegenüber erhebt sich ein Obelisk auf dem Ehrenfriedhof für Gefallene der Roten Armee.

Ebenfalls jenseits der alten Stadtmauern befindet sich an der viel befahrenen Loh-

Deserteursdenkmal am Mühlentor

Barnim

mühlen-/Jahnstraße das **Sankt-Georgen-Hospital**. Es geht auf eine Stiftung Anfang des 14. Jahrhunderts der Bernauer Tuchmachergilde zur Versorgung von Bedürftigen und Kranken zurück. Die zugehörige Kapelle wurde 1432 von den Hussiten zerstört und anschließend neu aufgebaut, das Hospitalgebäude datiert auf 1738. Anfang des dritten Jahrtausends von Grund auf saniert, gehört die Anlage heute zu den Hoffnungsthaler Anstalten, einer Einrichtung der Diakonie, die sich in der Jugend-, Alten- und Behindertenhilfe engagiert.

Zwischen Gasometer und Henkerhaus

Westlich neben dem Mühlentor steht das **Henkerhaus** an der Stadtmauer. Einst Wohnhaus des Scharfrichters, ist das in seinen Fundamenten aus dem 17. Jahrhundert stammende, im 19. Jahrhundert ausgebaute kleine Gebäude seit 1976 Teil des **Heimatmuseums**. Seine Räume vermitteln ein Bild des Bernauer Bürgerlebens vom 17. bis ins 19. Jahrhundert; im Keller sind Folterwerkzeuge der mittelalterlichen Gerichtsbarkeit ausgestellt. Neben dem Henkerhaus verdient seit 2005 das **Hexendenkmal** Aufmerksamkeit. Die Stele der Künstlerin Annelie Grund ruft die Opfer der Bernauer Hexenverfolgung zwischen 1536 und 1658 in Erinnerung.

Zahlreiche sanierte Plattenbauten zeichnen den Grundriss der Bernauer Altstadt nach. Dazwischen verbergen sich immer wieder baugeschichtliche Perlen. So an der westlichen Stadtmauer der knapp 30 Meter hohe **Pulverturm** als Teil der alten Verteidigungsanlage. Oder in der Tuchmacherstraße das fachwerkgeschmückte **Kantorhaus**, 1583 errichtet und damit Bernaus ältestes erhaltenes Wohnhaus. Am Pulverturm wartet das private **Wolf-Kahlen-Museum** des Video-,

Performance- und Medienkünstlers Wolf Kahlen mit zeitgenössischen Werken und Installationen auf.

Nahebei ragt an der Kreuzung Weißenseer/Ecke Berliner Straße, dort wo sich in der Regel der Autoverkehr nach Berlin staut, unverkennbar blau der historische **Gasometer** auf. Das Reservoir zum Speichern von brennbaren Gasen wurde 1931/32 für 2000 Kubikmeter Inhalt errichtet. Bis 1966 in Funktion, ist es heute ein technisches Denkmal.

Ausflüge von Bernau

■ **Bundesschule des Allgemeinen Deutschen Gewerkschaftsbunds**

Etwa fünf Kilometer außerhalb liegt rechts neben der Straße nach Wandlitz eines der bedeutendsten Bauhaus-Objekte, die 1928–1930 errichtete **Bundesschule des Allgemeinen Deutschen Gewerkschaftsbunds** (ADGB). Für die seinerzeit preisgekrönte zwei- bis dreigeschossige Flachbauanlage in Eisenbeton zeichneten die Bauhaus-Architekten Hannes Meyer (1889–1954) und Hans Wittwer (1894–1956) verantwortlich.

Bernaus ältestes Wohnhaus: das Kantorhaus

▲ Karte S. 51

Denkmalgeschützt: die ehemalige Bundesschule des Gewerkschaftsbunds

Barnim

1930 eröffnete sie als erste zentrale AGDB-Bildungsstätte, an der sämtliche im Verband organisierten Einzelgewerkschaften ihre Lehrgänge und Seminare abhalten konnten. Nach der Machtergreifung 1933 funktionierten die Nationalsozialisten das Gebäudeensemble in eine Reichsführerschule um. Ab 1947 diente es dem Freien Deutschen Gewerkschaftsbund (FDGB) als Gewerkschaftshochschule ›Fritz Heckert‹, wurde um ausgedehnte Bauten erweitert und 1977 in die Denkmalliste der DDR eingetragen.

Seit der Wiedervereinigung ist die Handwerkskammer Berlin Pächterin der Bauhaus-Anlage, hat sie denkmalgerecht saniert und betreibt dort das ›Bildungs- und Innovationszentrum in Bernau-Waldfrieden‹. Auf dem Gelände, das frei zugänglich ist, befinden sich außerdem eine Mensa, Schul- und Bürogebäude und in der Nachbarschaft das Freibad Bernau.

■ Schönower Heide

Westlich von Bernau dehnt sich auf über 500 Hektar das Naturschutzgebiet Schönower Heide aus. Von der Landstraße nach Schönwalde aus führen zwei **Rundwanderwege** durch das Gelände, und vor allem im Spätherbst, wenn die Besenheide purpur erblüht, lohnt der Be-

such. Von Anfang des 20. Jahrhunderts bis zum Abzug der russischen Streikräfte 1991 diente die Schönower Heide militärischen Zwecken. Truppenübungen, der Einsatz von scharfer Munition und schwerem Gerät hielten die Vegetation flach, zusätzlich wurde massiv gerodet. So entstand eine offene Heidelandschaft mit ausgedehnten Sandflächen, Dünen und dem dafür typischen Bewuchs aus Kiefern- und Wacholdergruppen, weiten Heidekraut- und Silbergrasfluren. Heute sorgen Rot-, Dam- und Muffelwild als natürliche Rasenmäher auf gut einem Viertel der umzäunten Fläche dafür, dass die offene Heidelandschaft nicht wieder zuwächst.

Seit dem Jahr 2000 steht das Areal unter Naturschutz. Doch nicht nur zum Schutz der Natur herrscht für große Teile ›Betreten verboten‹. Noch immer ist das Gelände nicht vollständig von den militärischen Hinterlassenschaften geräumt. So führen die beiden Wanderwege mit zahlreichen Informationstafeln immer an der Umzäunung entlang: der kürzere Heidepfad auf anderthalb Kilometern zu einem Aussichtsturm, der längere Wildwanderweg auf fünf Kilometern rund um das Wildgatter.

Möchte man anschließend noch einen Sprung ins kühle Nass wagen, liegt der

Gorinsee nicht weit. Die Landstraße nach Schönwalde bzw. der parallel verlaufenden Radweg verbindet den See mit der Schönower Heide. An seinem Ostufer dehnt sich eine große **Badewiese** aus, und das ›Gasthaus am Gorinsee‹ wartet mit Biergarten und deftigen Speisen auf.

■ Börnicke

Ein Rad- und Wanderweg führt vom Bahnhof Bernau südöstlich zum vier Kilometer entfernten Börnicke. Das kleine Angerdorf, heute Ortsteil von Bernau, ist ein schönes Beispiel für ein **Gutsdorf** des 19. Jahrhunderts. Ein achtungsgebietendes, **schlossartiges Herrenhaus** erhebt sich im Park, davor erstreckt sich die backsteinerne Gutsanlage mit Verwalterhaus, Höfen, Wirtschaftsgebäuden und Ställen. Ein Dorfteich, Bauerngehöfte und niedere Kossätenhäuser dürfen nicht fehlen. Das **Schulmuseum** zeigt ein Klassenzimmer mit alten Bänken und Schiefertafeln wie zu Uropas Zeiten. Nicht zu vergessen Kirchhof und **Dorfkirche**, die als spätromanischer Feldsteinsaalbau bereits aus der Gründungszeit Börnickes aus der zweiten Hälfte des 13. Jahrhunderts stammt.

Nach einer Reihe wechselnder Eigentümer fanden Schloss und Gut Börnicke 1892 in Ernst von Mendelssohn Bartholdy (1846–1909) einen neuen Besitzer – Geheimer Kommerzienrat und Berliner Bankier, Urenkel des Philosophen der Aufklärung Moses Mendelssohn und Neffe des Komponisten Felix Mendelssohn Bartholdy. 1909–1911 wurde das Schloss im Auftrag von Sohn Paul vom Architekten Bruno Paul im neoklassizistischen Geschmack umgebaut. Ende des Zweiten Weltkriegs Lazarett, ging die Anlage nach der Bodenreform an die KPD über, fungierte anschließend als Ferienheim und ab 1967 als Heim für behinderte Kinder. Nach der Wiedervereinigung stand das Schloss leer,

Beobachtungsturm in der Schönower Heide

Barnim

wechselte 2003 in Privatbesitz, wurde grundlegend saniert und wird heute für Hochzeiten, Events oder Filmproduktionen vermietet. Der Gutshof ist außerdem Sitz des Vereins ›Brandenburgisches Au-

tomobilmuseum Schloss Börnicke‹, der mit Ausstellungen, Veranstaltungen und einem jährlichen Oldtimer-Treffen allerlei rund um historische Motorkutschen organisiert.

 Bernau

Vorwahl: 03338
Postleitzahl: 16321
Touristeninformation, Bürgermeisterstraße 4, Tel. 761919, April–Okt. Mo–Fr 10–18, Sa 10–14 Uhr, Nov.–März Mo–Fr 10–17 Uhr. www.bernau-bei-berlin.de

Hotel & Gasthof zum Zicken-Schulze, Brauerstraße 2, Tel. 704580, DZ/F um 69 €. In der Altstadt in einem historischen Bürgerhaus; die Küche serviert Deftiges nach deutscher Art. www.hotel-bernau.de
Pension & Restaurant ›Hofgeflüster‹, Brüderstraße 14/An der Stadtmauer, Tel. 3389898, DZ/F um 75 €. Aparte Unterkunft in einem Fachwerkhaus aus dem 17. Jahrhundert. Das Restaurant bietet moderne regionale und internationale Gerichte. www.pension-hofgefluester.de

Restaurant Schwarzer Adler, Berliner Straße 33, Tel. 751881. Traditionsgasthof in einem Gebäude aus dem 15./16. Jahrhundert. Bereits zu Friedrichs des Großen Zeiten tischte man unter dem Kreuzgewölbe Köstlichkeiten aus Land und Region auf, heute bereichert um eine schöne Sommerterrasse und erlesene Weine. www.schwarzer-adler-bernau.de

Museum Henkerhaus, Am Henkerhaus, Tel. 2245, Di–Fr 9–12 und 13–17, Sa/So 10–13 und 14–17 Uhr.
Museum Steintor mit Hungerturm, Berliner Straße, Tel. 2924, Mai–Okt. Di–Fr 9–12 Uhr und 14–17 Uhr, Sa/So 10–13 Uhr und 14–17 Uhr.
Wolf Kahlen Museum – Intermedia Arts Museum, Grünstraße 16/Am Pulverturm,

Tel. 753175, Mi–So 15–18 Uhr, jeden 1. So im Monat 11–18 Uhr. www.wolf-kahlen.net/museum
St. Marienkirche, außerhalb der Gottesdienste März–Mitte Okt. tgl. 14–16 Uhr.
Bauhaus Denkmal Bundesschule Bernau, Hannes-Meyer-Campus 9, Tel. 767875. Das Gelände steht ganzjährig offen, Führung und Besichtigung der Innenräume organisiert der Verein ›baudenkmal bundesschule bernau‹ nach tel. Anmeldung. www.bauhaus-denkmal-bernau.de
Schulmuseum Börnicke, Ernst-Thälmann-Straße, in Börnicke, Tel. 769379, Mai–Okt. Mi–Sa 10–13, So 10–14 Uhr.

Hussitenfest, immer am zweiten Juniwochenende, drei Tage Turniergetümmel, Konzerte, Festspiele, Mittelaltermarkt und am Samstag farbenprächtiger historischer Umzug durch die Bernauer Innenstadt.
Bernauer Kunst- und Handwerkermarkt, an vier Sonntagen in der schönen Jahreszeit präsentieren Künstler und Handwerker ihre Erzeugnisse, umrahmt von Musik und Tanz.
Festival alter Musik, drei Tage im Frühherbst in der Marienkirche Konzerte, Aufführungen, Lesungen.

Freibad Waldfrieden, Hans-Wittwer-Straße 26, Tel. 7533256, www.freibad-waldfrieden.de
Gorinsee, große Badewiese ca. 5 km westlich von Bernau an der Straße nach Schönwalde, mit Imbissbetrieb und nahebei Campingplatz; das **Gasthaus Am Gorinsee** bietet Wildspezialitäten und Gästezimmer, Tel. 033056/74246, www.gasthaus-gorinsee.de

Barnimer Feldmark

Ganz im südöstlichen Zipfel des Barnim dehnen sich zwischen der Berliner Stadtgrenze, Bernau und Werneuchen die weiten Wiesen und Felder der Barnimer Feldmark aus. Angerdörfer und alte Gutsdörfer liegen im flachen Land, dessen höchste Erhebungen zumeist die Turmspitzen der mittelalterlichen Feldsteinkirchen sind. Fast zwei Drittel der Fläche werden landwirtschaftlich genutzt. Hier und da blitzen Feldsölle auf, und Alleen schmücken die Region, in der Werneuchen, 8000 Einwohner klein, unangefochten die Metropole vorstellt. Den Nordosten der Feldmark durchzieht auf 20 Kilometer Länge der Gamengrund. Die eiszeitliche Rinne hat sich tief in das Land eingegraben und lädt mit Wäldern und Seen zum Wandern und Baden ein.

Werneuchen

Bis auf einen **kleinen sanierten Altstadtkern** rund um den Markt verfügt Werneuchen über keine besonderen Sehenswürdigkeiten, darf aber als Zentrum der Barnimer Feldmark natürlich nicht unerwähnt bleiben. 1247 erstmals urkundlich genannt, sind der Hussiten-Angriff 1432 und die Belagerung durch die kaiserlichen Truppen 1632/36 im Dreißigjährigen Krieg historische Daten, die sich buchstäblich in die Stadtgeschichte eingebrannt haben. Beide Male wurde Werneuchen ein Raub der Flammen. 1670 erhält es das Stadtprivileg, um 1750 werden 70 Häuser mit 320 Einwohnern gezählt. Chaussee- und Straßenbau im ersten Drittel des 19. Jahrhunderts fördern das Wachstum. Es folgen 1898 die Einweihung der Eisenbahnstrecke Berlin–Wriezen mit einem Stopp in Werneuchen und 1935 die Eröffnung der Jagdfliegerschule. Werneuchen wird Militärstandort

und bleibt es bis 1993 bis zum Abzug der sowjetischen Truppen.

Berühmtester Werneuchener ist der Pastor und Naturdichter Friedrich Wilhelm August Schmidt (1764–1838), auch ›Schmidt von Werneuchen‹ genannt. Die Art seiner heimatverbundenen Poesien, in denen er in romantischer Sehnsucht das Leben in der Feldmark beschreibt, wurde sogar von Goethe aufgenommen und kritisiert. Berühmtester Besucher der Stadt ist der nordvietnamesische Staatspräsident Ho Chi Minh, der 1958 die Maschinen-Traktoren-Station ›Mao Tse Tung‹ in Werneuchen in Augenschein nahm.

Hirschfelde

Eine erste Erwähnung des reizenden Angerdorfs am Rande des Gamengrunds datiert auf das Jahr 1268. Seitdem hat Hirschfelde nie mehr als 300 bis 400 Einwohner gezählt, blickt aber nichtsdestoweniger auf eine interessante Geschichte zurück. 1586 wird es Rittergut, wechselt im Lauf der Jahrhunderte mehrmals seine Eigentümer und gelangt 1904 in den Besitz des Berliner Bankiers Eduard Arnhold (1849–1925).

Bronzehirsch im Gutspark Hirschfelde

Die Feldsteinkirche in Hirschfelde

Arnold ist konservativer Freigeist, sozialer Philanthrop und begeisterter Kunstmäzen, unterstützt Maler wie Max Liebermann und Adolph Menzel und wird als erster und einziger Jude vom Kaiser ins Preußische Herrenhaus berufen. Für Preußen erwirbt er 1913 die Villa Massimo in Rom, seither Sitz des deutschen Kulturinstituts in Italien. Bereits 1907 stiftet er im Hirschfelder Vorwerk Wertpfuhl, heute beide Ortsteile von Werneuchen, ein Waisenheim für junge Mädchen. Berühmteste Elèvin ist Brigitte Helm (1906–1996), die Regisseur Fritz Lang bei einer Theateraufführung in Arnholds Gutspark entdeckt und ihr nachfolgend die Hauptrolle in seinem Filmklassiker ›Metropolis‹ gibt.

Das **Herrenhaus** in Hirschfelde lässt Arnhold im zeitgenössischen Geschmack umbauen und den 22 Hektar messenden alten **Gutspark** in einen Skulpturengarten mit Naturtheater, Rosarium, Chinesischem Teehaus und antikem Marmorbrunnen umgestalten. Bekanntestes Exponat seiner für den Park gesammelten Freiraumplastiken ist der marmorne Weiße Stier, 1924 von Louis Tuaillon (1862–1919) geschaffen, der heute den Kurpark in Bad Freienwalde ziert. Ein prächtiger **Bronzehirsch**, ebenfalls von Louis Tuaillon, der einst vor dem Herrenhaus stand, wurde 1990 nach über 40 Jahren von Russland an die Hirschfelder zurückgegeben und schmückt seitdem den Dorfanger. Das Gros des historischen Park-Meublements gilt als verschollen. Eduard Arnhold verstirbt 1925. Acht Jahre später verlässt seine Familie nach der nationalsozialistischen Machtergreifung Deutschland. Nach Plünderungen und Zerstörungen Ende des Zweiten Weltkriegs fungiert Gut Hirschfelde zu DDR-Zeiten als Kinderkrippe, Hort und

bietet Wohnungen. Nach der Wiedervereinigung gehen das Herrenhaus und
weite Gutsflächen in Privatbesitz über.
Geblieben sind große Teile der **denkmalgeschützten Parkanlage**. Sie werden im
Rahmen eines EU-Projekts zurzeit landschaftlich und kulturell wiederbelebt. Die
zum ehemaligen Gut gehörigen Gebäude
wie die **Brennerei**, das **Verwalterhaus**
und **alte Pächterhöfe** im Dorf sind heute ebenfalls denkmalgeschützt. Die **Dorfkirche**, ein Feldsteinsaal mit mächtigem
Westquerturm, geht in ihren Ursprüngen auf das 13. Jahrhundert zurück. Ein
weiterer Hingucker ist der **Wasserturm**,
heute wie das Gutshaus in Privatbesitz.

Tiefensee

Tiefensee im Gamengrund, seit der Eingemeindung 2003 Ortsteil von Werneuchen, ist seit der Entdeckung der Sommerfrische als Ausflugsort der Berliner
bekannt. Wie ein langes blaues Band
durchschneidet der **Gamengrund** die

Die Kirche in Willmersdorf

Barnim-Hochfläche. Als schönstes und
größtes Gewässer dieser auf 20 Kilometern von Falkenberg bis Strausberg
verlaufenden, 15 000-jährigen Schmelzwasserrinne rühmt sich der **Gamensee**.
Malerisch liegt er in Laubwald gebettet
und bietet an seiner schilfrohrgesäumten
nordöstlichen Spitze einen Campingplatz,
Badewiese und Bootsverleih. Ein schmaler
Wanderweg führt rund um den See mit
hier und da idyllischen Waldbadestellen.
Die zweite Attraktion vor Ort hat ebenfalls mit Muskelaktivität zu tun. Auf einer 12 Kilometer langen Strecke geht es
mit der **Draisine** vom Bahnhof Tiefensee aus durch den Wald zum Bahnhof
Sternebeck. Dort erwartet einen nicht
weit entfernt ein Ausflugsziel der anderen Art: der **Atombunker in Harnekop**.
Die 1971–1976 etwa 30 Meter unter
der Erde erbaute Anlage gilt als Prototyp
der höchsten Schutzklasse für alle Staaten des Warschauer Pakts und diente als

▲ *Draisinenbahnhof in Tiefensee*

Haupt-Führungsstelle des DDR-Ministeriums für Nationale Sicherheit. Ein Verein betreut das geheimnisvolle Baudenkmal, das auf Wunsch besichtigt werden kann.

Weesow und Willmersdorf

Vor allem wegen ihrer stattlichen Feldsteinkirchen verdienen die beiden Weiler Weesow und Willmersdorf nördlich von Werneuchen Aufmerksamkeit. Die **Weesower Kirche** präsentiert sich als schmucker Feldsteinsaalbau mit formidablem Querturm aus der 1. Hälfte des 13. Jahrhunderts. Ein Holzaltar von 1786, ein Taufbecken aus dem 15. Jahrhundert und Teile des Patronatsgestühls von 1620 sind die wertvollen Stücke im ländlich schlicht gehaltenen Innenraum. Als weiterer Weesower Höhepunkt fällt der **Betonturm** am Ortsausgang via Willmersdorf ins Auge. Er wurde nach 1935 für die Radarüberwachung des Werneuchener Flugplatzes erbaut. Nahebei erinnert eine kleine **Gedenkstätte** an ein Internierungslager, das die sowjetische politische Geheimpolizei NKWD Ende des Zweiten Weltkriegs in Weesow hatte errichten lassen. Bis zur Verlegung im September 1945 ins KZ Sachsenhausen verloren dort in wenigen Monaten zwischen 800 und 1200 Menschen ihr Leben.

Der Nachbarort Willmersdorf wartet ebenfalls mit einer für die Mark typischen romanischen Feldsteinkirchen auf. Anders aber als üblich verfügt das **Willmersdorfer Gotteshaus** indes über zwei Kirchtürme. Der alte Holzturmaufbau brannte 1900 ab und wurde ein Jahr später als doppeltürmiger Backsteinaufsatz mit spitzen Hauben auf dem mächtigen Feldsteinunterbau neu aufgerichtet. Auch die Backsteinvorhalle wurde 1901 angefügt. Der Saalbau selbst stammt aus dem zweiten Viertel des 13. Jahrhunderts. Unter seinem Kreuzrippengewölbe schmücken ihn eine hölzerne Kanzel von Ende des 17. Jahrhunderts und eine spätgotische Sandsteintaufe.

Barnim

 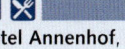 **Barnimer Feldmark**

Vorwahl: 033398
Postleitzahl: 16356
Touristeninformation im Bürgerbüro im Rathaus, Am Markt 5, Tel. 81610, Mo–Fr 9–12, zusätzlich Di 13–18.30, Do 13–16 Uhr. www.werneuchen-barnim.de

🛏️ 🍴

Hotel Annenhof, Freienwalderstraße 46, Werneuchen, Tel. 90376, DZ/F um 70 €. Gutbürgerliches Haus nahe Ortsausgang Richtung Bad Freienwalde. Das Restaurant serviert deutsche Küche. www.annenhof.de

Country-Camping Tiefensee, Schmiedeweg 1, Werneuchen/OT Tiefensee, Tel. 90514. Weitläufiger gepflegter Platz unter hohen Kiefern, mit Ferienhütten und Wohnmobilhafen, ganzjährig geöffnet.

Das ›Wirtshaus Herrlich‹ sorgt für das leibliche Wohl. www.country-camping.de

Baudenkmal Bunker Harnekop, öffentliche Führung nach Anmeldung, Info unter Tel. 030/6458963. www.bunker-harnekop.de

Fahrrad- und Bootsverleih, am Country-Camping Tiefensee (s.o.)
Draisinenbahn, Adolf-Reichwein-Straße 2, Werneuchen/OT Tiefensee, Tel. 0163/8636104, Mai–Sept. Mi–So 10 + 12.30–17 Uhr, Okt.–April Sa/So 12.30–17 Uhr. www.draisinenbahn.de

Gamensee, große bewirtschaftete Badewiese am Country-Camping Tiefensee (s.o.)

Wandlitz und das Wandlitzer Seengebiet

Etwa 30 Kilometer nördlich von Berlin liegt Wandlitz im Herzen des Wandlitzer Seengebiets. 2004 wurde die aus neun verstreut liegenden Dörfern bestehende Großgemeinde Wandlitz gebildet, mit dem selbst knapp 6000 Menschen zählenden Ort Wandlitz im Mittelpunkt. Bereits seit Anfang des 20. Jahrhunderts ist das ehemalige Bauern- und Fischerdorf dank seiner herrlichen Seen- und Wälderumgebung eine beliebte Sommerfrische – und auch Wohnstandort – für die gestressten Berliner Hauptstadtseelen. Der Ort brummt. Es wird kräftig gebaut. Anders als so viele brandenburgische Gemeinden ist Wandlitz eine wachsende Stadt.

Seine erste urkundliche Erwähnung fällt in das Jahr 1242 und dokumentiert den Erwerb der Siedlung durch das weit entfernte Zisterzienserkloster Lehnin. Aus jenen Jahren rühren auch die Grundmauern der **Dorfkirche**, die im alten Ortskern auf einer Landnase am südlichen Wandlitzseeufer steht. Rund um den spätgotischen, aus unbehauenen Feldsteinen errichteten Sakralbau zeigt sich der alte Siedlungskern ganz klassisch brandenburgisch mit Kopfsteinpflaster, niederen Ackerbürgerhäusern, und auch die riesige Eiche fehlt nicht. Während der deutschen Ostkolonisation unter den askanischen Herrschern wurde das Dorf im 13. Jahrhundert als Rundling angelegt – in direkter Nachbarschaft zum slawischen Dorf ›Vandelice‹ (was etwa ›Leben am Wasser‹ bedeutet), das auf der Landnase bereits seit dem 6. Jahrhundert existierte. Die Reformation und Auflassung der Lehniner Abtei 1542, der Dreißigjährige Krieg 1618–1648, Missernten und die Pest ließen das Dorf nicht hochkommen. 1652 werden in Wandlitz 90 Seelen gezählt.

Das Bild ändert sich erst im 19. Jahrhundert. Der Chausseebau (ab 1827), der das Dorf über das Land mit anderen Orten verknüpft, und der Bau einer Schule (1835/36) fördern die Entwicklung. Entlang der Prenzlauer Chaussee lassen sich Kaufleute, Handwerker und Dienstleister nieder. Wandlitz, so nah an der Hauptstadt des 1861 gegründeten deutschen Kaiserreichs, profitiert vom herrschenden Gründerzeitboom.

Wandlitz wird Sommerfrische

Im Ort gründet sich 1888 der Schützen- und Gesangsverein. Zwei Jahre später wird in Wandlitz das erste Mal telefoniert. Den entscheidenden Meilenstein aber bildet 1901 die Eröffnung der **Heidekrautbahn**: offiziell ›Reinickendorf-Liebenwalde-Groß Schönebecker Eisenbahngesellschaft‹ und 1927 in ›Niederbarnimer Eisenbahn AG‹ umbenannt. Sie transportiert in ihren Waggons Scharen von Ausflüglern an den Wandlitzsee und bringt umgekehrt zahlreiche Wandlitzer zur Lohnarbeit in die Hauptstadt. Das **Heidekrautbahn-Museum** im Ortsteil **Basdorf**, wenige Kilometer südlich

Das moderne Holzgebäude des ›Barnim Panorama‹

Karte S. 64

Hervorragend erreichbares Ausflugsziel: Wandlitz

von Wandlitz, erinnert daran. Eisenbahnfreunden wird auf dem Freigelände und unter den Dächern des ehemaligen Bahnbetriebswerks in Fotos, Dokumenten, Modellen und originalen Bahnbetriebsutensilien die Geschichte der Niederbarnimer Eisenbahn näher gebracht. Darüber hinaus gibt es viele alte Lokomotiven, Personen- und Güterwagen zu sehen. Zu bestimmten Terminen im Jahr rücken die alten Dampfrosse sogar noch einmal aus und gehen auf große Fahrt. Zunehmend erwerben Berliner Grundstücke im Wald und am See. An den drei ›Heiligen Pfühlen‹ entsteht 1907/08 eine Villenkolonie, und am nördlichen und östlichen Wandlitzseeufer wächst der neue Ortsteil Wandlitzsee. 1923 wird am Ostufer das **Strandbad Wandlitz** eingeweiht. Und weil der Ansturm der Sommerfrischler nicht abreißen will, kommt für ihre bequeme Beförderung gleich gegenüber der Badeanstalt, ebenfalls im Stil der Neuen Sachlichkeit, 1927 noch der **Bahnhof Wandlitzsee** dazu. Das nach Plänen von Wilhelm Wagner (1873–1953) errichtete Gebäudeensemble aus Bad und Bahnhof gilt als schönes Beispiel der Bauhaus-Architektur. Den überschaubaren Park am Strandbad ziert seit 2006 der **Wasserscheidestein**.

Das Werk der Wandlitzer Künstlerin Annelie Grund, von der auch die Bernauer Hexenstele stammt, markiert die Wasserscheide zwischen Elbe und Oder, also zwischen Nordsee und Ostsee, die genau an diesem Punkt in Wandlitz verläuft. Viele spannende Dinge zur Natur und zur Landwirtschaft präsentiert das **Barnim Panorama** unweit des alten Dorfkerns. Unter einem Dach zeigen das Besucherzentrum des Naturparks Barnim und das Wandlitzer Agrarmuseum die ganze Vielfalt der hiesigen Kulturlandschaft von der Eiszeit bis heute unter landwirtschaftlichen, jahreszeitlichen, kulturellen und ökologischen Aspekten. Schlager der Ausstellung ist eine Sammlung historischer Landwirtschaftsmaschinen: Traktoren und Mähdrescher von den ersten dampfgetriebenen Vehikeln über die Megamechanikmaschinen der 1960er/1970er Jahre bis zum aktuellen computergesteuerten High-Tech-Fahrzeug.

Liepnitzsee

Keine zwei Spazierkilometer trennen den Wandlitzsee vom östlichen, waldumsäumten Liepnitzsee. Seine sanft hügeligen Ufer – für den Autoverkehr gesperrt – schmückt Laubmischwald, und auf acht Kilometer Wanderweg – mal

Wandlitzer Seengebiet

als Höhen-, meist als Uferweg – lässt er sich in zwei bis drei Stunden gemütlich umrunden. Dabei fällt der Blick stets auf die **Insel Großer Werder**, die in der Mitte des Sees im kristallklaren Wasser liegt. Vom nördlichen und vom südlichen Festlandsufer her pendelt in der warmen Jahreszeit die Fähre ›Frieda‹ auf ihre östliche Inselspitze – das einzige Boot, das mit Motorkraft über den See tuckern darf – und bringt Fußgänger und Radler immer zur vollen Stunde hin und wieder zurück. Einen Großteil der Insel nimmt ein Vereinscampingplatz ein; die Badewiese an der Südwestspitze steht dagegen allen Gästen der Insel offen. Eine weitere große Sandbadestelle findet sich auf dem Festland am südwestlichen Seeufer. Am Nordwestufer lädt das **Waldbad Liepnitzsee** zu einem herrlichen Badetag ein.

Zehn Spazierminuten entfernt lag nahe dem Südwestufer die berühmt-berüchtigte **Waldsiedlung Wandlitz**, eine hermetisch von der Normalbevölkerung abgeschirmte ›Gated Community‹ der DDR-Politprominenz (→ S. 70). Heu-

te befindet sich auf dem Gelände die Brandenburg-Klinik mit zahlreichen medizinischen Einrichtungen. Übersichtspläne und Informationsstelen helfen auf dem Gelände dabei, die Standorte von Honeckers, Mielkes & Co. ehemaligen Eigenheimen aufzufinden

Bogensee

Auf halbem Weg zwischen Wandlitz und Prenden liegt im Buchenwald versteckt Bogensee, das sind 500 Hektar Wald inklusive dem gleichnamigen kleinen See. 1936 schenkte der Berliner Magistrat das Gelände dem Reichspropagandaminister Joseph Goebbels auf Lebenszeit zum Geburtstag. Hitlers oberster Hetzer liebte den Film und besonders die hoffnungsfrohen weiblichen Nachwuchssternchen der UFA-Filmateliers. So verwandelte sich ein altes Blockhaus am Bogensee schnell in ein Liebesnest. Bald darauf folgte der Auftrag zur Errichtung eines großzügigen Landsitzes. Einen kurzen Spaziergang vom Seeufer entfernt konnte das dreiflügelige Walmdachgebäude mit 30 Zimmern, nach einem Entwurf des

Berliner Architekten Heinrich Schweitzer erbaut, 1939 eingeweiht werden. Die **Goebbelsvilla** war illustrer Treff der Nazi-Filmprominenz. Auf Einladung des obersten Filmzensors Goebbels weilten Zarah Leander, Marika Rökk, Emil Jannings oder Heinz Rühmann in Bogensee. Wirtschaftsgebäude und ein Gästehaus wurden errichtet, und 1944 ein Luftschutzbunker. (Der Atombunker der DDR-Regierung, auch ›Honecker-Bunker‹ genannt, liegt übrigens nur gut einen Kilometer Luftlinie entfernt im Wald Richtung Prenden.)

Das Ende des ›Tausendjährigen Reichs‹ ist bekannt. Während der alliierten Luftangriffe gingen Bomben auch auf das Wandlitzer Seengebiet nieder, wo die Bramo (Brandenburgische Motorenwerke) bei Basdorf Flugzeugmotoren für die Luftwaffe produzierte. Nach Einmarsch der Roten Armee wurden die Zwangsarbeiter und Kriegsgefangenen in den Lagern bei Basdorf und Wandlitz befreit. Dem berühmten französischen Chansonnier George Brassens (1921–1981), den man 21-jährig als Zwangsarbeiter nach Basdorf verschleppt hatte, war schon im Jahr vorher die Flucht gelungen.

Bogensee: Erweiterungsbauten von Hermann Henselmann

Zunächst Lazarett, wird Bogensee 1946 von der Sowjetischen Militäradministration an die Freie Deutsche Jugend (FDJ) übergeben. Das Anwesen ersteht neu als **FDJ-Jugendhochschule**. Ab 1951 folgen im großen Stil Erweiterungsbauten. Unter dem DDR-Stararchitekten Hermann Henselmann (1905–1995), der unter anderem für die Wohnbebauung an der Berliner Frankfurter Allee (damals Stalinallee) verantwortlich zeichnete, entstehen im Stil des Sozialistischen Klassizismus Hörerwohnhäuser, ein Gemeinschaftshaus und das große Lektionsgebäude. Ab 1980 wächst die kommunistische Kaderschmiede um weitere Internatsbauten, Sporthalle und Restaurant.

Heute steht der Hochschulkomplex mitten im Wald nahezu leer. Einzig ein Wirtschaftsgebäude der Nazizeit ist von der Berliner Forstverwaltung belegt. Sie unterhält in den Räumen eine Waldschule, in der Kinder in ihrer Freizeit Wissenswertes über die heimische Tier- und Pflanzenwelt lernen. Sämtliche Versuche seit 2008 durch das Land Berlin, das Gelände an einen potenten Investor

Die Goebbels-Villa am Bogensee

zu veräußern, scheiterten. Mittlerweile hat man von der Verkaufsabsicht Abstand genommen, auch weil man nicht Gefahr laufen möchte, dass die Liegenschaft über Strohmänner möglicherweise in die Hände von Neonazis gelangt. Die Zukunft von Bogensee ist ungewiss.

Lanke

Manch einer wird auf seinem schnellen Weg zur Ostsee von der Autobahnbrücke aus schon mal einen kurzen Eindruck von Lanke erhascht und sich eingeprägt haben. Denn die Aussicht ist wahrlich schön. Sie reicht weit über den waldumkränzten Obersee, an dessen Ostufer sich Fachwerkvilla und Pavillon des traditionsreichen Hotels Seeschloss erheben. Und mancher Trabi-Mobilist, der zu DDR-Zeiten einen Ferienplatz am Meeresstrand ergattert hatte, legte bei Lanke einen Zwischenstopp ein, um im kleinen **Strandbad am Obersee** noch schnell einen Sprung ins kühle Nass zu wagen. Etwas über 500 Einwohner leben heute im Dorf zwischen Obersee und Hellsee. 1315 das erste Mal schriftlich erwähnt,

ging Lanke den Weg so vieler Orte in der Region: wechselnde Herrschaften, die totale Zerstörung im Dreißigjährigen Krieg, Armut und Hunger, weitere Besitzerwechsel im Lauf der Jahrhunderte. Im Jahre 1827 gelangte das alte Rittergut schließlich an Graf Friedrich Wilhelm von Redern (1802–1883). Der Spross eines havelländischen Uradels war nicht nur einer der einflussreichsten Politiker am königlich-preußischen Hof, sondern darüber hinaus Generalintendant der Berliner Oper Unter den Linden, des Schauspielhauses am Gendarmenmarkt sowie bis zu seinem Tod 1883 Förderer und zugleich Mittelpunkt des Berliner Geisteslebens. Mit dem Erwerb der Herrschaft Lanke mit riesigen Wäldern, 17 Seen und 14 Ortschaften sowie später dem Gut Glambeck weiter nördlich in der Schorfheide stieg er zu einem der bedeutendsten Großgrundbesitzer Preußens auf.

Auf den Grundmauern des alten Gutshauses aus dem 17. Jahrhundert ließ der Graf 1856 bis 1858 seinen majestätischen neuen Landsitz errichten, von

Schloss Lanke

Kirschblüte im April

den Lankern schlicht **Schloss** genannt. Es wuchs im Stil der französischen Renaissance nach Plänen des Berliner Architekten Eduard Knoblauch (1801–1865) empor – aus dessen Feder auch Schloss Kröchlendorff in der Uckermark (→ S. 179) oder die Neue Synagoge zu Berlin – mit steilen Walmdächern über den eckturmgeschmückten drei Flügeln. Zahlreiche Nebengelasse entstanden im Lauf der nächsten Jahrzehnte: Pferdestall, Kutscherhaus, Scheunen, Ställe und Speicher, Gutsverwalterhaus, Schmiede und Brennerei.

Der alte **Schlosspark**, der sich zum Hellsee hin ausdehnt, war schon zuvor nach einem Entwurf des berühmten königlich-preußischen Gartenbaumeisters Peter Joseph Lenné (1789–1866) als Landschaftspark nach englischer Art neu gestaltet worden. So haben die Lanker dem alten Graf Redern mit Schloss und Park ihre größte Attraktion zu verdanken. Nach einer Feuersbrunst 1866 stiftete er zudem die neue **Backsteinkirche**, die sich seit 1868 anstelle des abgebrannten Vorgängers im Dorf erhebt.

Wie im nahen Wandlitz entwickelte sich auch am Obersee Ende des 19. Jahrhunderts zunehmend der Fremdenverkehr. Gaststätten sowie die Badeanstalt und das Hotel Seeschloss entstanden. 1915 verkaufte der Urenkel des Grafen den Lanker Besitz an Berlin. Im Schloss lebte ein Pächter, und ab 1939 quartierte sich der Reichsarbeitsdienst ein. Nach dem Zweiten Weltkrieg mit wenigen Unterbrechungen Krankenhaus und ab 1995 Seniorenheim, stand der Prachtbau seit der Jahrtausendwende leer. Seit 2009 befindet er sich im Besitz mehrerer Familien, die das Anwesen als Baugruppe Schritt für Schritt denkmalgerecht sanieren. Neben den Wohnbereichen der Eigentümer stehen Gästen acht Ferienwohnungen zur Verfügungen. Im Schlossgarten finden Konzerte und Veranstaltungen statt.

Auf Schusters Rappen bietet sich ein zwei- bis dreistündiger Spaziergang durch den verwilderten **Lenné-Park** rund um den Hellsee an. Dabei kann man an der **Hellmühle** am nordöstlichen Ufer – das aus ein paar Häuschen, einem ehemaligen Gutshaus und einem Anglerverein besteht – im Gästezelt des ›Ferienparks am Hellsee‹ auf einen Kaffee und Kuchen einkehren. Wer noch weiter möchte, geht ab Hellmühle zuerst wildromantisch am gleichnamigen Hellmühlen-Fließ entlang und dann durch die hügeligen Schweinebuchtenberge, auch ›Biesenthaler Schweiz‹ (→ S. 73) genannt, bis nach Biesenthal.

Prenden

Zwischen Strehlesee und nördlich dem Bauersee liegt das hübsche Dorf Prenden, 470 Einwohner klein und als ›dorp tu pranden‹ 1306 erstmals erwähnt. Sein Blickfang ist die im 17. Jahrhundert errichtete **Dorfkirche**, die ein mächtiger Fachwerkturm schmückt. Nach einer aufwändigen Restaurierung ab 1998 finden im Kirchenraum heute wieder Gottesdienste und außerdem Ausstellungen und Konzerte statt.

Ein komplett verschlossenes Baudenkmal liegt verborgen im Wald zwischen Prenden und Bogensee: das unterirdische ›Objekt 17/5001‹, seit seinem Errichtung zwischen 1978 und 1983 auch **Honecker-Bunker** genannt. Es ist ein Bauwerk der besonderen Art, nämlich die Kommandozentrale des Nationalen Verteidigungsrats der DDR (NVR) im Kriegsfall. Mit rund 300 Räumen auf 7500 Quadratmetern in mehreren Etagen unter der Erde in insgesamt 35 000 Kubikmeter Beton, war sie der technisch anspruchsvollste Bunkerschutzbau der Warschauer-Pakt-Staaten außerhalb der Sowjetunion. Von der verbunkerten Führungsstelle in Prenden aus sollte im Fall eines Atom-

kriegs der Gegenschlag auf den Weg gebracht werden. Nach der Enttarnung im Wendejahr 1989/90 wurde das Objekt von der Bundeswehr übernommen und 1993 verschlossen. Seit 2003 steht es unter Denkmalschutz, ist für die Öffentlichkeit aber nicht zugänglich. Eine Initiative bemüht sich darum, dass dieses bedeutende Zeugnis des Kalten Kriegs für die zukünftigen Generationen gesichert und öffentlich gemacht wird. Informationen: www.bunker5001.com

Vor allem steht Prenden aber für Baden, Wandern und Golfen. Die **Badewiese am Bauersee** und das Wanderziel **Riesenstein**, ein zehn Meter dicker, gut 23 Tonnen schwerer Eiszeit-Findling am Nordostufer des Strehlesees, sowie die 27-Loch-Anlage des **Golfclubs Prenden** (www.golfplatz-prenden.de) gehören zum Freizeitprogramm.

ℹ Wandlitz und Umgebung

Vorwahl: 033397
Postleitzahl: 16348
Touristeninformation Wandlitz, Bahnhofsplatz 2 (im Bahnhof Wandlitzsee), Tel. 67277; Öffnungszeiten von Mai–Okt. Mo 10–16, Di und Sa 10–17, Do/Fr 10–18, So 10–15 Uhr.
www.barnim-tourismus.de

SeePark Kurhotel am Wandlitzsee, Kirchstraße 10, Tel. 750, DZ/F um 105 €. Komforthotel in schöner Lage im alten Wandlitzer Dorfkern direkt am Wandlitzsee gelegen. Das Restaurant serviert moderne leichte Fusion-Küche.
www.seepark-wandlitz.com

Hotel Seeterrassen Wandlitzsee, Thälmannstraße 93, Tel. 7690, DZ/F ab 79 €. Drei-Sterne-Haus in einer stattlichen Gründerzeitvilla am Nordufer des Wandlitzsees; im elegant designten Restaurant und auf der Seeterrasse wird gehobene internationale Küche kredenzt.
www.hotel-seeterrassen.de

Hotel & Restaurant Seeschloss, Am Obersee 6, OT Lanke, Tel. 03337/2043, DZ/F ab 80 €. Traditionsreiche Sommerfrische, seit 100 Jahren im Familienbetrieb. Das große Fachwerkgebäude am Obersee bietet gehobene Mittelklasse; im Restaurant kommen von Spargel über Pfifferlinge bis zur Gans Jahreszeitliches und außerdem frische regionale Wildspezialitäten auf den Tisch. www.seeschloss-lanke.de

Pension & Restaurant Bellevue, Lanker Dorfstraße 17, OT Lanke, Tel. 03337/450934, DZ/F ab 64 €. Behagliches Haus gegenüber vom Schlosspark nahe südlichem Lanker Ortseingang; im Restaurant gibt es von Gulasch über Husarengeschnetzeltes bis Zigeunerforelle ungarisch inspirierte Gerichte. www.bellevue-lanke.de

Jugendherberge Wandlitz, Prenzlauer Chaussee 146, Tel. 22109.
www.jh-wandlitz.jugendherbergen-berlin-brandenburg.de

Jugendherberge Liepnitzsee, Wandlitzer Straße 6, OT Lanke/Ützdorf, Tel. 21659.
www.jh-liepnitzsee.jugendherbergen-berlin-brandenburg.de

Campingplatz Am Liepnitzsee, Am Liepnitzsee 8a, OT Lanke/Ützdorf, Tel. 688881; April–Okt. Wiesenfläche am Waldesrand oberhalb vom Liepnitzsee, mit Gaststätte und Bungalows. www.mecklenburg-tourist.de
Ein fußballfeldgroßer, unbewirtschafteter, kostenloser **Wohnmobil-Stellplatz** befindet sich in **Prenden** am Klosterfelder Damm (nahe Abzweig via Klosterfelde).

Strandrestaurant Wandlitzsee Ristorante alla Fontana, Prenzlauer Chaussee 154, Tel. 68303. Abends auf der großen Aussichtsterrasse bei Pasta, Pizza, Fisch- oder Fleischgerichten den Sonnenuntergang über dem Wandlitzer See zu genießen ist nicht nur bei Ausflüglern Kult! www.fontana-wandlitz.de
Restaurant Fischerstube, Basorfer Straße 1a, OT Stolzenhagen, Tel. 67467. Am Stolzenhagener See kommt der Fisch fangfrisch oder in der hauseigenen Räucherei veredelt auf den Teller, außerdem werden regionale Leckereien serviert. Von der hauseigenen Badewiese aus lässt es sich gut in den See hüpfen, ferner stehen Ruder- und Tretboote zum Ausleihen bereit. www.fischerstube.info
Uli's Fischhaus am Obersee, Am Obersee 8, OT Lanke, Tel. 450080. Fisch aus dem See und dem Meer, geräuchert oder gebraten, wird in dem kleinen Lokal am Hang über dem Strandbad nach Hausmacherart zubereitet. www.ulis-fischhaus.de

Barnim Panorama Naturparkzentrum Agrarmuseum Wandlitz, Breitscheidstraße 8–9, Tel. 681920, tgl. außer Fr 10–18 Uhr. www.barnim-panorama.de und www.naturpark-barnim.de
Heidekrautbahn-Museum Basdorf, An der Wildbahn 2 a, OT Basdorf, Tel. 72656, April–Okt. Sa 11–17 Uhr. www.berliner-eisenbahnfreunde.de

Pendelfähre Liepnitzsee zum Großen Werder, ab Nordufer und Südufer, April–Okt. tgl. ab 10 Uhr stdl. bis eine Stunde vor Sonnenuntergang, zusätzlich je nach Bedarf. www.liepnitzinsel.de

Fahrradbahnhof, Bahnhofsplatz 1, Tel. 264780. Fahrradverleih und Servicestation. www.fahrradbahnhof.de

Surf-Center Wandlitz, Prenzlauer Chaussee 150, Tel. 60480, April–Okt. tgl. 10–18 Uhr. Surfschule, Anzug- und Brettverleih, SUP-Verleih.
www.surfshop-berlin.de

Strandbad Wandlitzsee, Prenzlauer Chaussee 154, Tel. 64888, Mai, und die ersten beiden Septemberwochen tgl. 10–19 Uhr, Juni–Aug. tgl. 9–20 Uhr.
Waldbad Liepnitzsee, Am Liepnitzsee, OT Liepnitzsee, Tel. 81915, Mai–Sept. tgl. 10–19 Uhr. **Weitere Badestrände** am Liepnitzsee befinden sich am Südwestufer (Zugang über Lanker Weg bis zum See, dann rechts auf den Uferweg einschwenken) sowie am dem Westzipfel der Liepnitzseeinsel ›Großer Werder‹ (Zugang ab Ützdorf Nordufer und Südufer mit der Pendelfähre).
Strandbad Stolzenhagener See, Straße am See 90, OT Stolzenhagen, Juni–Sept. tgl. 10–20 Uhr.
www.strandbad-stolzenhagen.de
Strandbad Rahmersee, Dorfstraße 10, 6515 Zühlsdorf, Mai–Sept. tgl. 9–20 Uhr. www.strandbad-rahmersee.de
Badestellen: schmaler Sandstreifen in Lanke am Ostufer Obersee; Badewiese in Prenden am Bauersee (Zugang über das Sträßlein ›Seeweg‹ am nördlichen Ortsausgang); kleine Badewiese am Lottsche-See (neben Dauercampingplatz und Gaststätte ›Haus Lottsche-See‹).

Die Waldsiedlung Wandlitz

Etwa 40 Kilometer nördlich vom Zentrum Ostberlins, Hauptstadt der DDR, wohnten die mächtigsten Männer der Deutschen Demokratischen Republik in der ›Waldsiedlung Wandlitz‹. Hermetisch abgeschirmt von der Normalbevölkerung und hinter hohen Mauern verborgen hatte es sich die Politprominenz – Mitglieder des Politbüros und Zentralkomitees der SED – in der schönen Natur nahe dem Liepnitzsee gemütlich gemacht. Auf etwa zwei Quadratkilometern waren dort zwischen 1958 bis 1961 insgesamt 23 ›Objekte‹ in Form von Zweifamilienhäusern für Otto Grotewohl, Walter Ulbricht und Willi Stoph, Günter Mittag, Erich Mielke, Erich Honecker & Co. entstanden – und zwar aus Sicherheitsgründen. Nach dem Volksaufstand in der DDR 1953 und dem Ungarn-Aufstand 1956 hatten die höchsten Funktionäre der SED allen Grund, sich vor ihrem Volk fürchten zu müssen. Anders als ihre rund um den Berliner Majakowski-Ring verstreuten Stadthäuser waren die Wohnhäuser in der abgeschirmten entlegenen Siedlung im Wald von den Mitarbeiten des Ministeriums für Staatssicherheit leichter zu schützen.

Mit heutigen Augen betrachtet nahmen sich die jeweils 180 Quadratmeter messenden Domizile der DDR-Polit-Obrigkeit zwar eher bescheiden aus. Außer Bananen und Ananas gab es wenig Extravaganzen; keine Traumvillen, keine Designereinrichtung, stattdessen Hirschgeweihe im Wohnzimmer und Resopalmöbel aus DDR-Produktion. Nur die Einhebelmischarmaturen und hier und da ein Miele-Küchengerät waren teurer Westimport. Wer nach der Wende je Gelegenheit hatte, diese grauen Häuser noch zu Gesicht zu bekommen, bevor das Gelände privatisiert wurde, war meist mehr als erstaunt über ihre kleinbürgerliche Biederkeit. Nichtsdestotrotz bezeichnete manch einer die vom Ministerium für Staatssicherheit strengstens bewachte Wohnanlage als ›Götterghetto‹. Denn immerhin gab es ein Schwimmbad, und für die kontinuierliche Versorgung der Bewohner mit Westkonsumgütern war die Ehefrau des skandalumwitterten Chefs der ›Kommerziellen Koordinierung‹ (Ko-Ko), Schalck-Golodkowski zuständig.

In den 1970er Jahren bekamen die Herrschaften für den Weg von der Waldsiedlung zu ihren Büros in Ostberlin eine eigene Autobahn in den märkischen Sand gebaut. Sie war so konzipiert, dass sie zugleich als Start- und Landebahn für Flugzeuge hätte dienen können. Doch dieses Ereignis trat, soweit bekannt, niemals ein. Stattdessen fiel im November 1989 die Mauer. Noch im selben Monat besichtigten erstmals Journalisten das geheimnisumwitterte Areal.

Gleich nach der Wende, im Jahre 1990; wurde die Waldsiedlung an einen Investor verkauft; ein knappes Jahr später fand bereits die Einweihung der Brandenburg-Klinik statt, die seitdem das Gelände betreibt. Die ehemaligen Polit-Häuser hat man längst umgebaut und in den Klinikbetrieb integriert. Im Schwimmbad, in dem einst Erich Honecker und seine Kollegen ihre Bahnen zogen, wird heute Krankengymnastik getrieben, und zahlreiche weitere Gebäude wurden errichtet. Mit 650 Betten ist die Brandenburg-Klinik eine der größten Reha-Fachkliniken im Bundesland Brandenburg. Kaum noch etwas erinnert an das ehemalige ›Götterghetto‹. Die Spuren dieses Ausschnitts der DDR-Geschichte sind mittlerweile so gut wie nicht mehr zu finden.

Buchtipp: Ike Kimmel, Claudia Schmid-Rathjen, Waldsiedlung Wandlitz. Eine Region und die Staatsmacht, Ch. Links Verlag, Berlin 2016

Biesenthal und Umgebung

Im Jahr 2008 erlebte Biesenthal gleich zwei denkwürdige Ereignisse: Die 5700 Biesenthaler feierten ihr 750-jährige Stadtjubiläum, und die Zuschauer der RBB-Sendung ›Die schönsten Ausflugsorte‹ wählten das 1925 eröffnete Wukensee-Bad mit seinen viktorianisch anmutenden Pavillons zum schönsten Strandbad in Brandenburg.

Vier markante Wegmarken gibt es in Biesenthal. Von Süden herkommend weithin sichtbar im sanft gewellten Hügelland ragt die Turmkuppel der katholischen **St. Marienkirche** auf. Der neubarocke Rundbau geht auf eine Initiative des Bernauer Stadtpfarrers und Reichstagsabgeordneten Carl Ulitzka zurück. 1908 konnte das Gotteshaus für die wachsende katholische Gemeinde die Weihe empfangen.

Im alten Ortskern erhebt sich die evangelische **Stadtkirche**. Ihr vermutlich schon im 13. Jahrhundert errichteter Vorgänger wurde während dem katastrophalen Stadtbrand 1756 wie der gesamte Ort ein Raub der Flammen. Ab 1764 baute die Gemeinde ihr Gotteshaus auf dem überkommenen Grundriss in dreijähriger

Die evangelische Kirche erhebt sich über Biesenthal

Arbeit wieder auf. Ein knappes Jahrhundert später kam 1858 der neue Kirchturm hinzu, der seither 42 Meter hoch in den Himmel über Biesenthal schaut. Im Jahr nach der Wiedereinweihung, 1859, erfüllte den Kirchenraum dann erstmals der gravitätische Klang einer Dinse-Orgel. Der begnadete Orgelbauer August Ferdinand Dinse (1811–1899), dessen Wiege in Biesenthal stand, hatte sie seiner Heimatstadt zum Geschenk gemacht. Zu den weiteren Kostbarkeiten in der Stadtkirche zählen der spätbarocke Kanzelaltar (um 1770) und ein Taufbecken aus dem 19. Jahrhundert.

Nur einen Katzensprung entfernt steht am Marktplatz neben der 1886 gepflanzten, ausladenden Jubiläumseiche als Wegmarke 3 das **Alte Rathaus**. Der schmucke Fachwerkbau, von einem hölzernen kleinen Haubenturm gekrönt, stammt wie die Stadtkirche aus den Jahren nach dem großen Stadtbrand. 1762–1768 neu errichtet und 2002/2003 von den Grundmauern auf restauriert, beherbergen die Räumlichkeiten heute die Touristeninformation, eine kleine Galerie, das Standesamt und eine Heimatstube.

Das schmucke Fachwerk-Rathaus von Biesenthal

Wer sehen möchte, wie eine Gute Stube in Biesenthal zur Gründerzeit ausschaute oder mehr zur Stadtgeschichte erfahren möchte, muss mit dem ehrenamtlich tätigen Heimatverein für die **Heimatstube** einen Termin vereinbaren (Tel. 40159). Im benachbarten **Neuen Rathaus** von 1874 ist der Sitz des Amts Biesenthal-Barnim untergebracht.

■ Schlossberg

Dort wo im Ortszentrum das Kopfsteinpflaster der von Ackerbürgerhäuschen gesäumten Schulstraße auf die Breite Straße stößt, zweigt ein kurzer Weg zum ältesten Punkt in Biesenthal ab. Mit dem **Schlossberg** verbindet sich die Geburtsstunde Biesenthals. Die slawisch besiedelte Mark gelangte im 12./13. Jahrhundert unter die Herrschaft der askanischen Markgrafen. 1258 taucht ›Bysdal‹ das erste Mal in einem Schriftstück als **Askanierburg** auf, 1315 erteilt ihr Markgraf Johann VI. Stadtrechte. Die mittelalterliche Burg – als Doppelanlage auf dem großen Schlossberg und vorgelagert dem kleinen Schlossberg erbaut und durch eine Brücke miteinander verbunden –, könnte sogar schon um 1230 entstanden sein. Bis 1577 befand sie sich im Besitz der edlen Familie von Arnim, ging dann an Kurfürst Johann Georg über, war kurz danach nicht mehr bewohnt und verfiel bereits vor dem Dreißigjährigen Krieg. Was von ihr nach dem Stadtbrand 1756 noch übrig war, wurde von den Biesenthalern für den Wiederaufbau ihrer Häuser gebraucht. Einige Grundmauerreste der alten Burg haben sich dennoch erhalten. Sie liegen direkt zu Füßen des **Kaiser-Friedrich-Turms** – Wegmarke 4 –, dessen Bau 1907 die moderne Geschichte des Schlossbergs einläutet.

In den Jahren, als die Berliner ihre schöne Umgebung entdeckten und damit auch Biesenthal als Sommerfrische zum Thema

wurde, zog man 1878 auf dem Schlossberg einen ersten hölzernen Aussichtsturm hoch. 1907 wurde er durch den steinernen Kaiser-Friedrich-Turm ersetzt. Dieser steht bis heute, und, grundlegend saniert, kann er seit 2007 im Sommerhalbjahr wieder erklommen werden. Oben auf dem Turm eröffnet sich ein Panoramablick bis zum Horizont rundum in tiefes Grün. Ein um den Schlossberg herum verlaufender Parcours macht auf Tafeln, mit Hörstationen und Klettermodellen die Geschichte der Burg, ihre Sagen und Legenden insbesondere für jüngere Nachwuchsritter wieder lebendig.

■ Biesenthaler Becken

Im Westen durch einen Endmoränenbogen, im Süden und Osten durch die Barnim-Hochfläche und im Norden vom Eberswalder Urstromtal begrenzt, hütet Brandenburg mit dem Biesenthaler Becken einen ganz besonderen natürlichen Schatz. Eine Gletscherzunge der Weichsel-Eiszeit hat sich vor etwa 15 000 Jahren als Baumeister betätigt und eine einzigartige Landschaft modelliert. Laubmischwälder, wachsende Moore und Tro-

Reste der Burg Breydin bei Trampe

Am Nonnenfließ in der Barnimer Heide

Barnim

ckenstandorte, Feuchtwiesen und Kames (steile runde Hügel, aus Ablagerung des eiszeitlichen Schmelzwassers am Eisrand gegen ein Widerstand aufgestaut) wechseln in dichter Folge miteinander ab. Mehrere kleine Fließe (Flachlandbäche) durchwandern das Becken; darunter das Hellmühlen-Fließ und das Rüdnitzer Fließ, die in den kreisrunden kleinen Regesesee münden, aus dem wiederum die Finow entspringt. Der schönste Teil dieser Landschaft ist im **NSG Biesenthaler Becken** unter Naturschutz gestellt.

Von 1830 bis zum Zweiten Weltkrieg wurde in den Mooren bei Biesenthal Torf gestochen. Später zog man Entwässerunggräben quer durch die nassen Böden, um sie für die Landwirtschaft urbar zu machen – was sich jedoch als unrentabel erwies. Die wieder aufgelassenen Flächen verwandelten sich nach und nach in Orchideenwiesen, wurden zu Röhrichten oder Erlenbrüchen. Heute sind diese Kleinode durch einen sinkenden Grundwasserspiegel infolge des Klimawandels bedroht. Als Gegenmaßnahme wird das Wachstum weiträumiger Moore als natürliche Wasserspeicher gefördert. Die Biesenthaler Ortsgruppe der Natur-Freunde betreut seit 1991 die wertvollen Nasswiesen, und seit 2002 ist

auch der Naturschutzbund Deutschland (NABU) engagiert. Fast 400 Hektar des NSG befinden sich im Besitz der NABU-Stiftung Nationales Naturerbe, die die Biesenthaler Wälder, Wiesen und Gewässer für die Zukunft bewahrt.

Aber auch der Mensch soll dabei nicht zu kurz kommen. **Markierte Wanderwege** erschließen das Naturschutzgebiet. So zum Beispiel eine Etappe des 66-Seen-Wanderwegs, der Berlin-Usedom-Radweg oder auch der Natura Trail ab Marktplatz Biesenthal über die Pfauenwiesen und Schweinebuchtenberge, am Rüdnitzer Fließ und am malerischen Hellmühlen-Fließ entlang bis zum Hellsee nach Lanke (→ S. 66). Unterwegs auf dem Trail machen Tafeln auf die verschiedenen Ökosysteme, die Tier- und Pflanzenwelt aufmerksam.

■ Barnimer Heide

Von Biesenthal bis nach Eberswalde erstreckt sich das weite grüne Waldgebiet der Barnimer Heide. Zu seinen natürlichen Schönheitsköniginnen gehören neben dem Flüsschen Finow die Schwärze sowie das wildromantische Nonnenfließ. Letzteres plätschert bei dem winzigen Flecken **Tuchen** aus dem Boden hervor, etwa zehn Kilometer Vogelfluglinie östlich von Biesenthal. Das kaum 100 Seelen zählende Dorf verweist stolz auf seine zierliche **Fachwerkkirche**, die zwischen 1711 und 1718 auf einem im Dreißigjährigen Krieg zerstörten mittelalterlichen Vorgänger erbaut wurde. Gegen Ende der DDR war die Bausubstanz so marode, dass eine kräftige Windböe das Kirchenschiff zum Einsturz brachte. Von 1991 an bauten engagierte Gemeindemitglieder das Gotteshaus wieder auf. Heute finden in der Kirche Konzerte und kulturelle Veranstaltungen statt, und geheiratet wird dort natürlich auch.

Die **Dorfkirche** im Nachbardorf **Klobbicke**, schon seit 1974 mit Tuchen zu einer Gemeinde vereint, lohnt ebenfalls einen Blick. Der eher wuchtige Feldsteingeselle stammt von Mitte des 13. Jahrhunderts und wurde mehrmals erweitert. Sein breiter neuromanischer Westturm wurde 1904/05 aufgeschichtet.

Tuchen-Klobbicke ist der Ausgangspunkt für die **Nonnenfließ-Wanderung**, die für viele mit zum schönsten zählt, was der Barnim Wanderern bieten kann. Eine eiszeitliche Schmelzwasserrinne hat sich vor gut 15 000 Jahren von Nord nach Süd tief in den Barnim gefräst und für die norddeutsche Tiefebene ungewöhnlich steile, bis zu 12 Meter tief zum Fließ abfallende Hänge hinterlassen. Die Ufer des malerisch mäandernden Nonnenflie-

ßes schmücken Röhricht und Erlenbrüche, hangaufwärts ziehen Buchen- und Eichenwälder entlang, und dazwischen dehnen sich besonders im Frühling weite Blütenteppiche aus. Bei Spechthausen kurz vor Eberswalde nimmt schließlich die Schwärze das Nonnenfließ auf.

■ Trampe

Zusammen mit Tuchen-Klobbicke bildet das alte Gutsdorf Trampe heute die Gemeinde Breydin, die nach den **Feldsteinmauerresten der Burg Breydin** im ehemaligen Gutspark benannt wurde. Anfang des 14. Jahrhunderts wird eine Burg Breydin erstmals genannt. Im 19. Jahrhundert gehört das Gut den Grafen von Schulenburg, mit einer Dorfkirche aus dem 13. Jahrhundert, Herrenhaus, Hof mit Nebengebäuden und Arbeiterreihenhäusern, Scheunen und Ställen.

Diese traditionelle Ordnung hat sich Trampe, heute eine Agrargenossenschaft, seitdem bewahrt. Das 1657 erbaute Gutshaus, im 17. und 18. Jahrhundert mehrfach umgebaut, erhielt in der DDR seine gegenwärtige Gestalt. Der zugehörige Park wurde im ersten Drittel des 19. Jahrhunderts nach dem herrschenden Zeitgeschmack als englischer Landschaftspark angelegt. Von der Dorfstraße aus führt ein Weg durch die verwilderte Anlage zur Burgruine.

ℹ Biesenthal und Umgebung

Vorwahl: 03337

PLZ: 16359

Touristeninformation Biesenthal, Am Markt 1, Tel. 490718, Di/Do 9–12 und 14–18, Fr 9–14, Sa/So 10–14 Uhr. www.barnim-tourismus.de

🏛

Heimatmuseum Biesenthal, auf Anfrage (Tel. 40159).

Kaiser-Friedrich-Turm, Schlossberg in Biesenthal, April–Oktober tgl. 9–19 Uhr.

🏛

Wukenseefest, großes Stadtfest Mitte Juli in Biesenthal im Strandbad Wukensee, mit Drachenbootrennen und drumherum buntem Programm.

〰

Strandbad Wukensee, Ruhlsdorfer Straße 41, Tel. 490380, Mai und Juni/Sept. tgl. 9–19 Uhr, Juli/Aug. tgl. 8–20 Uhr. www.strandbad-wukensee.de

Zwischen Zerpenschleuse und Finowfurt

Das 900 Einwohner kleine Dorf **Zerpenschleuse** am Finowkanal (→ S. 80) geht auf eine 1680 an einer Schleuse errichtete Glashütte zurück. 1683/84 wird es das erst Mal in einer Urkunde genannt, 1727 in ein Vorwerk umgewandelt. Nach seiner Thronbesteigung lässt König Friedrich der Große bis 1746 den seit dem Dreißigjährigen Krieg verfallenen Finowkanal sanieren. Schiffer und Treidler lassen sich nieder. Mit Erlass des Preußenkönigs 1765 soll darüber hinaus die Ansiedlung von Spinnerfamilien einen Aufschwung bringen. Diesem Unternehmen ist jedoch kein Erfolg beschieden. Zerpenschleuse bleibt ein kleines Schifferdorf. 1844/45 erhält es eine **Fachwerkkirche**, deren gegenwärtige Inneneinrichtung noch original aus der Bauzeit stammt.

Nach der Eröffnung des Oder-Havel-Kanals 1914 verliert es seine Bedeutung als Schifferdorf. Die beiden Schleusen südöstlich vom Ort, dort, wo der Finowkanal den Oder-Havel-Kanal kreuzt, werden 1924/25 zugeschüttet. Das gesamte westliche Kanalstück von Zerpenschleuse bis Liebenwalde ist damit abgestöpselt und verwandelt sich in ein stehendes Gewässer – den **Langen Trödel**. Damit nicht genug folgt in den 1930ern der Abriss der beiden Zugbrücken mit anschließender Aufschüttung von Fahrdämmen an ihrer Stelle.

Dies ist seit 2016 nun ebenfalls wieder Geschichte. In zweieinhalbjähriger Bautätigkeit hat man den Langen Trödel für Wassersportler und Erholungssuchende wieder geöffnet. Am Kreuz von Finow- und Oder-Havel-Kanal ist eine **neue Schleusenanlage** entstanden, dazu Bootsanleger, eine Slipanlage, Einstiegshilfen für Wasserwanderer und ein komplett neues Feriendorf im skandinavischen Stil. Den **alten Ortskern** an der B 109 ziert seitdem wieder, wie in alter Zeit, eine **Zugbrücke**. Von dort geht der Blick auf die denkmalgeschützten Häuschen der Schiffer und Fischer, die sich am südlichen Ufer des Langen Trödel über die Fachwerkkirche hinaus bis zur nächsten Zugbrücke erstrecken.

Gemeinde Marienwerder

Zwischen Oder-Havel-, Finow- und Werbellinkanal liegt das Dorf **Marienwerder**. Es ist eine vergleichsweise junge Gründung, die 1754 durch Erlass Friedrichs des Großen zum Bau eines Spinnerdorfs aus der Taufe gehoben wurde. Im Zuge der preußischen Wiederbevölkerungs- und Kolonisierungsmaßnahmen seit Ende des Dreißigjährigen Kriegs spielten neben dem Anlegen von neuen Bauernstellen immer mehr auch ländliche Gewerbeansiedlungen eine Rolle. Dazu gehörten die Spinner- und Weberdörfer. Ihre Einwohner sollten das Ausgangsmaterial für die preußischen Textilmanufakturen herstellen. Das Projekt scheiterte, und

Barnim

Am Langen Trödel bei Zerpenschleuse

Wassersport an den Kiesseen bei Ruhlsdorf

die 50 angesiedelten Familien mussten sich nach einem neuen Broterwerb umsehen. Marienwerder am Finowkanal entwickelte sich zu einem Schifferdorf. Im Jahr 1855 kam die **neugotische Backsteinkirche** dazu, und lange Zeit waren mehrere Sägewerke in Betrieb, die die hergeflößten Baumstämme direkt weiterverarbeiteten.

Heute ist das Dorf zwischen den drei Kanälen ein Anziehungspunkt besonders für Wasserwanderer. Aber nicht nur das. An der **Schleuse Grafenbrück**

In Finowfurt wird die Flößertradition bewahrt

kreuzen der Berlin-Usedom- und Oder-Havel-Radweg. Radler wie Wasserwanderer können dort beim ›Schleusengraf‹ einkehren, draußen im Biergarten und drinnen im restaurierten alten Magazingebäude der Königlichen Wasserbaudirektion Grafenbrück.

Das kleine Angerdorf **Ruhlsdorf** einen Katzensprung südlich von Marienwerder, 1316 erstmals als ›Rulevestorpp‹ erwähnt, verfügt über eine Kirche von 1775, ein kleines **Heimatmuseum**, das das dörfliche Leben im Lauf der Jahrhunderte näher bringt, und außerdem eine riesige Badepiste. An den **Ruhlsdorfer Kiesseen** herrscht im Sommer absolutes Badevergnügen. Schwimmen, Sonnenbaden, Schlauchbootpaddeln, Tauchschule, Wasserski und Wakeboard an puderzuckerfeinen weiten Sandstränden – die Baustoffnachfrage hat den Ruhlsdorfern diese herrlichen Freizeitseen geschenkt. Und es werden stets mehr. Denn die Saugbagger eines Kies- und Betonunternehmens schaufeln das Baumaterial immer noch aus dem Boden. Der nächste künftige Badesee ist schon im Entstehen.

Flößerdorf Finowfurt

Unmittelbar östlich der Autobahn 11, die die Schorfheide durchschneidet, erstreckt sich am Finowkanal mit 4500 Einwohnern der Ort Finowfurt. 1929 ist er aus den beiden Weilern Schöpfurth und Steinfurth zusammengelegt worden und war in seiner Entwicklung stets mit dem Finowkanal und dem Flößerhandwerk verbunden. Mit einer Ausnahme: 1939 wurde im Nationalsozialismus südlich vom Ort ein Flugplatz gebaut. Von da an diente Finowfurt über den Zweiten Weltkrieg und die DDR hinweg bis zum Abzug der sowjetischen Luftstreitkräfte 1994 als Militärstandort.

Daran erinnert heute das **Luftfahrtmuseum**, das mit einer Reihe historischer

Historisches Fluggerät im Luftfahrtmuseum

Flieger, in einem ehemaligen Stabsgebäude und in zehn Sheltern über diesen Teil der Finowfurter Geschichte informiert. In der unmittelbarer Nachbarschaft ging 2010/11 der ›Solarpark Finow Tower‹ in Betrieb, mit einer Maximalleistung von 84,7 Megawatt damals einer der größten Europas.

Im Ortszentrum knüpft nahe der Schleuse Schöpfurth das **Internationale Flößerdorf** an die Flößertradition in Finowfurt an. Mit einer Flößergasse, die mittels Informationstafeln über die Flößerstadt informiert, und außerdem Anlegestelle,

Bootsverleih und Wohnmobilstellplatz – vom heimischen Flößerverein liebevoll angelegt – erstreckt es sich auf dem Gelände der Gemeindeverwaltung am Finowkanal. 2015 wurde ihm von der Internationalen Flößervereinigung der Titel ›Internationales Flößerdorf‹ verliehen. Wer den Finowkanal nicht auf eigene Faust erpaddeln, sondern sich lieber schiffen lassen möchte, den lädt das Touristenfloß ›Schippelschute‹ zu einer Ausflugsfahrt ein. Startpunkt ist am Hafen Hubertusmühle zwischen den Schleusen Grafenbrück und Schöpfurth.

Zerpenschleuse/Finowfurt

Im Schwalbennest, Berliner Str. 1a, 16348 Wandlitz/OT Zerpenschleuse, Tel. 033395/71145, Ferienwohnung für zwei Personen/Nacht ab 60 €. Drei aparte FeWos, in schönem Stil eingerichtet, für einen stillen Aufenthalt wie gemacht. www.imschwalbennest.de

Ferienpark Üdersee-Camp, Üdersee 1, 16244 Schorfheide/OT Finowfurt, Tel. 03335/218, April–Okt. Zehn Hektar Platz zwischen Eichen und Kiefern, dazu ein toller Badestrand am Üdersee, Gaststätte, Minimarkt, Ruderboot- und Fahrrad-

verleih. Wenn der Wind ungünstig steht, kann es durch die nahe Autobahn etwas lauter werden. www.uedersee.de

Campingplatz Am Ruhlesee, Biesenthaler Chaussee 24-25, 16348 Marienwerder/OT Ruhlsdorf, Tel. 03337/451635, April–Okt. Unter Kiefern an den Ruhlsdorfer Kiesseen; Mietwohnwagen, SB-Restaurant, Minigolf, Wasserski, Sandstrände. www.wake-and-camp.de

Marina Eisvogel, MST – Touristikflößerei, Hubertusmühle, 16244 Schorfheide/OT Finowfurt, Tel. 03335/30203, Mitte April–Mitte Okt. Die kleine Marina in **Hubertsmühle** am Finowkanal bietet alles Nötige für Wasser- und Radwande-

Barnim

rer: Anleger, Zeltplatz, Sanitär, Waschmaschine & Trockner, Grillplatz, Ruder- und Tretbootverleih. Wohnmobilisten steht ein Rasenplatz mit Strom, Ver- und Entsorgungsmöglichkeit zur Verfügung. Die etwas abgeschieden gelegen Marina ist außerdem Startpunkt der Floßpartien mit der ›Schippelschute‹. Der Weg ist ab Finowfurt Ortsmitte ausgeschildert. www.marina-eisvogel.de

Wasserwanderrastplatz Schleuse Schöpfurth, Am Treidelweg, 16244 Schorfheide/OT Finowfurt (im Ortskern von Finowfurt am Internationalen Flößerdorf), Tel. 0176/99973088 oder 0172/3204931, Mitte April–Mitte Okt. Bootsanleger, Zelt- und Wohnmobilstellplätze mit Stromanschluss, Sanitär, Bootsverleih. www.marina-eisvogel.de

Schleusengraf, Grafenbrücker Weg 4, 16348 Marienwerder, Tel. 03335/330293. Beliebter Radler- und Paddler-Treffpunkt an der Schleuse Grafenbrück. Es gibt Frischgezapftes, außerdem Würstchen und Eis am Stil, und dazu eine tolle Ausflugsatmosphäre. www.derschleusengraf.de

Ausflugspartien mit dem Touristikfloß ›Schippelschute‹ auf dem Finowkanal entweder westwärts bis Marienwerder oder ostwärts nach Finow und jeweils retour; ab Marina Eisvogel, Hubertusmühle, s.o.

Kanu-Verleih am Langen Trödel, Kanalstraße 11, 16348 Wandlitz/OT Zerpenschleuse, Tel. 033395/700099. www.am-langen-troedel.de

Kanu-Verleih Bootshaus Ruhlsdorf, Am Finowkanal 4, 16348 Marienwerder/OT Ruhlsdorf, Tel. 033395/70489; mit Gaststätte. www.bootshaus-ruhlsdorf.de

Kanu-Verleih Marina Marienwerder, Am Wassertor 2, 16348 Marienwerder, Tel. 03335/4518403. www.marina-marienwerder.com

Mac-Paddel-Kanu-Verleih, Biesenthaler Straße 17, 16348 Marienwerder, Tel. 03335/31397. www.macpaddel.de

Bootsverleih Marina Eisvogel, s.o. Tret- und Ruderboote an der Marina Eisvogel; Kanus und Ruderboote an der Schleuse Schöpfurth in Finowfurt.

Ruhlsdorfer Kiesseen, Bernsteinsee in Ruhlsdorf: Ostuferstrand (bewirtschaftet) Mai–Sept. tgl. ab 9 Uhr, Süduferstrand unbewirtschaftet.

Marienwerder, kleiner Badestrand am Dorfsee beim Sportplatz.

Luftfahrtmuseum Finowfurt, Museumsstr. 1, 16244 Schorfheide/OT Finowfurt, Tel. 03335/7233, April–Okt. tgl. 10–17 Uhr. www.luftfahrtmuseum-finowfurt.de

Heimatmuseum Ruhlsdorf, Dorfstraße 73 (im Bürgerhaus), 16348 Marienwerder/OT Ruhlsdorf, Tel. 033395/407, April–Okt. Sa 14–17 Uhr, im Winterhalbjahr bis 16 Uhr. www.ruhlsdorf700.de

Flößerfest Finowfurt, großes Volksfest an einem Wochenende im Juli, mit traditionellem Flößen, Wettflößen, Baumstammsägen u.v.m. und natürlich Musik und Tanz und Speis' und Trank; Info unter www.gemeinde-schorfheide.de.

Inselleuchten, internationales Rock & Pop-Festival an einem Juliwochenende an der Leesenbrücker Schleuse in Marienwerder; Info unter www.inselleuchten.de

Emma Emmelie, Kanalstraße 27, 16348 Wandlitz/OT Zerpenschleuse. Vintage-Fans werden die Augen übergehen in dem kleinen Nostalgiehimmel mit altem Porzellan, Schmuck, Nippes, Klöppelspitzen und Leinenstickerei, angesiedelt irgendwo zwischen Hedwig-Courths-Mahler-Filmen und Laura Ashley-Design. www.emma-emmelie.de

◀ Karte S. 80/81

Unterwegs auf dem Finowkanal

Der Finowkanal

Die Idee, Oder und Havel durch einen Kanal miteinander zu verbinden und damit ein durchgehendes Wasserwegenetz zwischen Nordsee und Ostsee zu schaffen, ist über 400 Jahre alt. 1603 erließ Kurfürst Joachim Friedrich die Order, von der Faulen Havel bei Liebenwalde bis zur Oder einen Wasserweg anzulegen. 1605 erfolgte der erste Spatenstich, bis 1620 war Deutschlands erste – und damit älteste – künstliche Wasserstraße gegraben. Ihren Dienst konnte sie allerdings kaum mehr verrichten. Von 1618 bis 1648 tobte der Dreißigjährige Krieg. Die Bevölkerung, die nicht durch marodierende Soldaten umkam, starb an Krankheiten und Hunger. Aalle Infrastruktur wurde verheert, so auch der Finowkanal, der im Lauf der Jahrzehnte verfiel.

Der Wiederaufbau des Lands ging langsam voran. Erst hundert Jahre später nahm König Friedrich der Große nach seinem Regierungsantritt 1740 das Projekt Finowkanal wieder auf. Bereits nach dreijähriger Bauzeit konnte die Wasserstraße 1746 neu eröffnen und in den nächsten 150 Jahren stieg die 42 Kilometer lange Verbindung zwischen Havel und Oder zu einer der wichtigsten preußischen Binnenwasserstraßen auf. Sogenannte ›Finowmaßkähne‹ mit maximal 1,4 Meter Tiefgang, 4,6 Meter Breite und 170 Tonnen Traglast wurden vom Treidelweg am Ufer aus von Pferden oder auch mit menschlicher Muskelkraft von Treidlern gezogen. Schiffer und Handwerker ließen sich in der prosperierenden Region am Finowkanal nieder.

Doch nicht erst mit Bau des Finowkanals, auch schon im Mittelalter hatte das Flüsschen Finow große wirtschaftliche Bedeutung. Seine Wasserkraft lieferte Energie für den Betrieb von Getreide-, Säge- und Hammermühlen. Mit dem Kanalbau siedelten sich dann zahlreiche frühindustrielle Werke an. Die künstliche Wasserstraße entwickelte sich zur Lebensader der brandenburg-preußischen Industrieregion Eberswalde. Anfang des 20. Jahrhunderts war man jedoch an die Kapazitätsgrenze gelangt. Obwohl Tag und Nacht geschleust wurde, konnte der Güterverkehr

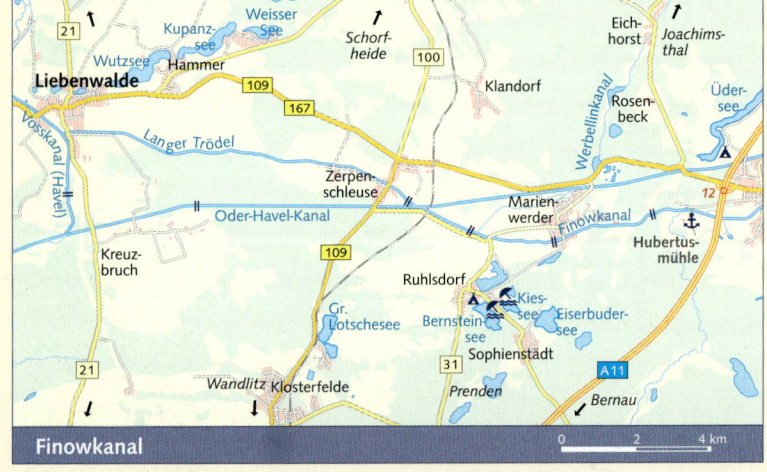

Finowkanal

auf dem Finowkanal nicht mehr bewältigt werden. 1906 begann daher wenig entfernt der Bau des größeren Hohenzollernkanals (Oder-Havel-Kanal) mit weniger Schleusen für größere Schiffe, die mehr Fracht laden können. 1914 fand seine Einweihung statt. Der Finowkanal verlor mehr und mehr an Bedeutung. 1972 kam der Wirtschaftsverkehr endgültig zum Erliegen.

Nach umfassender Sanierung an der Jahrtausendwende dient die kleine künstliche Wasserstraße, mittlerweile romantisch verkrautet, heute als herrliche Wasserpartie für Paddler und Hobbyschiffer. 12 handbetriebene historische Schleusen müssen zwischen Zerpenschleuse im Westen und Liepe im Osten überwunden werden. Unterwegs bieten Wasserwanderrastplätze Zelt- und Versorgungsmöglichkeiten.

Das in den 1920er Jahren verfüllte Teilstück des Werbellinkanals bei Marienwerder, das einmal Oder-Havel- und Finowkanal miteinander verband, wurde bis 2011 zur Freude der Wasserwanderer wieder schiffbar gemacht. Seitdem können Freizeitkapitäne vom Finowkanal aus Kurs auf den Werbellinsee in der Schorfheide nehmen.

Bei Zerpenschleuse folgte 2016 die Wiedereröffnung des ›Langen Trödels‹. Dort, wo der Finowkanal den Oder-Havel-Kanal quert, hatte man 1924/25 die beiden Finowkanalschleusen zugeschüttet. Der Kanalabschnitt von Zerpenschleuse bis Liebenwalde wurde dadurch zum stehenden Gewässer, dem ›Langen Trödel‹. Nach der Sanierung sowie dem Bau einer neuen Schleuse, von zwei Klappbrücken und einer Hubbrücke herrscht jetzt wieder freie Fahrt zwischen Oder und Havel – oder wer noch weiter möchte, zwischen Nordsee und Ostsee.

Schleusenzeiten: Finowkanal, Ende April–Mitte Okt. tgl. 9–17 Uhr, Hubbrücke in Eberswalde in der Saison im 2-Stunden-Takt tgl. 8–18 Uhr. Werbellinkanal: Mai–Sept. tgl. 7–21, Okt. tgl. 8–18, Nov. tgl. 8–16 Uhr.
Weitere Informationen zu Brücken, Anlegestellen, Wasserständen u.v.m. unter www.wsa-eberswalde.de, www.finowkanal.info, www.tourismus-eberswalde.de/wasser.

Eberswalde und Umgebung

Von Finowfurt über Finow und Eberswalde bis Niederfinow erstreckt sich am Finowkanal ein städtisches Konglomerat mit beinahe 50 000 Einwohnern. Knapp 40 000 davon leben in der Kreisstadt des Landkreises Barnim, in Eberswalde, die sich vom eingemeindeten Ort Finow bis zum Ortsteil Ostend auf einer Länge von gut 14 Kilometern am Kanal entlang ausdehnt. Ihre einzelnen Stadtteile verbindet die breite Ost-West-Trasse der B 167 miteinander, an der man gefühlt endlos an Gewerbegebieten, verlassenen Plattenbauten und Industrieruinen entlang fährt, ohne jemals auf ein Ortszentrum zu stoßen. Nein, einen Schönheitswettbewerb würde Eberswalde sicherlich nicht gewinnen. Statt dessen bietet die Kreisstadt als ›Wiege der brandenburgisch-preußischen Industrie‹ ein spannendes Stück Industriekultur, das es gleichermaßen in Architektur wie städtebaulich als Schatz noch zu entdecken gilt.

Spätestens mit der Gründung der renommierten ›Hochschule für nachhaltige Entwicklung‹ 1992 setzt Eberswalde, ringsum von ausgedehnten Wäldern umgeben, außerdem Zeichen in Sachen erneuerbare Energien, Ökologie und Naturschutz und ist heute – nicht zuletzt dank dem jungen studentischen Zuwachs – nicht mehr nur verwaltungstechnischer, sondern auch kultureller Mittelpunkt in der Region.

Geschichte

Das Eberswalder Urstromtal ist nachweislich schon seit der Steinzeit besiedelt. Aus der Bronzezeit etwa 900 v. Chr. stammt der berühmte ›Goldschatz von Eberswalde‹, einer der bedeutendsten deutschen Bronzezeitfunde. Um 600 n. Chr. beginnt im Zuge der Völkerwanderung die slawische Besiedlung. Vermut-

lich gegen Ende des 12. Jahrhunderts lassen sich im Rahmen der Ostkolonisation beiderseits einer Furt in der Finow Siedler aus deutschsprachigen Landen nieder. 1276 wird ›Euersvolde‹ erstmals urkundlich erwähnt. 1499 wütet eine Feuersbrunst und legt die aufstrebende Stadt in Schutt und Asche.

Der Wiederaufbau im 16. Jahrhundert steht ganz im Zeichen einer ersten Industrialisierung. Messerschmieden, Kupfer- und Eisenhammerwerke entstehen. 1605–1620 folgt der Bau des ersten Finowkanals, der im Dreißigjährigen Krieg jedoch zerstört wird und verfällt. Auch unter den Eberswaldern forderte der erste große Krieg der Neuzeit unermessliche Opfer. Im letzten Kriegsjahr 1648 zählt die Stadt nur noch 168 Bewohner. Nach der Einweihung des zweiten Finowkanals 1746 geht es wieder bergauf. Die künstliche Wasserstraße wird zur wirtschaftlichen Lebensader der Stadt. Metallverarbeitende Werke und eine Papierfabrik bilden die ›Wiege der brandenburgisch-preußischen Industrie‹. Die Namen der Stadtteile Kupferhammer, Eisenspalterei oder Messingwerk erinnern bis heute daran.

Ab Mitte des 19. Jahrhunderts folgen Fabrikgründungen Schlag auf Schlag: 1851 eine Landmaschinenfabrik, 1852 Dachpappen- und Asphaltwerke, 1858 eine Seidenwarenfabrik, 1869 eine Hufnagelfabrik, 1883 und 1893 Eisengießereien. Forciert wird die Entwicklung durch die Inbetriebnahme der Eisenbahnlinie Berlin–Stettin 1842/43 sowie die Eröffnung des Oder-Havel-Kanals 1914. Die Einwohnerzahl versechsfacht sich von knapp 4400 im Jahr 1830 auf über 26 000 gemäß Volkszählung 1910. 1938 brennt auch in Eberswalde die Synagoge. Mit Kriegsbeginn 1939 stellt die

Eberswalde, Übersicht

0   1,5   3 km

Industrie in der Stadt auf Rüstungsbetrieb um. Während des Zweiten Weltkriegs produzieren tausende Zwangsarbeiter Panzerabwehrkanonen, Granaten, Tellerminen, Fliegerbomben u.v.m. Ende April 1945 wird Eberswalde kurz vor der Kapitulation von deutschen Bombern in Brand gesetzt.

Nach Gründung der DDR beginnt der Wiederaufbau als Industriezentrum, 1970 folgt die Eingemeindung des benachbarten Industriestandorts Finow. Nach der Wiedervereinigung wird Eberswalde 1993 Kreisstadt des neu gebildeten Landkreises Barnim. Im Jahr darauf verlassen die russischen Streitkräfte die Stadt. 2002 richtet Eberswalde auf einem ehemaligen Industriegelände am Finowkanal die Landesgartenschau aus. Aber nicht nur für Industrie war Eberswalde bekannt, sondern auch für Gebäck: 1832 lässt sich der Konditor Gustav Louis Zietemann (1807–1880) am Marktplatz in Eberswalde nieder und macht einen süßen fettigen Kringel aus Brandteig in ganz Preußen bekannt. Sein Geheimnis ist, dass der Brandteig auf Pergamentpapier ausgespritzt wird und nicht im Ofen, sondern in Fett ausgebacken und anschließend mit Puderzucker bestäubt oder einer Zuckerglasur versehen wird. Ab 1842 bietet der geschäfstüchtige Bäcker seine Kreation auf der Eberswalder Bahnstation an, wo seit dem 1. August

Der Eberswalder Goldschatz stammt aus der Bronzezeit

die Züge der neue Bahnlinie Berlin–Stettin rollen. So wird der Ruf ›Eeberswalder Spritzkuuchen‹ von den Bahnreisenden in die weite Welt hinaus getragen. Noch bis zum Ende des Zweiten Weltkriegs wird die Konditorei Zietemann als Familienbetrieb geführt. Seit 2007 erinnert in der Bahnhofshalle eine Kupferskulptur von Hand des Künstlers Eckhard Herrmann an den Eberswalder Spritzkuchenkönig Gustav Louis Zietemann.

Sehenswertes

Das Eberswalder Stadtzentrum ist für Ortsunkundige nicht ganz einfach zu finden. Dort, wo die B 167 östlich auf die Landstraße Richtung Chorin stößt, erstreckt es sich über ein paar Karrees zwischen Stadtschleuse, St. Maria-Magdalenen-Kirche und Forstakademie.

Wenige Schritte südlich der Schleuse – die zu den ältesten noch funktionierenden Schleusen zwischen Elbe und Oder zählt –, logieren im 1663 errichteten Fachwerkhaus der ehemaligen **Adler-Apotheke** das Städtische Kulturamt, die **Touristeninformation** und, 2014 um einen modernen Anbau erweitert, das **Stadtmuseum**. Letzteres präsentiert die Geschichte der Stadt und des Finowtals vom Rückzug der Gletscher am Ende der letzten Eiszeit über Mittelalter, die neuzeitliche Industrialisierung und forstliche Lehre bis hin zur deutschen Wiedervereinigung und aktuellen stadtentwicklungspolitischen Fragen. Zu seinen besonderen Attraktionen gehört der **Eberswalder Goldschatz**. 1913 war man bei Schachtarbeiten in der Messingwerksiedlung in Finow auf einen Tontopf mit

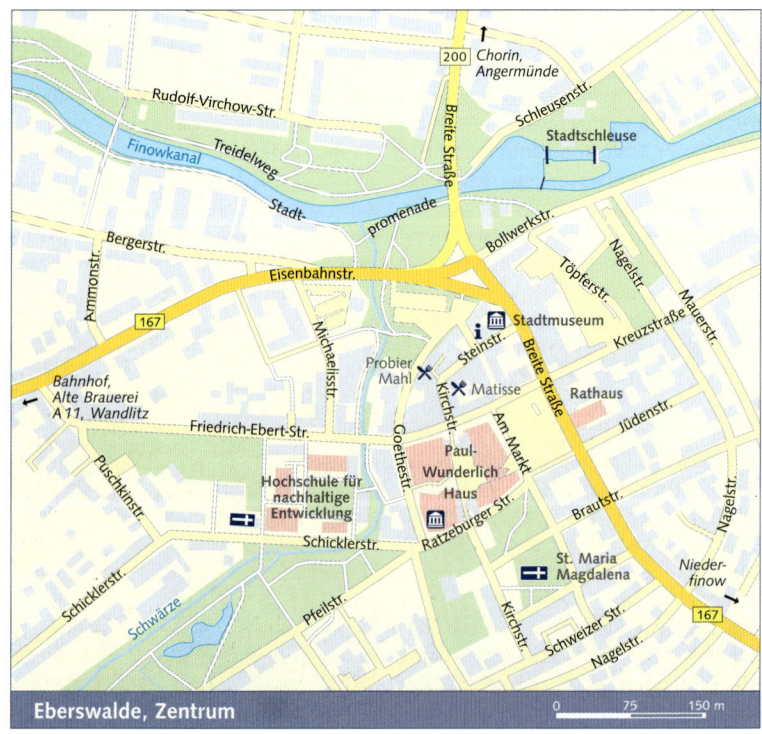

Eberswalde, Zentrum

Am Markt von Eberswalde

talen stammt ebenso wie die Bronze-
taufe noch aus den Gründungsjahren.
Der Innenraum der hochgotischen dreischiffigen Pfeilerbasilika wurde das erste Mal nach einem Stadtbrand 1499
und das zweite Mal 1762 grundlegend
erneuert. Unter dem hohen Kreuzrippengewölbe schmücken ihn seit 1606
ein prächtig geschnitzter Hochaltar sowie eine Orgel, die 1783 der Wagner-
Schüler Ernst Marx für das Gotteshaus
schuf. Von den vier Aussichtsbalkonen
am Kirchturm in 28 Meter Höhe genießt
man einen wunderbaren Panoramablick
über das grüne Land.

Vor der Kirche steht die 1518 gegosse-
ne Barbaraglocke. Nach 370-jährigem
treuem Geläut hatte sie einen Sprung
bekommen, der nicht mehr zu kitten
war, und man setzte die betagte Glo-

über 2,5 Kilo Schmuck, Schalen, Gefä-
ße aus purem Gold aus der Bronzezeit
etwa 900 v. Chr. gestoßen – bis heute
der größte vorgeschichtliche Goldfund in
Deutschland. Bis zum Zweiten Weltkrieg
war er im Berliner Museum für Vor- und
Frühgeschichte ausgestellt, dann galt er
lange Zeit als verschollen. Seit 2004 ist
nun bekannt, dass er 1945 als Beute-
kunst nach Moskau gelangte und dort
in einem Depot des Puschkin-Museums
lagert. Das Eberswalder Stadtmuseum
zeigt eine Replik.

Am weitläufigen **Markt** steht dem **Alten
Rathaus** (1755) und **Neuen Rathaus**
(1905) das 2007 eröffnete **Paul-Wunderlich-Haus** gegenüber. Der funktiona-
le moderne Gebäudekomplex dient der
Kreisverwaltung und zeigt darüber hinaus
auf drei Etagen verteilt eine ständige Ausstellung von über 300 Gemälden, Skulp-
turen und Grafiken des 1927 in Eberswalde geborenen Malers, Grafikers und
Bildhauers Paul Wunderlich († 2010).
Die Südseite am Markt flankiert eine
erhalten gebliebene Altbauzeile, hinter
der sich das Wahrzeichen Eberswaldes,
die zwischen 1285 und 1330 erbaute
Maria-Magdalenen-Kirche erhebt. Der
steinerne Figurenschmuck an ihren Por-

Hochaltar in der Maria-Magdalenen-Kirche

Im Eberswalder Stadtmuseum

cke zu Füßen des Turms verdient auf ihr Altenteil. Einen Blick zu Füßen des Gotteshauses lohnt auch das **bronzene Stadtmodell**. Es zeigt Eberswalde im Jahr 1938 vor der Zerstörung der Synagoge. Nahebei erinnert an ihrem ehemaligen Standort in der Goethestraße seit 2013 das **Denkmal ›Wachsen-mit-Erinnerung‹** an die im Nationalsozialismus ermordete jüdische Gemeinde.

Vom Zentrum ins Grüne hinaus

Am Schwärzebach westlich vom Paul-Wunderlich-Haus rahmen die um 1795 erbaute **Alte Forstakademie** sowie in direkter Nachbarschaft die 1873–1876 errichtete **Neue Forstakademie** den Hochschulcampus – 1999 in der Nordwestecke komplettiert um das damals wohl umstrittenste Eberswalder Bauprojekt: die **Hochschulbibliothek**. Nach einem Entwurf des Schweizer Architektenbüros Herzog & de Meuron, das unter anderem für die Londoner Tate Modern und die Hamburger Elbphilharmonie verantwortlich zeichnete, wurde die Bibliothek als schlichter dreigeschossiger Quader realisiert. Den optischen Clou bildet die von oben bis unten auf Glas

und Beton komplett umlaufende Bilderhaut, mit seriellen Fotografien des Künstlers Thomas Ruff bedruckt. Das war der Jury 1999 den Brandenburgischen Architekturpreis wert.

Mit einem Blick auf die grüne Natur, die Eberswalde umgibt, wundert es nicht, dass die Stadt am Finowkanal den Beinamen ›Waldstadt‹ trägt. Folgerichtig wurde 1830 die ›Königlich Preußische Höhere Forstlehranstalt‹ von Berlin nach Eberswalde verlegt. 1921 ging daraus die forstliche Hochschule hervor, die zwischen 1954 und 1963 als Institut für Forstwirtschaftliche Arbeitslehre der Berliner Humboldt-Universität fungierte. An diese wissenschaftliche Tradition knüpfte man mit der Gründung der Fachhochschule Eberswalde 1992 mit Studiengängen unter anderem in den Fachbereichen Forstwirtschaft und Holztechnik wieder an. Unterdessen stehen an der renommierten **Hochschule für nachhaltige Entwicklung Eberswalde** ökologische Themen, erneuerbare Energien, nachhaltiger Tourismus, Schutz und Erhalt sowie nachhaltige Nutzung der natürlichen Ressourcen, Landschaftsnutzung und Naturschutz auf dem Lehrplan. 2009 bekam sie die Auszeichnung ›grünste Hochschule Deutschlands‹ verliehen.

Neben dem Stadtcampus gehören zur Hochschule der Waldcampus im Schwärzetal sowie ebendort der **Forstbotanische Garten**. Mit seinem Gründungsjahr 1830 zählt er zu den Methusalems unter den europäischen botanischen Gärten. Die wissenschaftlichen Schwerpunkte auf dem 28-Hektar-Gelände lauten Klimafolgeforschung und Biodiversität. Einfach schön spazierengehen zwischen den 1200 Arten heimischen und fremden Gehölzen sowie über 600 Krautpflanzen kann man natürlich auch.

Ganz in der Nähe lieferte ab 1780 das Wasserrad der **Zainhammer Mühle** die

Energie für die Zain-Produktion, das sind dünne Metallrohlinge als Ausgangswerkstoff beispielsweise für Sensen, Münzen oder Nägel. 1866 brannte die Mühle ab und wurde als Getreidemühle wieder aufgebaut, in der noch bis 1952 Korn gemahlen wurde. Nach der Wiedervereinigung restauriert, finden unter ihrem Dach heute Lesungen, Ausstellungen, Konzerte statt.

Nur einen Katzensprung entfernt spielt dann die Fauna die wichtigste Rolle. 1500 Tiere aus 5 Kontinenten kann man im **Zoologischen Garten Eberswalde** bestaunen.

Auf industriegeschichtlichen Pfaden

Am Kupferhammerweg unweit der gleichnamigen Schleuse sieht auf der Brache zwischen Finowkanal und Bahngleisen, total verrostet und baufällig, ein zugewucherter **Waggonaufzug** seinen unvermeidlichen Schicksal entgegen. Er ist ein letztes Relikt der 1871 in Betrieb gegangenen Hufnagelfabrik Möller & Schreiber, in der in ihren besten Tagen bis zu 1400 Arbeitern – erstmals maschinell – Hufnägel produzierten. Zum Transport mussten die mit Rohmaterial bzw. dem fertigen Produkt schwer beladenen Güterwagen sechs Meter Höhenunterschied zwischen Werkgelände und Eisenbahndamm überwinden. Diese Aufgabe versah ab 1908 der Waggonlift. Die in den Berliner Borsigwerken gebaute Stahlfachwerkkonstruktion konnte bis zu 30 Tonnen Gewicht binnen weniger Minuten über die sechs Meter hieven. (Anfahrt: Am Bahnhof Eberswalde in den Kupferhammerweg einbiegen; wo die Straße direkt danach vor einem Autohaus einen Bogen nach links macht ca. 100 Meter geradeaus.).

Auf Höhe der Drahthammerschleuse erhielt das Gelände des Eisenwalzwerks und der Hufeisenfabrik für die Landesgartenschau 2002 eine neue Gestalt. Seitdem gehen auf dem 17 Hektar großen Areal im **Familiengarten Eberswalde** Technikgeschichte und Gartenkunst, Spiellandschaft und Kultur eine neue Verbindung ein. Das **Alte Walzwerk**, 1816 bis 1818 erbaut, und das **Neue Walzwerk** von Ende des 19. Jahrhunderts, das Bleche, Stab- und Hufeisen herstellte, wurden in die Anlage integriert. Besondere Attraktionen stellen die Tretbootfahrten

Barnim

Bibliotheksfassade der Hochschule für nachhaltige Entwicklung

Die ehemalige Papierfabrik Wolfswinkel

durch die unterirdischen Betriebsarchen des Neuen Walzwerks oder auch das Erklimmen des ›Eberkrans‹ dar.

Der weithin sichtbare **Montagekran ›Eber‹** ist in seiner Konstruktion – beinahe – einmalig; ein weiterer Kran dieser Art steht noch im Hamburger Hafen. 1954 wurde er in Eberswalde als Portalwippdrehkran in Stahlfachwerkbauweise als Muster für die Montagekranserie entwickelt. Zwar stellte man im VEB Kranbau Eberswalde bereits in den 1960er Jahren von der Fachwerk- auf Stahlblechkonstruktion um. Ansonsten aber werden im Werk bis heute Kräne nach Art des Eberkrans produziert. 2001 wurde der ›Montageeber‹ auseinandergenommen, am Rande des Werkgeländes auf dem Areal der Landesgartenschau wieder aufgebaut und avancierte unmittelbar zu einem Wahrzeichen der **historischen Industrielandschaft Finowtal**. Eine Aussichtsplattform in 30 Meter Höhe knapp unter dem Kranführerstand eröffnet einen herrlichen Rundblick über Stadt und Land.

Direkt gegenüber vom Einlass in den Familiengarten harrt mit der **Borsighalle** auf dem Gelände der ehemaligen Eisenspalterei ein weiteres industriehis-

torisches Zeugnis seiner Rettung. Der Berliner Industrielle Borsig entwickelte Mitte des 19. Jahrhunderts eine stählerne Tragwerkskonstruktion, die von London bis Berlin-Alexanderplatz zum Vorbild für zahlreiche freitragende Gitterbogenhallen wurde, und verkaufte den Prototyp 1899 nach Eberswalde. Dort diente das Bauwerk noch bis 1993 als Lagerhalle. Seit 2013 steht es auf der Liste der ›National wertvollen Kulturdenkmäler‹, was aber nichts daran ändert, dass der ohnehin bereits stark erodierte Torso weiter verfällt. Für die Rekonstruktion sollen bis 2019 rund 1,2 Mio. Euro fließen.

Von der Hubbrücke am Familiengarten geht der Blick auf die Ruine der **Papierfabrik Wolfswinkel**, deren Anfänge auf das Jahr 1728 datieren. 1832 wurde in den Hallen die industrielle Produktion eingeläutet, ab 1929 kam die damals modernste Spezial-Papiermaschine Europas zum Einsatz. 1994 schloss die Fabrik und verfällt seitdem.

In Finow

Die alte Papierfabrik Wolfswinkel liegt bereits im Ortsteil Finow, der 1970 mit Eberswalde zusammengelegt wurde. Finow wiederum ist eine Gründung 1928 aus den Gemeinden Heegermühle, Eisenspalterei-Wolfswinkel und Messingwerk – letzteres aus einem Eisenhammer und einem Blechhammer hervorgegangen und in den Jahren 1696 bis 1700 zum ersten Messingwerk in der Mark Brandenburg ausgebaut. Nach dem 1294 erstmals erwähnten Dorf Heegermühle wurde das 1909 am Finowkanal errichtete Elektrizitätswerk benannt. Die immer noch imposante Ruine des **Kraftwerks Heegermühle** am Treidelweg zwischen Wolfswinkler und Heegermühler Schleuse kann von außen angeschaut, wegen Baufälligkeit aber nicht begangen werden.

Als eine Kathedrale der industriellen Moderne ragt – erhalten und restauriert – keine 1000 Meter entfernt der expressionistische **Finower Wasserturm** in den Himmel empor. Die auf vier Säulen getragene, fast 50 Meter hohe Konstruktion wurde 1917/18 zur Versorgung der Messingwerksiedlung und umgebenden Werkanlagen mit Trink- und Gebrauchswasser nach einem Entwurf des bekannten Berliner Architekten Paul Mebes (1872–1938) gebaut. Über 200 Stufen oder wahlweise ein Aufzug führen zur Aussichtsplattform hinauf. Eine Ausstellung informiert im Turm über die 300-jährige Geschichte des Finower Messingwerks und der Messingwerksiedlung. 1863 erwirbt die Halberstädter Fabrikantenfamilie Hirsch das Königlich Preußische Messingwerk. Unter Gustav

Das Alte Hüttenamt in der Messingwerksiedlung

Der expressionistische Wasserturm des Messingwerkes von Paul Mebes

Hirsch und später dem Neffen Aaron expandiert die Produktion rasch. Waren 1872 rund 200 Arbeiter mit der Fabrikation von Blechen, Kesseln, Röhren, aber auch Rüstungsgütern beschäftigt, sind es 1918 bereits 2400. 1906 in die ›Hirsch Kupfer- und Messingwerke AG‹ umgewandelt, beginnen 1917 die Bauarbeiten zum neuen Werk. Drei Jahre später geht das Messingwerk-Neuwerk in Betrieb und gehört am Vorabend der Weltwirtschaftskrise 1929 zu den leistungsstärksten Europas.

Für seine Arbeiterfamilien lässt der tief religiöse Gustav Hirsch Schule, Lehrerhäuser und Wohnungen bauen. So gesellen sich in der **Messingwerksiedlung** zu Füßen des Finower Wasserturm zu den ältesten, niedrigen Häuschen, die teils noch aus dem 17. Jahrhundert stammen, rund um den heutigen **Gustav-Hirsch-Platz** Wohngebäude der Moderne. Beim Aushub für die Fundamente stieß man hier 1913 auf den berühmten ›Eberswalder Goldschatz‹. Eine Stele erinnert heute daran.

Durch das **Torbogenhaus**, 1918 als Labor- und Verwaltungsgebäude eingeweiht, gelangt man in die Erich-Stein-

Barnim

furth-Straße, die zentrale Achse der Messingwerksiedlung. Es folgt das **Alte Hüttenamt**, ein Fachwerkbau von 1736, in dessen Obergeschoss die jüdische Familie Hirsch einen Betsaal einrichten ließ. Die benachbarte **Fabrikantenvilla Hirsch**, 1916 nach Plänen von Paul Mebes erbaut, steht seit langem leer und verfällt. Gegenüber wartet das ehemalige Brennofengebäude dagegen darauf, in schicke Lofts umgewandelt zu werden.

Südlich davon fällt am Finowkanal der Blick auf die pittoresk vor sich hinrostende, gusseiserne **Teufelsbrücke** – ein Bauwerk mit besonderer Wanderkarriere: 1820 in England entwickelt, 1826 in Berlin am Weidendamm über die Spree montiert, 1895 dem tosenden Verkehr nicht mehr gewachsen, abgebaut, gekürzt und erst nach Liepe, schließlich 1913 an den gegenwärtigen Standort versetzt. Dort überbrückt sie nun seit vielen Jahren ungenutzt das kleine Hafenbecken der Messingwerksiedlung, das man zu Fuß in drei Minuten umrundet

hat. Aber die Romantik zählt. Denn auf der Brücke hat noch zu Berliner Zeiten 1845 ein berühmter märkischer Wandersmann seiner geliebten Emilie sein Herz angetragen. Sie wird deshalb auch ›Fontanes Verlobungsbrücke‹ genannt.

Abschließend entstanden 1931/32 am Wasserturm acht Musterhäuser in Fertigbauweise mit Fassaden aus Kupferblech – **Kupferhäuser** genannt. Der Architekt Robert Krafft und der Ingenieur Friedrich Förster konzipierten sie 1929 im Auftrag der Unternehmerfamilie Hirsch. 1931 stellte sich der Bauhaus-Begründer Walter Gropius an die Spitze des mittlerweile mehrfach international ausgezeichneten Projekts (von ihm ist das Kupferhaus in der Altenhofer Straße 2, von Krafft die Häuser Altenhofer Straße 41-48).

Nach der nationalsozialistischen Machtergreifung wurde Kupfer im Zuge der massiven militärischen Aufrüstung ein immer bedeutenderer Rohstoff für die Kriegsproduktion und seine anderweitige Verwendung 1934 verboten. Der Kup-

Das alte und das neue Schiffshebewerk im Sommer 2016

ferhausbau musste eingestellt werden. Bereits zwei Jahre vorher musste die Familie Hirsch, die in den Sog der deutschen Bankenkrise geraten war, aus der ›Hirsch Kupfer- und Messingwerke AG‹ ausscheiden und verließ Deutschland 1933. Der AEG-Konzern übernahm das Eberswalder Werk und tilgte den Namen Hirsch aus dem offiziellen Gedächtnis. Ab den 1950er Jahren VEB Walzwerk Finow, folgte nach der Wende eine erste Teilstilllegung, anschließend Übernahmen bzw. Fusionen, bis 2012 der Betrieb endgültig eingestellt wurde.

Schiffshebewerk Niederfinow

Dort, wo wenige Kilometer östlich von Eberswalde beim Dörfchen Niederfinow das Land um 36 Meter abrupt ins Niederoderbruch abfällt, musste man sich beim Bau des Oder-Havel-Kanals (1906–1914) etwas Cleveres zur Überwindung des Höhenunterschieds einfallen lassen. Anders als der alte Finowkanal (→ S. 80) verfügte die neue künstliche Wasserstraße zwischen Havel und Oder nur noch über fünf Stufen, vier davon gehörten zur Schleusentreppe bei Niederfinow, einer Spitzenleistung der Ingenieurbaukunst: Vier hintereinander geschaltete Schleusenkammern überwanden jeweils neun Meter Hubhöhe – damals Weltrekord.

Aber auch dieses technische Schleusenwunderwerk war schon bald an seine Leistungsgrenzen gelangt. Vor allem der Zeitaufwand, den das viermalige Schleusen erforderte, wirkte sich wirtschaftlich nachteilig aus. Also entschied man sich für den Bau eines Schiffshebewerks. 1927 war Grundsteinlegung, 1934 ging die Stahlkonstruktion mit einem Schiffstrog von 85 Meter Länge, 12 Meter Breite und 2 Meter Tiefe in Betrieb. Schiffe inklusive Last bis 4300 Tonnen konnten die 36 Meter Höhen-

Die Kirche in Niederfinow geht auf das 13. Jahrhundert zurück

differenz fortan in einer fünfminütigen Fahrstuhlpassage absolvieren.

So befördert der Schifflift seitdem ohne Unterlass Kähne, Schubverbände, Motorboote, Ausflugsschiffe, Segler und Paddler hinauf und hinab und wurde darüber hinaus zu einer bedeutenden Touristenattraktion. Rund 150 000 Besucher erweisen dem Technikdenkmal jährlich die Ehre; entweder als Schiffspassagiere, die im Ausflugsdampfer die Hebewerkfahrt hautnah miterleben; oder trockenen Fußes vom Informationszentrum in Niederfinow den gebührenpflichtigen Serpentinenweg steil zur Besucherplattform auf dem Stahlbauwerk hinauf, von wo man direkt in den Trog hineinschauen oder weit ins grüne Land hinausschauen kann. Die alte Dame wird voraussichtlich 2017 in Ruhestand gehen, denn auch sie ist mittlerweile zu klein geworden. Zum 75. Geburtstagsjubiläum des Schiffshebewerks wurde 2009 in der Nachbarschaft der erste Spatenstich zu einem zeitgemäßen neuen Stahlkoloss unternommen. 285 Millionen Euro werden für das neue Schiffshebewerk verbaut, das vom Prinzip her wie das alte Hebewerk funktioniert: als Senkrechthebewerk mit Gegengewichtsausgleich, nur alles in einer größeren, schnelleren, leistungsstärkeren Variante. So wird die Trogfahrt nur noch drei statt fünf Minuten dauern und das Troggewicht knapp 10 000 Tonnen betragen.

■ **Niederfinow**
Wo die Alte Finow ins Niederoderbruch einfließt, zieht sich das 600-Einwohner-Örtchen Niederfinow auf schmaler Flä-che zwischen Finowkanal und Südhang des Choriner Endmoränenbogens entlang. Es entstand im 13. Jahrhundert als Zollstelle, ging 1421 ans Klosters Chorin, erlitt im Dreißigjährigen Krieg und später bei einem Stadtbrand 1729 großen Schaden. Der schmucke Fachwerkturm der **Dorfkirche**, die im Kern noch aus dem 13. Jahrhundert rührt, stammt aus den Jahren des Wiederaufbaus nach der Feuersbrunst. Den neuen Ort errichtete man auch nicht mehr an alter Stelle, sondern baute ihn am neuen Finowkanal entlang auf. Wirtschaftlichen Aufschwung erlebte Niederfinow mit der Eröffnung des Oder-Havel-Kanals. Kein technisches Wunderwerk, aber trotzdem hübsch anzuschauen ist im Dorfzentrum die kleine **Hubbrücke** über den Finowkanal.

 Eberswalde und Umgebung
Vorwahl: 03334
PLZ: 16225
Touristeninformation, Steinstraße 3, Tel. 64520, Di–Fr 10–13 u. 14–17, Sa 10–13, So 13–17 Uhr.
www.tourismus-eberswalde.de
www.eberswalde.de
Touristeninformation im Familiengarten, Am Alten Walzwerk 1, Tel. 384910, Di/Mi 10–16 Uhr.
www.familiengarten-eberswalde.de
Infozentrum Niederfinow, Hebewerkstraße 70a, 16248 Niederfinow, Tel. 033362/619126, im Sommerhalbjahr tgl. 9.30–17.30 Uhr, im Winter nur bis 16 Uhr. www.wsa-eberswalde.de

Hotel & Restaurant Wilder Eber, Heegermühler Straße 16, Tel. 24551, DZ/F um 70 €. Rustikales Holzblockhaus mit großem Garten in zentraler Lage in Bahnhofsnähe, die Zimmer im Landhausstil, das Restaurant brutzelt Steaks und Schnitzel. Salat und Fisch gibt es auch. www.wilder-eber.de

Hotel am Markt, Friedrich-Ebert-Straße 17, Tel. 818900, DZ/F 94 €. Modernes gepflegtes Businesshotel in zentraler Lage am Markt.
www.hotel-am-markt-eberswalde.de

Camping Niederfinow, Dorfstraße 31 (auf Höhe Stecherschleuse), 16248 Niederfinow, Tel. 033362/704037, Mai–Sept. Romantische Wiesenidylle am stillen Finowkanal, bei Wasserwanderern beliebt; Holzhäuschen, Imbissstube, Kanu- und Fahrradverleih. Achtung, bei Drucklegung dieses Reiseführers stand noch nicht fest, ob der Campingplatz weiter betrieben wird. Deshalb sicherheitshalber vorher anrufen. www.triangeltour.de
Großer **Wohnmobil-Parkplatz** in **Niederfinow** zu Füßen des Schiffshebewerks (ohne Ver-/Entsorgung), WC-Anlage, Bistros, Imbisse.

Matisse im Quartier Nr. 7, Steinstraße 23, Tel. 526409. Restaurant-Kneipe-Cocktailbar-Kunstgalerie im Eberswalder

Barnim

Altstadtkarree, behagliches Backstein-Fachwerk-Ambiente, lauschiger Innenhof, wechselnde Karte mit moderner internationaler Küche. www.triangeltour.de

Probier Mahl, Steinstraße 1, Tel. 2778400. Gegenüber vom Matisse, frische deutsche Slow-Food-Küche von ausgesuchten regionalen Produkten, gute Weinkarte. www.dasprobiermahl.de

Alte Brauerei, Eisenbahnstraße 29, Tel. 22387. Urige Bier-Institution im 1879 eröffneten Ausschank der Jagdschlösschen-Brauerei; elf Frischgezapfte, große Auswahl an Flaschenbieren und dazu Deftiges aus Topf und Pfanne. www.alte-brauerei-eberswalde.de

Museum Eberswalde, Steinstraße 3, Tel. 64520, Di–Fr 10–13 u. 14–17, Sa 10–13, So 13–17 Uhr. www.museum-eberswalde.de

Maria-Magdalenen-Kirche, Kirchstraße 7, Di–Do 13–16, Fr 10–16, Sa 10–15, So 14–16 Uhr. www.kirche-eberswalde.de

Paul-Wunderlich-Ausstellung, Am Markt 1, Tel. 2141867, Mo–Do 8–18, Fr 8–16, Sa 11–16 Uhr. www.paul-wunderlich-haus.de

Familiengarten Eberswalde, Am Alten Walzwerk 1, Tel. 384910, April–Okt. tgl. 10–18, Nov.–März Mo–Sa 12–17 Uhr. www.familiengarten-eberswalde.de

Wasserturm Finow, Am Wasserturm 2, Tel. 237846, von Ostern bis Herbstferienende Fr–So 10–17 Uhr. www.wasserturm-finow.de

Zoologischer Garten Eberswalde, Am Wasserfall 1, Tel. 22733, tgl. 9 Uhr bis Einbruch der Dämmerung. www.zoo.eberswalde.de

Forstbotanischer Garten, Am Zainhammer 5, Tel. 657476, tgl. 9 Uhr bis Einbruch der Dämmerung. www.hnee.de/fbg

Schiffshebewerk Niederfinow, Hebewerkstraße 52, 16248 Niederfinow, März tgl. 10–16 Uhr, April–Mitte Okt. tgl. 9.30–

17.30, Nov./Dez. tgl. (außer Weihnachten) 10–16 Uhr. www.schiffshebewerk-niederfinow.info

Schiffshebewerkfahrten, Fahrgastschifffahrt Neumann, Tel. 24405; wahlweise Abfahrten ab Unterhafen des Schiffshebewerks in der Hebewerkstraße in Niederfinow oder ab Oberhafen an der Schleusentreppe am Parkplatz an der L 291 (Straße von Eberswalde nach Liepe), tgl. Mitte März–Ende Okt. www.schiffshebewerk-niederfinow.info

Marina Park Eberswalde, Am Kanal 36 (an der Stadtschleuse), Tel. 212208, Verleih von Kanus, Ruder- und Tretbooten. www.marinapark-eberswalde.de

Guten Morgen Eberswalde, immer samstags um 10.30 Uhr auf dem Marktplatz gibt es Musik, Theater, Lesungen, Kleinkunst, Infos unter www.mescal.de.

Straßenkulturfest ›FinE‹, farbenfrohes Fest mit Akrobaten, Clowns und Marketendern an einem Samstag im Juni, Infos unter https://eberswalde.de.

Eberswalder Filmfest Provinziale, eine Woche ausgesuchte Filmkunst Anfang Oktober; Infos unter Tel. 5264492. http://filmfest-eberswalde.de

Festival ›jazz in e.‹, vier Tage Jazz im Mai um Christi Himmelfahrt, Infos unter www.mescal.de

Zimmermanns Senf, Hebewerkstraße 81, 16248 Niederfinow, Tel. 033362/70713, Senfliebhaber kommen ganz in der Nähe vom Schiffshebewerk mit einer Fülle verschiedener Senfspezialitäten aus eigener Herstellung auf ihre Kosten, sei es ein Bärlauch- oder Sandornsenf, sei es ein Niederfinower Mostrich oder Kreationen wie Preußen- oder Hansesenf. www.zimmermanns-senf.de

Amt Oderberg–Chorin

Die dicht bewaldeten, munter geschwungen Hügel des Choriner Endmoränenbogens im Biosphärenreservat Schorfheide-Chorin und zur Oder hin extensive ökologische Landwirtschaft rund um den Parsteiner See prägen das Antlitz des nordöstlichen Barnimer Lands. Die Alte Finow, bei Niederfinow im Niederoderbruch angekommen, mäandert in zahlreichen Kurven dem Lieper See bei **Liepe** entgegen. In dem Dorf unweit des Schiffhebewerks wurde einst an den Südhängen der Endmoräne Wein für das Kloster Chorin kultiviert. Später diente der See als Sammelplatz zum Flößen des in den umgebenden Wäldern geschlagenen Holzes. Heute ist Liepe bei Motorradfahrern beliebt. Denn die Straße nach Oderberg schraubt sich in ungewöhnlichen Serpentinen vom Urstromtal aus den Hang hinauf, so dass sich PS-Ritter einmal richtig schön in die Kurven legen können – ein in der Region sonst eher seltenes Vergnügen.

Oderberg

Wo Alte Oder und Oder-Havel-Kanal ineinanderfließen, dehnt sich Oderberg aus. Die Lage des 2200-Seelen-Städtchens, in märkischen Relationen betrachtet, könnte nicht aufsehenerregender sein. Es liegt erstaunliche hundert Meter über Normalnull an einem Berghang, was in der platten Mark ziemlich außergewöhnlich ist. Südlich und östlich erstreckt sich das weite flache Niederoderbruch, das vom Neuenhagener Sporn sowie der Lieper und Oderberger Endmoräne eingerahmt wird. Fast hundert Meter tief fällt die steile Sand- und Geröllwand am Eisrand der letzten Eiszeit zur Oderniederung ab. So darf man, mit märkischen Augen betrachtet, vielleicht formulieren, dass Oderberg über der Alten Oder am Steilhang klebt.

1214 ließ Markgraf Albrecht II. nahe einer Furt auf dem hohen Oderufer eine Burg errichten. Die Siedlung zu ihren Füßen wurde 1259 bereits als Stadt er-

Oderberg-Chorin

Im Oderberger Binnenschifffahrtsmuseum

wähnt. Die Pest Anfang des 17. Jahrhunderts, bald darauf der Dreißigjährige Krieg und 1672 ein Stadtbrand wirkten sich verheerend aus. Durch die Begradigung der Oder zwischen Güstebiese und Hohensaathen 1747 bis 1753 unter König Friedrich dem Großen versandete der alte Oderlauf. In der Folge erlitten die Oderberger Schifffahrt und Fischerei empfindliche Rückschläge. Erst mit dem Bau eines Sägewerks 1842 setzte ein zaghafter neuer wirtschaftlicher Aufschwung ein. 1871 arbeiteten elf Sägewerke und darüber hinaus, als zweites ökonomisches Standbein, eine Reihe von Bootswerften. Schiffer, Fischer, Flößer und Kahnbauer prägten das Bild in der Stadt.

Das Oderberger **Binnenschifffahrts-Museum** erinnert heute daran und lädt auf eine Zeitreise in die Geschichte der Oder-Schifffahrt ein. Im Freilichtbereich liegt der 1897 vom Stapel gelaufene Elbe-Seitenraddampfer ›Riesa‹ an der Alten Oder vor Anker. **Dampferpartien zum Schiffshebewerk** starten gut 200 Meter weiter östlich vom Oder-Bollwerk aus. Freizeitkapitäne laufen weitere zwei Kilometer östlich die Marina Oderberg an.

Die ältesten Fachwerkhäuser im historischen Ortszentrum stammen noch aus dem 18. Jahrhundert. In ihrer Mitte erhebt sich die 1855 geweihte **St. Nikolaikirche**. Die nach Plänen von Friedrich August Stüler (1800–1865) erbaute, neugotische Basilika verfügt über eine noch aus der Bauzeit rührende Innenausstattung.

Neben dem Gotteshaus führt eine steile Treppe zum Aussichtspunkt auf dem **Albrechtsberg** hinauf. Oben angelangt lassen einige spärliche Spuren die mittelalterliche Burg noch erahnen, die Albrecht II. hier einst auf einem slawischen Burgwall anlegen ließ. Sie wurde 1349 in der ›Schlacht von Oderberg‹ zwischen Brandenburg und Mecklenburg bis auf die Grundmauern zerstört. Statt ihrer begann man 1353 mit der Errichtung des ›Bardyn Castrum‹, was der Volksmund bald zu **Festung Bärenkasten** verschliff. Ab 1553 hockte die mächtige Grenzfeste vor der Stadt auf einer Oderinsel und bewachte die lukrative Zollstation am Oderübergang. Nachdem der Soldatenkönig Friedrich Wilhelm I. im Frieden von Stockholm 1720 den Schweden Stettin abgekauft hatte, verlor die Oderberger

Blick auf Oderberg

Festung ihre Bedeutung. Kanonen und anderes Kriegsgerät wurden stromabwärts nach Stettin verschifft. Ab 1730 diente der Bärenkasten als Steinbruch für den Häuserbau. Doch ist von ihm eine recht beeindruckende Ruine übriggeblieben. Sie steht nahe dem südlichen Flussufer zwischen Gärten und Sportplatz. Denn auch die Insel gibt es seit der Oderbegradigung im 18. Jahrhundert nicht mehr.

Vom Albrechtsberg aus hat man gute Sicht auf den Bärenkasten, kann ferner einen schönen Blick auf das Naturschutzgebiet Niederoderbruch werfen und gelangt auf einem gelb markierten Wanderweg wieder bergab auf die kopfsteingepflasterte schmale Hauptstraße.

Chorin

Im Jahr 1258 tauchte der Name Chorin erstmalig auf und ist seitdem in der Gründungsurkunde des Klosters Mariensee nachzulesen. Diese besiegelte die Schenkung des Fleckens Chorin mitsamt seiner Äcker und Sümpfe sowie der Weiler Pehlitz, Plawe und Brodowin durch die brandenburgischen Markgrafen an den Zisterzienserorden. Die weißen Mönche, wie man die Zisterzienser wegen ihrer

weißen Kutte auch nennt, waren Spezialisten in Sachen Urbarmachen von Land. Und folgt man der Bedeutung des alten slawischen Siedlungsnamen Chorin – ›chory‹ heißt ›krank‹ oder ›kränklich‹ – standen die Zisterzienser hier vor großen Aufgaben.

Der erste Standort für eine Abtei auf der Halbinsel Pehlitzwerder im Parsteiner See erwies sich denn auch als unglückliche Wahl. Die isolierte Lage und ein bedrohlich ansteigender Wasserspiegel führten dazu, dass die Mönche ihren Klosterbau noch vor der Fertigstellung 1273 aufgaben und an den Amtssee nahe dem Weiler Chorin verlegten. Ob dies Glück oder Pech für die Choriner verhieß, darüber schweigt die Geschichte. Aus der Zeit bis zur Auflassung der Abtei im Zuge der Reformation ist über das Dorf Chorin kaum etwas bekannt. Den Dreißigjährigen Krieg überlebten im Dorf nur drei Familien. 1701 siedelten sich im Rahmen des Repeuplierungsprogramm des Großen Kurfürsten Friedrich Wilhelm vier Hugenottenfamilien als Neubürger an. 1839 wird Chorin eine selbstständige Gemeinde. 1902 kommt der Eisenbahnanschluss, der die Dorfbewohner in die Fabriken nach Eberswalde oder sogar bis Berlin transportiert – und die Berliner Sommerfrischler wiederum nach Chorin. Denn es locken die gute Luft und auch die romantische Klosterruine.

1952 wird Chorin Luftkurort des Freien Deutschen Gewerkschaftsbunds. 1970 wird ihm dieser Status jedoch wieder entzogen, schlichtweg weil es zu klein für die erholungsuchenden Massen ist. Heute ist die Gemeinde Chorin sieben Dörfer mit insgesamt 2300 Einwohnern groß und profitiert von der wald- und seenreichen schönen Umgebung im Biosphärenreservat ebenso wie von der beeindruckenden Klosterruine.

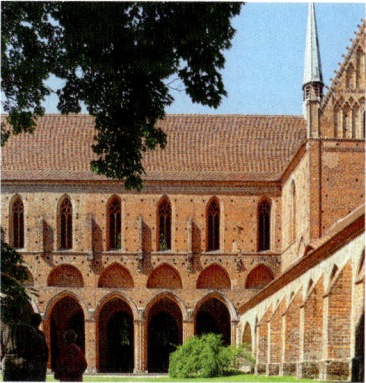

Kloster Chorin: eines der berühmtesten Baudenkmäler Brandenburgs

Kloster Chorin

In einem Talgrund beim Dorf Chorin steht die wohl bekannteste Klosterruine zwischen Elbe und Oder. 1258 wurde die Abtei durch die Brüder Otto III. und Johann I. als zweites Begräbniskloster für die brandenburgischen Markgrafen gestiftet. Den Besitz, den Zisterziensermönche aus dem Mutterkloster Lehnin besiedeln sollten, statteten sie mit den slawischen Weilern Chorin, Brodo-

Glasmalerei in der Klosterruine

win, Plawe und Pehlitz aus, dazu acht Seen und einem Hospital bei der Burg Oderberg. Das erste Bauprojekt auf der Halbinsel Pehlitzwerder wurde von den Mönchen jedoch schon bald wieder aufgegeben. 1273 begannen sie mit der Verlegung an den heutigen Platz nach Chorin an den Amtssee. Etwa um 1300 war dort zuerst die majestätische gotische Backsteinbasilika nach dem Vorbild der Lehniner Mutterkirche vollendet. Die gesamte Klosteranlage mit allen Gebäuden wurde nach 1330 fertiggestellt.

1542 folgte die Säkularisierung, der Verfall des einst mächtigen, reichen Zisterzienserklosters begann. Große Teile brannten im Dreißigjährigen Krieg nieder, danach dienten die Bauten als Steinbruch. Und wahrscheinlich wäre vom Kloster nichts übrig geblieben, hätte nicht der berühmte Baumeister Preußens, Karl Friedrich Schinkel (1781–1841), die romantische Ruine im Jahre 1817 wiederentdeckt, sie als wertvolles Baudenkmal eingeschätzt und erste Sicherungsmaßnahmen eingeleitet.

Heute gilt das Kloster Chorin als herausragendes Zeugnis der frühgotischen deutschen Backsteinbaukunst. Noch erhalten sind die hohen nackten Mauern der Klosterkirche, daran angeschlossen der Westflügel mit Kellergewölben, der Fürstensaal, Klosterküche und Kreuzgang sowie der Ostflügel mit Kreuzgang und vorgelagerter kleiner Kapelle, die heute der evangelischen Kirche in Chorin als Gotteshaus dient. Erhalten blieben außerdem einige Nebengebäude wie das Brauhaus und das Abthaus und in der Nachbarschaft die spärlichen Überreste der Klostermühle. Sie bilden zusammen die malerische Kulisse für den Choriner Musiksommer, in dessen Rahmen im Klosterhof an den Wochenenden in der schönen Jahreszeit Opern und klassische Konzerte erklingen.

Am Parsteiner See

Eingebettet in sanfte Hügel, Wälder, Wiesen und Felder und von einem ganzen Kranz größerer und kleinerer Seen umgeben, liegt das **Ökodorf Brodowin** im südöstlichen Winkel des Biosphärenreservats Schorfheide-Chorin. Ein winziger 400-Seelen-Flecken und trotzdem weithin bekannt: Bereits zu DDR-Zeiten eine Hochburg der Umweltbewegung, zählt das Ökodorf mit über 1250 Hektar ökologischer Landwirtschaftsfläche heute zu den größten Demeter-Betrie-

Im Ökodorf Brodowin

ben in Deutschland. Seit 1990 werden in dem kleinen Straßendorf erstklassige Bio-Lebensmittel produziert.

Schmale Sträßchen und Wanderwege führen ringsum in die schöne Natur, so beispielsweise zum Aussichtspunkt auf dem **Rummelsberg**, einem jäh im Land emporragenden Drumlin, von dem aus einem das ganze Land ringsum zu Füßen liegt. Nördlich glitzert der **Parsteiner See**, dessen Ufer an die Gemarkung von Brodowin grenzen. Mit knapp elf Quadratkilometer Fläche ist er der größte See im Landkreis Barnim. Dort auf der **Halbinsel Pehlitzwerder** liegen inmitten eines urigen Campingplatzes die spärlichen **Klostergrundmauern** des mittelalterlichen zisterziensischen Bauprojekts ›Mariensee‹.

Parstein am östlichen Seeufer, ebenfalls in der Klostergründungsurkunde von 1258 erwähnt, fungiert heute als Tor zum Badevergnügen. Von dem kleinen Straßendorf aus gelangt man auf kurzer Wegstrecke zu den beiden Campingplätzen mit Badewiesen am Parsteiner See. Im Nachbarort **Lüderdorf** lohnt der Blick auf das ›**Loewinghus**‹, ein sorgfältig restauriertes, denkmalgeschütztes Vorlaubenhaus von Anfang des 19. Jahrhunderts. Ein weiteres dieser großzügigen Fachwerkständerbauten, in deren Laubengang einst die schwer beladenen Erntefuhrwerke einfuhren, um das Korn direkt vom Wagen in den Dachspeicher zu schaufeln, harrt im Ort noch seiner Sanierung.

Lunow-Stolzenhagen

In der Gemarkung von Lunow-Stolzenhagen ist der südlichste Zipfel des Nationalparks Unteres Odertal erreicht. Seit 2002 bilden die beiden Dörfer Lunow und Stolzenhagen eine Gemeinde. Seit 2015 dürfen sie sich mit dem Titel Preisträger im Bundeswettbewerb ›Unser Dorf hat Zukunft‹ schmücken. Beide Ortsteile

Der Rummelsberg – ein eiszeitlicher Drumlin

liegen nicht weit voneinander entfernt an der Hohensaaten-Friedrichsthaler Wasserstraße, beide ursprünglich slawische Fischersiedlungen, beide im 13. Jahrhundert von Kolonisten deutscher Zunge besiedelt.

Sowohl von Lunow als auch von Stolzenhagen aus lässt sich sehr schön die **Polderlandschaft** erkunden, die sich zwischen der Hohensaaten-Friedrichsthaler-Wasserstraße und der Stromoder ausdehnt. Die **Lunower Dorfkirche**, ein Feldsteinsaal aus der zweiten Hälfte des 13. Jahrhun-

derts, birgt als besonderen Schatz einen barocken Kanzelaltar, den der Moriner Bildschnitzer Heinrich Bernhard Hattenkerell von 1720 bis 1725 schuf.

Das kleinere **Stolzenhagen** schmiegt sich an die Hänge eines tief eingeschnittenen, eiszeitlichen Erosionstals abwärts zum Odertal. Sein vom Oderdeich aus zwischen den Hügeln weithin sichtbarer Fachwerkkirchturm dient den Radlern auf dem Oder-Neiße-Radweg als herausragende Wegmarke. Wie die Lunower, geht auch die **Stolzenhagener Dorfkirche**

Badewiese am Parsteiner See

auf das 13. Jahrhundert zurück. Zu ihren Kostbarkeiten gehören ein hölzerner Kanzelaltar von 1737, ein spätklassizistischer Orgelprospekt sowie die Grabplatten des Gönners Carl Dietrich von Holzendorf und seiner Frau, der 1737 die Kirche erneuern ließ.

Von Holzendorf ist auch der Bauherr des **Stolzenhagener Gutshauses**, von den Stolzenhagenern von jeher schlicht ›Schloss‹ genannt. 1730 ließ er es auf den Grundmauern eines Vorgängers errichten. In DDR-Zeiten Kindergarten und Sitz des Gemeinderats, stand es nach der Wende leer und wurde noch in den 1990er Jahren saniert. Seit der Jahrtausendwende sind ›Schloss‹ und Gutsgebäude wieder bevölkert, insbesondere von Berliner Stadtflüchtlingen. Viele von

ihnen sind Kunst- und Kulturschaffende, die sich im Verein ›Ponderosa‹ für zeitgenössische Kunst auf dem Land engagieren. Daraus hervorgegangen ist das internationale ›**Ponderosa Tanzland-Festival**‹, das sich zu einem wichtigen Ort für innovative Tanz-Performance und Improvisation entwickelt hat.

In uralte Zeiten führt am südwestlichen Ortseingang der **Geologische Garten Stolzenhagen** zurück. In einer ehemaligen Sandgrube lassen sich die unterschiedlichen geologischen Formationen der Eiszeiten erkunden. Davor ist in einem kleinen, den historischen Vorlaubenhäusern nachempfundenen Gebäude eine Ausstellung zu den Erscheinungsformen der Eiszeit im Landkreis Barnim untergebracht.

 Amt Oderberg-Chorin

Touristeninformation Oderberg, Herrmann-Seidel-Straße 44 (im Binnenschifffahrtsmuseum), 16248 Oderberg, Tel. 033369/539321, April–Okt. tgl. 10–17 Uhr, Nov.–März tgl. 10–15 Uhr. www.bs-museum-oderberg.de

Touristeninformation Schorfheide-Chorin, Bahnhofstraße 2, 16230 Chorin, Tel. 033366/530053, April–Sept. tgl. 9–18 Uhr, im Winterhalbjahr auf Anfrage. www.schorfheidechorin.info

---

Landhof Liepe, Gutshof 1, 16248 Niederfinow/OT Liepe, Tel. 033362/619230, www.landhof-liepe.de, DZ/F 74 €. Zimmer im Landhausstil im 1753 erstmals erwähnten Gutshof in Liepe; das Restaurant bietet Kräuterküche und Spezialitäten der Region wie Lieper Weiderind und frischen Fisch aus den umliegenden Gewässern. **Hotel Haus Chorin**, Neue Klosterallee 10, 16230 Chorin, Tel. 033366/500, DZ/F ab 75 €. Drei-Sterne-Hotelanlage auf einer Anhöhe über dem Amtssee, gepflegter Mittelklassekomfort; angeschlossen ist das Honigspezialitätenrestaurant ›Immenstu-

be‹. Es offeriert raffinierte Zubereitungen mit Honig aus der hauseigenen Imkerei, eine weitere Spezialität sind frische Gerichte vom Gartzer Wasserbüffel. www.chorin.de

Waldseehotel Frenz, Neue Klosterallee 12, 16230 Chorin, Tel. 033366/5310, DZ/F ab 79 €. Traditionshaus seit 1880, neben dem Hotel Haus Chorin auf einer Anhöhe über dem Amtssee. Die Zimmer in komfortabler Drei-Sterne-Qualität. Guter Service, toller Blick über den Amtssee. Die Küche bietet Wild und Fisch aus der Region sowie leckere Salate, Steaks und Schnitzel. www.waldseehotel-frenzen.de

Seehotel Mühlenhaus, Ragöser Mühle 1, 16230 Chorin/OT Sandkrug, Tel. 033366/52360, DZ/F ab 70 €. Solides Drei-Sterne-Anwesen am Großen Heiligen See südlich vom Kloster Chorin beim Weiler Sandkrug; das Restaurant serviert leichte saisonale deutsche Küche von regionalen Bioprodukten. www.hotel-muehlenhaus.de

---

Marina Oderberg, Altes Bruch 5, 16248 Oderberg, Tel. 033369/75540, April–Okt. Wiesenplatz an der Alten Oder für

Zelt und Caravan mit WC und Dusche im Hafengebäude. www.marina-oderberg.de
Campingplatz Parsteiner See, Seestraße 1, 16248 Parsteinsee, Tel. 033365/362, April–Okt. Wiesenplatz am Südostufer des Parsteiner Sees; Ferienbungalows, Gaststätte, Imbiss, Minimarkt, Ruder- und Tretbootverleih, große Badewiese. www.camping-parsteiner-see.de
Natur- und Familiencampingplatz Pehlitzwerder, 16230 Brodowin/OT Pehlitz, Tel. 033362/284, April–Okt. Uriger Campingplatz auf der Halbinsel Pehlitzwerder im Parsteiner See. Auf dem ausgedehnten Gelände nimmt zwischen Gehölzen und Bäumen jedes Zelt seinen eigenen lauschigen Platz ein. Im Herzen der Anlage liegen die Überreste des Klosters Mariensee. Keine Autos, kein Caravan, es gibt zwei Badestellen.
Wohnmobil-Rastplatz Stolzenhagen: Unterhalb der Ortschaft bietet der stille Platz am Ufer der Hohensaaten-Friedrichsthaler-Wasserstraße im Sommer Imbiss und Caravan-Stellfläche, Wasserver-/Entsorgung, Dusche/WC.

Kloster Chorin, Amt Chorin 11, 16230 Chorin, Tel. 033366/70377, April–Okt, tgl. 9–18 Uhr, Nov.–März tgl. 10–16 Uhr. www.kloster-chorin.org
Binnenschifffahrts-Museum, Herrmann-Seidel-Straße 44, 16248 Oderberg, Tel. 033369/539321, April–Okt. tgl. 10–17 Uhr, Nov.–März tgl. 10–15 Uhr. www.bs-museum-oderberg.de
Geologischer Garten Stolzenhagen, Elsengrund 7, 16248 Lunow-Stolzenhagen, Tel. 033365/359, April–Okt. ohne feste Öffnungszeiten. www.geologischer-garten.de

Schiffshebewerk- und Oderfahrten, ab Bollwerk Oderberg, Fahrgastschifffahrt Oderberg, Galgenberg 3, 16248 Oderberg. Tel. 033369/779983, tgl. April–Okt. www.oder-schiff.de

Kanuverleih, Hermann-Seidelstraße 62a (direkt neben Museumsschiff Riesa), 16248 Oderberg, Tel. 0174/5315452. www.kanu-oderberg.de
Marina Oderberg, Ruder- und Motorboote, Kanus, Kajaks und Fahrräder, s. o. Bootsverleih am **Campingplatz Parsteiner See**, Ruder- und Tretboote, s. o.

Fahrradverleih im Bahnhof Chorin, Bahnhofstraße 2, 16230 Chorin, Tel. 033366/53700. www.fahrradverleih-chorin.de
Fahrradverleih, an der Marina Oderberg, s. o.

Badewiesen am Parsteiner See an den Campingplätzen ›**Parsteiner See**‹ und ›**Pehlitzwerder**‹, s.o.

Choriner Musiksommer, im Kloster Chorin, Programminfo: Choriner Musiksommer e.V., Eisenbahnstraße 3, 16225 Eberswalde, Tel. 03334/818472. www.choriner-musiksommer.de
Oster-Kloster-Fest Chorin, auf dem bunten Mittelaltermarkt werden alte Osterbräuche gefeiert und bieten Kunsthandwerker ihre Waren feil. Kultureller Höhepunkt sind die Theateraufführungen, Konzerte und das Ritterlager mit Turnierspielen; Gründonnerstag bis Ostermontag im Kloster Chorin; Info unter www.schorfheidechorin.info.
Ponderosa Tanz-Land-Festival‹, Info unter Ponderosa e.V., Gutshof 3, 16248 Lunow-Stolzenhagen, Tel. 033365/34770. www.ponderosa-dance.de

Hofladen Brodowin, Dorfstraße 89, (Ortseingang via Weißensee) 16230 Chorin/OT Brodowin, Tel. 033362/70610, www.brodowin.de, April–Okt Mo–Sa 9–18, So 10–18 Uhr, Nov.–März Di–Fr 10–18, Sa–Mo 10–16 Uhr.

Barnim

Schorfheide

Neben Chorin hat auch die Schorfheide ihren namenstiftenden Teil zum Biosphärenreservat Schorfheide-Chorin beigetragen. Während auf den schweren Grundmoränenböden zwischen Parsteiner See und Grimnitzsee auf weiten Flächen Ackerbau getrieben wird, sind die unfruchtbaren Sandergebiete im westlichen Teil des Biosphärenreservats überwiegend mit Wald bedeckt. Eichen und anspruchslose Kiefernheide sowie in den hügeligen Gebieten der Endmoräne auch einmal Buchenhaine schmücken die Schorfheide, die mit 65 000 Hektar zu den größten zusammenhängenden Waldgebieten Deutschlands gehört. Im Buchenwald Grumsin, 2011 zum Weltnaturerbe erklärt, hat sie mit dem Blocksberg auf 139 Meter über dem Meeresspiegel ihren höchsten Punkt erreicht.

In der wildreichen Region gingen einst brandenburgische Markgrafen und Kurfürsten, preußische Könige und deutsche Kaiser, Nazi-Größen und DDR-Obere auf die Pirsch. Heute lädt ein weit verzweigtes Rad- und Wanderwegenetz zu ausgiebigen Erkundungen ein. Zahlreiche große und kleine Seen bieten an ihren schilfwogenden Ufern wahlweise stillen Naturgenuss ebenso wie aktiven Wassersport und Badevergnügen.

Der Werbellinsee

»Es ist ein Märchenplatz, auf dem wir sitzen, denn wir sitzen am Ufer des Werbellin«, schwärmte einst Fontane von dem nur 1,3 Kilometer breiten, aber 13 Kilometer langen und bis zu 60 Meter tiefen Rinnensee im Herzen der Schorfheide. Sagen sind mit ihm verbunden: Von einer Stadt namens Werbellow erzählte man sich, deren Bewohner vor lauter Reichtum so hochmütig geworden waren, dass sie Bedürftige an ihren Toren abwiesen und die Stadt zur Strafe dafür im See versank.

Über den Werbellinkanal ist der Werbellinsee direkt mit dem Oder-Havel-Kanal und auf diese Weise, zur Freude der Segler und Paddler, mit den ausgedehnten Wasserwanderrevieren im nördlichen und westlichen Brandenburg verbunden. Wollen die Wassersportler vom Werbellinsee aus weiterziehen, müssen sie zunächst aber die Schleuse in **Eichhorst** passieren. In dem kleinen Ort nahe dem südlichen Werbellinseeufer ist man ganz auf Ausflügler eingestellt. Gaststätten sorgen für das leibliche Wohl, und eine Touristeninformation steuert geistige Nahrung bei.

Obwohl die ältesten Dokumente eine Besiedlung schon im 13. Jahrhundert vermuten lassen, fällt die tatsächliche Gründung von Eichhorst erst in das Jahr 1709. Dazumal veranlasste König Friedrich I. auf Höhe des heutigen Orts die Errichtung einer Papiermühle, ab 1761 folgte in fünfjähriger Bautätigkeit die Kanalisierung des Werbellinfließes. 1766 konnte der Werbellinkanal eingeweiht werden. Genau ein Jahrhundert später brannte die Mühle ab. Der Ort aber blieb und wird seit 1878 Eichhorst genannt.

Dort, wo der Kanal etwa zwei Kilometer von der Schleuse entfernt in den Werbellinsee einmündet, soll eine Askanierburg von Anfang des 13. Jahrhunderts gestanden haben. Ihre Existenz konnte nie sicher bewiesen werden. Allerdings kamen bei den Kanalbauarbeiten im 18. Jahrhundert alte Mauerreste und mittelalterliche Waffen zutage. Als Reminiszenz an diese längst verschwundene Burg erhebt sich an eben der Stelle seit 1879 der **Askanierturm**. Der runde Feldsteinturm wuchs im Auftrag Prinz Carls von Preußen (1801–1883) unter den

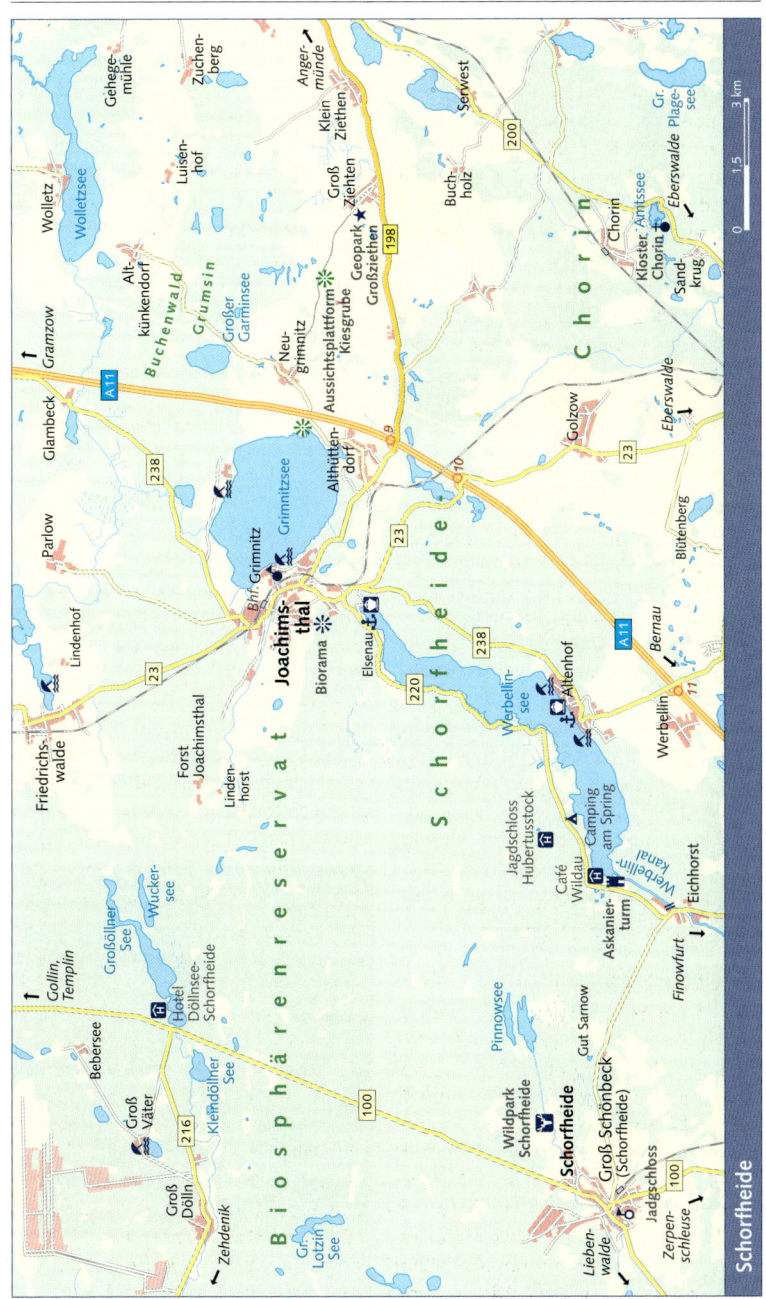

Der Askanierturm

Händen des Eberswalder Baumeister Oskar Büschner empor. Seine backsteinernen Zinnen kann man erklimmen und von oben hinuntergucken. Die Touristeninformation hütet den Turmschlüssel.

Bei dem **Wisent-Denkmal** am Platz vor der Schleuse im Herzen von Eichhorst handelt es sich ursprünglich um eine Arbeit, die der nationalsozialistische Reichsmarschall Hermann Göring in Auftrag gab. 1934 wurde die von Max Esser (1885–1945) geschaffene Halbplastik am Eingang des Göringschen Urwildparks auf Höhe der heutigen Oberförsterei Pechteich enthüllt. Fortan leitete sie jährlich bis zu 150 000 Besucher in das Gehege, in dem Göring, in Personalunion Reichsjägermeister, ein Rückzüchtungsprogramm für ausgestorbene nordische Wildtierrassen wie Wisente oder Auerochsen betreiben ließ. Nach Ende des Zweiten Weltkriegs gab es den Park nicht mehr, aber das Denkmal stand immer noch da. Erst 1958 wurde es entfernt und im Wald vergraben. Nach der Wende wiedergefunden, von allen Nazi-Symbolen bereinigt und restauriert, wurde es dann am gegenwärtigen Standort aufgestellt.

Eine natürliche Eichhorster Schönheit, eine über **700-jährige Stieleiche**, steht an der Schleusenbrücke. Der noch berühmteren Baumkönigin **Silkebuche** kann man mit einem gut dreistündigen markierten Rundwanderweg vom Parkplatz am Ortsausgang via Groß Schönebeck aus seine Aufwartung machen. Über sechseinhalb Meter misst ihr Stammumfang, womit sie unzweifelhaft zu den massereichsten Baumriesen in der Schorfheide zählt.

Hubertusstock

Nahe dem südwestlichen Werbellinseeufer verbirgt sich im Wald das vom Namen her gewiss bekannteste Anwesen am Werbellinsee: **Jagdschloss Hubertusstock**. Der Romantiker unter den preußischen Königen, Friedrich Wilhelm IV. (reg. 1840–1861), hatte das Fachwerkgebäude zwischen 1847 und 1849 für den Aufenthalt seiner Jagdgesellschaften bauen lassen, aus Liebe zu seiner Gemahlin Elisabeth von Bayern nach der Art bayerischer Forsthäuser. Es diente den Hohenzollernkönigen und -kaisern als Jagdquartier, nachfolgend Reichspräsident Hindenburg, im Dritten Reich den ranghöchsten Nationalsozialisten und ab 1952 schließlich erholungsbedürftigen

Wisentdenkmal an der Schleuse in Eichhorst

Das Jagdschloss Hubertusstock

leitenden Angestellten des DDR-Innenministeriums. Von 1971 bis 1973 wurde das morsche Jagdhaus bis auf die Grundmauern abgetragen und mit Schwimmbad und modernem Komfort in gleicher Art wieder aufgebaut. Fortan fungierte Hubertusstock als Gästehaus der DDR-Regierung. Staatschefs wie Leonid Breshnew und Fidel Castro logierten hier, und mit dem Treffen 1981 zwischen dem SED-Generalsekretär und Vorsitzendem des Staatsrats der DDR, Erich Honecker, und dem Bundeskanzler der BRD, Helmut Schmidt, wurde in Hubertusstock deutsch-deutsche Geschichte geschrieben. Gleichwohl muss es im Jagdschloss verhältnismäßig bescheiden zugegangen sein. »In seinem Inneren erfreut ein alter Kamin; sonst allerdings herrscht eine Kleinbürgereleganz, wie sie Versandhauskatalogen zur Zierde gereicht«, schrieb Christian Graf von Krockow, der das Gebäude 1990 noch original besichtigen konnte. Die nächsten zehn Jahre Hotel und anschließend lange Zeit leer stehend, kann man es heute für Hochzeiten und andere Feiern mieten. Park und Schloss Hubertusstock gehören gegenwärtig zum Ringhotel Schorfheide, dessen Neubau

in unmittelbarer Nachbarschaft steht. Immer sonntags kann man das Gelände von Mai bis September nach vorheriger Anmeldung an der Hotelrezeption besichtigen. Das unbefugte Betreten ist verboten. Dies nicht ganz zu Unecht. Denn Diebe sind unterwegs. 2015 wurde das 150 Jahre alte, tonnenschwere Standbild und Wahrzeichen von Hubertusstock, der berühmte kupferne Hirsch vom Gelände gestohlen.

Der Flecken **Elsenau** am Nordufer des Werbellinsees besteht aus der **Fischerei Werbellinsee** mit Fischverkauf und kleiner Gaststätte, einem Seniorenwohnsitz und direkt nebenan der **Marina Werbellinsee**, wo zahlreiche Segelboote vor Anker liegen. Nicht weit südlich davon dehnt sich zwischen Landstraße und Seeufer an der historischen Holzablage Michen die gleichnamige Badewiese aus, mit Bushaltestelle und Volleyballfeld.

Altenhof

Die 600 Einwohner kleine Sommerfrische Altenhof am östlichen Werbellinseeufer bietet eine hübsche **Uferpromenade** und eine große **Badewiese** am Wasser. Archäologische Funde weisen auf eine Besiedlung von über 5000 Jahren zurück. Überreste der slawischen Periode ab dem 7. Jahrhundert hat man östlich vom Restaurant ›Alte Fischerei‹ gefunden. 1375 taucht die Ortslage erstmals schriftlich als ›Breten est castrum sine oppido et sine villa iacens in magna merica Werbelyn‹ auf (Breten ist Burg ohne Stadt in der großen Werbellin-Heide).

Die besagte askanische Burg Breten gibt es schon lange nicht mehr. An ihrer Stelle entstand die Försterei Altenhof und eine umgebende Fischersiedlung. An der Wende zum 20. Jahrhundert setzte der Fremdenverkehr ein. In der DDR wuchs nördlich vom Ort am Seeufer ab 1951 die Pionierrepublik ›Wilhelm Pieck‹

Barnim

Badewiese und Bootsverleih in Altenhof

aus dem Boden, Urlaubsstätte für tausende Kinder aus der ganzen sozialistischen Welt. Bis zur Wende war Altenhof darüber hinaus Erholungsort des Freien Deutschen Gewerkschaftsbunds (FDGB). Heute befindet sich auf dem Gelände der ehemaligen Pionierrepublik die Europäische Jugenderholungs- und Begegnungsstätte Werbellinsee (EJB), eine Ferienstadt mit zahlreichen Wohn- und Gesellschaftsgebäuden, Sportanlagen, Spielplätzen, großer Badewiese, Imbiss und Gaststätte, Bootshaus und Bootsverleih.

Umso beschaulicher geht es im alten Ort Altenhof zu. Gepflegte Häuser am Uferhang und unten am Wasser Gastronomie und Bootsverleih laden zum geruhsamen Aufenthalt ein. Vom Schiffsanleger stechen **Ausflugsdampfer** in See und verbinden den Ort mit dem Nord- und dem Südufer am Werbellinsee.

Joachimsthal

Zwischen nördlicher Werbellinseespitze und Grimnitzsee gibt es im Bahnhof Joachimsthal etwas zu hören! 1898 wurde Joachimsthal an die Berlin–Stettiner

▲ *Hier kann man schön einkehren: die Alte Fischerei in Altenhof*

Eisenbahn angeschlossen. In diesem Zuge entstand im nämlichen Jahr für den repräsentativen Empfang des zur Jagd anreisenden Kaisers Wilhelm II. (reg. 1888–1918) der **Kaiserbahnhof**. Im Fachwerkstil und mit Giebeln, Erkern und Türmchen verziert, fungiert er heute als **Hörspielbahnhof**, wo in den Sommermonaten spannendes Ohrentheater zum Besten gegeben wird. Immer Samstag um 17 Uhr finden außerdem Führungen durch den historischen Bahnhof statt.

Nicht weit entfernt ragt noch vor dem Kreisel am südlichen Ortseingang der **alte Wasserturm** auf. 1960 errichtet,

Die Schinkelkirche

2005/06 saniert, zur Privatwohnung ausgebaut und um einen Treppenturm mit Fahrstuhl bereichert, steht seine Aussichtsplattform seitdem Besuchern offen. 118 durchscheinende Metallgitterstufen oder alternativ der Lift führen auf das **Biorama** hinauf, das in 123 Meter Höhe über dem Meeresspiegel einen großartigen Rundumblick auf die Schorfheide, Joachimsthal und den Grimnitzsee verspricht. Dem Biorama zu Füßen steht die **Weiße Villa**, 1897 für den Joachimsthaler Fabrikanten und Gönner Rudolf Protz erbaut. In einem beeindruckenden Ambiente aus rauen Backsteinwänden und vom Plafond bis zum hölzernen Dachstuhl herausgenommen Zwischendecken werden dort seit der Sanierung 2013 Kunstausstellungen und Kunstprojekte mit Bezug zum Biosphärenreservat präsentiert.

Das Dorf Joachimsthal selbst, 3300 Einwohner klein, ist eine Gründung von 1604 durch Kurfürst Joachim Friedrich (reg. 1598–1608). In der Abgeschiedenheit der Schorfheide sollte eine Knabenschule entstehen, die den brandenburgischen Spitzennachwuchs auf ein Universitätsstudium vorbereitete. Doch reicht Joachimsthals Geschichte noch viel weiter zurück: Die umkämpfte Grenzli-

nie zwischen Pommern und Brandenburg verlief im Mittelalter am Grimnitzsee. Um 1247 begannen die brandenburgischen Markgrafen deshalb mit der Errichtung der Burg Grimnitz, die, 1298 das erste Mal erwähnt, als Grenzfeste gegen die pommersche Uckermark über die Landenge zwischen Werbellinsee und Grimnitzsee wachte. Von der einst stolzen Burg ist heute wenig übrig geblieben. Die **Burgruine Grimnitz** über dem Ufer des Grimnitzsees besteht noch aus einem Kellergewölbe; außerdem haben ein paar Fundamente und Reste der

Der alte Wasserturm wurde zum Biorama

Barnim

alten Ringmauer den Zeiten getrotzt. Die Feldsteintrümmer liegen auf einem Privatgrundstück und sind daher nicht zu besichtigen. Von unterhalb, von der großen Badewiese am Seeufer aus, lässt sich jedoch aus angemessener Entfernung ein Blick auf sie werfen.

Die Ruine wird vom Grimnitzer Glashüttenverein betreut, der sich in Joachimsthal der Pflege der Waldglashüttentradition widmet. Denn von der Burg Grimnitz ging die brandenburgische Glasmacherkunst aus. 1601 wurde ganz in ihrer Nähe die erste märkische Glashütte eingerichtet. Böhmische Handwerker siedelten sich an. 1603 fand sich ›Joachimsthall‹ erstmals in einer Urkunde wieder, 1604 verlieh Kurfürst Joachim Friedrich dem Ort, der seinen Namen trägt, die Stadtrechte.

Weitere Glashütten nahmen im 17. und 18. Jahrhundert nahebei die Produktion auf, so in Althüttendorf und in Neugrimnitz, in denen man vorwiegend grünes Gebrauchsglas, aber auch feineres Tafelglas, Reagenzgläser, Kirchen- und Butzenfenster, Vasen, Schmuck und anderes fertigte. Einmal jährlich im August lebt diese Tradition während der ›**Grimnitzer Glas-Tage**‹ wieder auf. Fast am historischen Ort und begleitet von vielen Veranstaltungen lassen sich dazu Glasmacher, Glasbläser, Glaskünstler bei ihrer Arbeit eine Woche lang über die Schulter schauen. Das kleine **Glashüttenmuseum** stellt historische Werkzeuge der Glasmacherkunst aus, es ist jedoch nur während der Veranstaltungen geöffnet.

Die kurfürstliche Knabenschule und in der Nachbarschaft eine Kirche konnten 1607 eingeweiht werden. 1636 plünderten schwedische Truppen die Stadt und zerstörten Schule und Gotteshaus. Und auch ihr Wiederaufbau nach dem Dreißigjährigen Krieg hatte nicht lange Bestand. 1814 ging Joachimsthal bei einem Stadtbrand in Flammen auf. Anschließend entstanden Schule – nun im Fachwerkbau als Gemeindeschule –, Amtshaus mit Scheunen, Kirche und Pfarrei sowie die Brauerei neu. Bei der Errichtung des neuen Sakralbaus hatte sogar Karl Friedrich Schinkel (1781–1841) seine Finger im Spiel. Baupläne sollen von dem berühmten preußischen Baumeister korrigiert worden sein. Die Giebelgestaltung und der Einsatz eines bestimmten Formziegels gehen wohl

Die Marina Joachimsthal

Barnim

Ausflugsdampfer am Anleger

auf seinen Einfluss zurück – weshalb die neugotische kleine Joachimsthaler Kirche auch **Schinkelkirche** heißt. 1817 wurde sie geweiht und ist seitdem Joachimsthals besondere Sehenswürdigkeit.

Althüttendorf

Der Flecken Althüttendorf am südlichen Grimnitzseeufer geht auf eine 1653 gegründete Glashütte zurück. Doch kaum zwei Jahrzehnte währte der Betrieb. 1674/75 zerstörten schwedische Truppen die Hütte bei ihrem Einfall in Brandenburg im Nordischen Krieg. Den Althüttendorfern verblieb die Waldwirtschaft für den Broterwerb, bis sich Mitte des 19. Jahrhunderts als zweites Standbein die Steinschlägerei dazugesellte. Bei diesem schweißtreibenden Handwerk zerlegten die Arbeiter eiszeitliche Findlingssteine – bis zu acht Meter mächtige Blöcke – wie man sie in den nahen Steinbrüchen bei Sperlingsherberge und in den Ihlowbergen vorfand, um Baumaterial für Gebäude und vor allem für Straßenpflaster und Gleisbettbefestigungen herzustellen. Die efeuumrankte **Dorfkirche** von Anfang des 19. Jahrhunderts steht als Wanderkirche Besuchern offen. Bereits aus dem

Jahr 1828 stammt die Althüttendorfer **Bockwindmühle** am südöstlichen Seeufer. Sie befindet sich in Privatbesitz und kann nicht besichtigt werden. Ohnehin zieht viel eher die **Naturbeobachtungsstation** ein paar Häuser weiter die Ausflügler an. Vor allem Vogelkundlern reisen mit großem Tele-Objektiv an, um während des Vogelzugs im Frühjahr und Herbst die Scharen von gefiederten Gesellen am Ufer des Grimnitzsees zu studieren – die sich selbst vom Lärm der sehr nahen Autobahn nicht stören lassen. Ein kleine Ausstellung informiert zusätzlich über die Geschichte der örtlichen Fischerei.

Groß-Ziethen

Sowohl der Werbellinsee als typischer Rinnensee wie auch der beinahe kreisrunde Grimnitzsee als Zungenbeckensee sind Kinder der letzten Eiszeit. Beide Gewässer gehören zum 2007 ausgerufenen **Nationalen GeoPark Eiszeitland am Oderrand**, der sich auf einer Fläche von fast 3500 Quadratkilometern über weite Teile der Landkreise Barnim, Uckermark und Märkisch Oderland erstreckt. Bei Geoparks handelt es sich um deklarierte Landschaften, die in besonderer

Eingang zum GeoPark Groß-Ziethen

Der Glambecker Taubenturm

Form die geologische Geschichte einer Region repräsentieren. Während Großschutzgebiete wie das Biosphärenreservat Schorfheide-Chorin mit Fauna und Flora das belebte Naturerbe wahren, macht der Geopark auf die unbelebte Natur aufmerksam, wie sie sich über Jahrhunderttausende hinweg gestaltet hat. Geradezu beispielhaft liegen in der nordbrandenburgischen Jungmoränenlandschaft alle eiszeitlichen Erscheinungsformen dicht beieinander: Grundmoränen, Endmoränen, Sanderflächen und Urstromtäler, dazwischen Drumlins und Sölle, Binnendünen, Moore und Trockentäler. In den Räumen einer historischen Dampfmühle vermittelt das **Besucher- und Informationszentrum des GeoParks Eiszeitland am Oderrand** im Weiler Groß-Ziethen, etwa zehn Kilometer östlich von Althüttendorf, viel Wissenswertes über die erdgeschichtlichen Phänomene und entführt seine Gäste in die vergangenen Eiszeiten. Wanderungen gehen vom Besucherzentrum aus zur **Aussichtsplattform Kiesgrube**, wo man einen Blick auf einen aktiven Kies-Tagebau werfen kann; zum weiträumigen Naturrondell **Sperlingsherberge** zwischen Neugrimnitz und Groß-Ziethen, das Einblick in das Innere einer Blockendmoränenpackung gewährt; zur ehemaligen Steingrube und **Aussichtsplattform Ihlowberge**; und in den **Buchenwald Grumsin**, seit 2011 Weltnaturerbe (→ S. 141).

Auch das Angerdörfchen Groß-Ziethen selbst lädt zum Spaziergehen ein. Zusammen mit dem Nachbarort ist es 450 Einwohner klein und besitzt als besonderes Schmuckstück eine Feldsteinkirche aus dem 13. Jahrhundert. Im Dreißigjährigen Krieg in Schutt und Asche gefallen, wurde sie von den ab 1690 angesiedelten hugenottischen Kolonisten wieder aufgebaut. Noch heute dient sie als Gotteshaus der französisch-reformierte Kirche.

Walddorf Glambeck

Ein schmales Asphaltband führt von Joachimsthal am Rande des Grumsiner Forsts durch herrlichen Buchenwald in das ›Grüne Herz des UNESCO-Biosphärenreservats Schorfheide-Chorin‹. So nennt sich der Flecken Glambeck, der, ca. fünf Kilometer Vogelfluglinie nördlich vom Grimnitzsee, aus keinen drei Dutzend Häusern besteht. 1375 erstmals erwähnt, darf man als außergewöhnlichste historische Tat der Einwohner nennen, dass sie, trotz der Jahrhunderte währenden Armut in der Region, nicht wie ihre Nachbarn im verschwundenen Dörfchen Mellin 1860 alle nach Amerika ausgewandert sind.

1862 erwarb der einflussreiche Politiker am Hohenzollernhof, Generalintendant für Schauspiel und Musik und einer der reichsten Großgrundbesitzer Preußens, Graf Friedrich Wilhelm von Redern (1802–1883), das Gut Glambeck. Den alten Gutspark ließ er herrichten und im Dorf außerdem 1880 einen **Taubenturm** bauen – der seither das Glambecker Wahrzeichen ist. Folgerichtig wird dort heute im Turm in einer Ausstellung der Rolle des Grafen in seiner Zeit gedacht. Vis-à-vis erzählt das winzige Glambecker **Dorfmuseum** von der Ortsgeschichte. Im **Fachwerkkirchlein**, 1708 auf einem im Dreißigjährigen Krieg zerstörten Vorgänger aufgebaut, werden mit hochkarätigen Künstlern die ›Glambecker Claviermusiken‹ veranstaltet. Am Radfernweg Berlin–Usedom und am Uckermärkischen Radrundweg gelegen, finden im kleinen Gotteshaus nach Anmeldung außerdem Radler-Andachten und Fahrrad-Gottesdienste statt. Die benachbarte Kirchenklause bietet zu allen Veranstaltungen von Ostern bis zum Ende der Herbstferien Souvenirs, Informationen, Speis' und Trank (Mi/Do Ruhetag). Die Besichtigung eines vermutlich in der Mitte

Die Kirche von Friedrichswalde

◀ Karte S. 103

Kranich-Informationszentrum. Es werden Filme vorgeführt und Kranichbilder des Naturfotografen Carsten Linde gezeigt. Darüber hinaus liegen zahlreiche Informationsmaterialien zu Lebenswelt und Verhalten der eleganten grauen Glücksvogel aus. Dorfgeschichtliches kann man im Erdgeschoss des Speichers in Erfahrung bringen. Für das leibliche Wohl sorgt der benachbarte Gasthof ›Am Speicher‹ von Kaffee und Kuchen bis zum herzhaften Mahl.

Holzschuhmacherdorf Friedrichswalde

Immer am Muttertag bebt im verschlafenen Dorf Friedrichswalde die Erde. Aus allen vier Himmelsrichtungen rollen gut 2000 Biker an und hüllen den stillen Ort in eine Donnerwolke. Anlass für das insgesamt drei Tage während Großereignis ist der Motorradgottesdienst, der seit 1995 auf dem Kirchplatz vor dem Friedrichswalder Gotteshaus stattfindet. Die **Kirche** selbst datiert auf 1783 und wurde 1890 neuromanisch in Backstein ummantelt, ihr Kanzelaltar stammt noch aus der Zeit der Erbauung.

Auf Erlass des Preußenkönigs Friedrich II. (reg. 1740–1786) wurde das Dorf anno 1748 gegründet und mit flämischen Kolonisten besetzt. Sie brachten das Holzschuhmacherhandwerk ins Land. Schnell war Friedrichswalde als Holzschuhmacherort bekannt und blieb es über 200 Jahre lang. Zwischen 1940 und 1954 wurden in einer eigens montierten Fabrik Holzpantinen en gros hergestellt. Heute wartet das 700 Einwohner kleine Dorf – zusammen mit den Ortsteilen Glambeck und Parlow sind es sogar 850 – mit einer Badewiese am See und im Schatten der Kirche einem **Holzschuhmachererlebniszentrum** auf. Nach rechtzeitiger Anmeldung erhält man Einblick in den ›Klompen‹-Produktionsprozess vom

des 19. Jahrhunderts erbauten Eiskellers im ehemaligen Gutspark, den seit langer Zeit Fledermäuse als Winterquartier bewohnen, rundet das Glambecker Ausflugsangebot ab.

Kranichdorf Parlow

Auf weiter Strecke gleicht der Weg von Glambeck nach Parlow einer malerischen Fahrt durch endlose grüne Baumtunnel. Erst kurz vor Parlow geben sie den Blick frei auf die Kernzone des naturgeschützten Mellnsee-Moores. Dort wie in den weiteren Sümpfen und Brüchen rund um Parlow brüten im Frühjahr Scharen von Kranichpaaren. Mit etwas Glück und einem guten Fernglas kann man ihnen in der Morgendämmerung beim ›Kranichtanz‹, ihrem anmutigen Balzritual zuschauen.

Im Dörfchen Parlow, 1699 erstmals als Rittergut erwähnt, beherbergt der 1860 erbaute und liebevoll sanierte historische **Speicher** denn auch folgerichtig ein historischen Handwerk bis hin zu modernen Maschinen von Anfang des 20. Jahrhunderts und kann unter Anleitung seine eigenen Pantinen fertigen.

Groß Schönebeck

An der südwestlichen Grenze des Biosphärenreservats bildet Groß Schönebeck, 1700 Einwohner groß, das Tor zur Schorfheide. Seine erste Erwähnung im Jahr 1313 datiert in eine Zeit, in der überall in der nördlichen Mark Trutzburgen zum Schutz gegen die feindlichen Pommern entstanden. So wohl auch in Groß Schönebeck, worauf Feldsteinfundamente hindeuten, die man 1993 nicht weit vom heutigen Schloss entfernt aus dem Boden grub. Ein weiteres denkwürdiges Datum in den Groß Schönebecker Annalen markiert das Jahr 1522, in welchem der junge Kurfürst Joachim II. (reg. 1535–1571) in der Schorfheide einen ernsten Strauß mit einem Bären ausfocht. Und für das Jahr 1585 ist bekannt, dass sich Joachims Sohn und Nachfolger im Kurfürstenamt, Johann Georg (reg. 1571–1598), auf der Pirsch in der Heide befand. Die Tradition der Vornehmen und Mächtigen, in der ›Magna Merica‹, der Großen Heide, die Büchse zu führen, wurde demnach schon im 16. Jahrhundert begründet. Von den brandenburgischen Kurfürsten über die Hohenzollern bis hin zu den wichtigsten Nazi-Größen und DDR-Oberen frönte man der Jagdleidenschaft in einem Wildzaun, der 1937 schließlich sagenhafte 50 000 Hektar umfasste und zu DDR-Zeiten als ›personenbezogenes Sonderjagdgebiet‹ galt.

Doch zurück zu den Anfängen von Groß Schönebeck: Im Dreißigjährigen Krieg

Barnim

Groß Schönebeck

zerstörten dänische Truppen Burg und Dorf. Nur der Kirchturm von Ende des 14. Jahrhunderts blieb stehen, weshalb er am Ort heute das älteste Gemäuer darstellt. Das langgestreckte Schiff der **Kirche St. Immanuel** wurde zwischen 1664 und 1673 aus Backstein neu aufgebaut. Im Inneren birgt es eine Orgel mit schönem Orgelprospekt, auf 1749 datiert, aus der Ruppiner Werkstatt von Gottlieb Scholtze sowie einen hölzernen Kanzelaltar, der aus der zweiten Hälfte des 18. Jahrhunderts stammt.

Schließlich veranlasste der Große Kurfürst Friedrich Wilhelm von Brandenburg (reg. 1640–1688) 1680 den Bau eines **Jagdschlosses**, das zusammen mit seinen Nebengelassen bis etwa 1715 Gestalt annahm. Fortan fungierte der große quadratische zweigeschossige Putzbau mit einem spitzen Zeltdach obenauf als Domizil für hochherrschaftliche Waidmänner und ihr Gefolge.

Seit 1991 ist im Schloss nun das **Schorfheidemuseum** zu Hause. Erzählt wird die Geschichte der Forstwirtschaft und mit der Ausstellung ›Jagd und Macht‹ die Geschichte der Schorfheide als Jagdgebiet von der Kaiserzeit bis zum Ende der DDR. Außerdem erfährt man Biografisches über den Uckermärker und

Überwachsen: die Reste von Carinhall

Boxschwergewicht-Weltmeisters Max Schmeling (1905–2005), dessen Nachlass im Schorfheidemuseum zu sehen ist. Historische Kutschen und Schlitten kann man auf dem **Kutschenhof Groß Schönebeck** bewundern. Gut hundert dieser altertümlichen Fuhrwerke mit Rädern oder Kufen hat Jürgen Bohm auf seinem Bauernhof zusammengetragen und eigenhändig restauriert. Ergänzt wird die Ausstellung durch allerlei Landwirtschaftsgeräte und außerdem, wie es sich für einen traditionellen Hof gehört, Pferde, Kühe und Federvieh.

Wer gerne mehr zum Naturraum Schorfheide erfahren möchte, kann dies im restaurierten Bahnhof Groß Schönebeck tun. Seit 2012 hat dort die **Naturwacht** ihren Sitz und wartet im ehemaligen Wartesaal mit einer Ausstellung zu Fauna und Flora der Schorfheide sowie der Wälder rund um die polnische Projektpartner-Stadt Drawsko Pomorskie auf.

■ Wildpark Schorfheide

Wenige Kilometer nördlich von Groß Schönebeck beginnen die Gehege des **Wildparks Schorfheide**. Auf 100 Hektar durchziehen sieben Kilometer Wanderwege das Gelände, auf dem heimi-

Das Groß Schönebecker Jagdschloss

sche Wildtierarten in freier Wildbahn beobachtet werden können: Rot-, Dam-, Schwarz- und Muffelwild, Wisente, Elche oder auch Luchse. Aus sicherem Abstand kann man von einer Aussichtsplattform aus auch ein Wolfsgehege in Augenschein nehmen. Den großen Besucherparkplatz teilt sich der Wildpark mit dem benachbarten **Kletterwald Schorfheide**. Der große Waldseilgarten lädt mit sieben Parcours verschiedener Schwierigkeitsgrade zum Klettern und Hangeln ein.

Am Großen Döllnsee

Nicht nur das Jagdschloss Hubertusstock, noch ein weiteres großes Staatsdomizil der deutschen Vergangenheit findet sich in der Schorfheide, das seit Ende der DDR als Hotel fungiert. 1994 eröffnete am Großen Döllnsee das **Vier-Sterne-Haus ›Döllnsee-Schorfheide‹** in einem großzügigen Anwesen, das 1934/35 Hitler-Stellvertreter und NS-Reichsjägermeister Hermann Göring für einen Günstling hatte erbauen lassen. Es diente zunächst als Gästehaus für Görings Jagdschloss und Weihestätte Carinhall, die sich vor ihrer Sprengung am Südostufer des Großen Döllnsees befand. Das malerisch auf einer Landnase im Großen Döllnsee drapierte heutige Hotel-Gebäudeensemble

– weit mehr eines Schlosses würdig als das nicht weit entfernte Hubertusstock –, wurde zum Alterssitz Walter Ulbrichts. Von seiner Entmachtung 1970 bis zu seinem Tod 1973 verbrachte der einstige DDR-Staatschef am Großen Döllnsee seinen Lebensabend.

Die spärlich verbliebenen **Trümmer von Carinhall** lassen sich auf einem Spaziergang am Döllnseeufer entlang auffinden – am besten in einer vegetationsärmeren Jahreszeit, etwa im Vorfrühling oder im Spätherbst. Denn sonst sind sie nahezu vollständig überwuchert bzw. verschneit und daher schwer auszumachen. Um zu vermeiden, dass die wenigen Mauerreste zu einem Wallfahrtsort Ewig-Gestriger werden, hat man zumal von einer Ausschilderung abgesehen. Werner March (1894–1976), der Architekt des Berliner Olympiastadions, lieferte die Pläne für die Göringsche Sommerresidenz. Nach 1933 wuchs sie in mehreren Bauabschnitten aus dem Waldboden empor und erhielt den Namen von Görings 1931 verstorbener Frau Carin. In den Räumlichkeiten empfing der nationalsozialistische Reichsmarschall Staatsgäste, hielt rauschende Jagdgesellschaften ab und stellte sein zusammengeraubten Kunstschätze aus. 1945, als die Sowjetarmee nur noch we-

Groß Väter am gleichnamigen See

nige Kilometer entfernt stand, ließ Göring Carinhall in die Luft sprengen. Die
beiden Wächterhäuser mitten im Wald
am Ende der Auffahrtsstraße nach Carinhall sind dagegen bis heute erhalten
und werden privat bewohnt.

Anfahrt ab Hotel Döllnsee-Schorfheide:
700 Meter südlich vom Hotel in die
Straße ›Wucker‹ einbiegen, dem breiten
Tennenweg etwa vier Kilometer bis zu
einer breiteren Ausbuchtung mit einer
mächtigen Eiche folgen. Neben der Eiche zweigt ein verkrauteter Waldweg ab.
Was mit umgestürzten Bäumen zunächst
wie ein Pfad erscheint, entpuppt sich,
sobald man die Laub- und Moosschicht
abkratzt, als schmales Asphaltband; es
handelt sich um die Zufahrtsstraße nach
Carinhall. Im Halbrund führt sie in Rich-

tung See und mündet östlich auf Höhe
der beiden Wächterhäuser wieder in den
breiten Tennenweg ein. Am Uferhang
zwischen Asphaltband und Gewässer-
rand dehnte sich das Anwesen aus und
können Hobbyarchäologen noch ein paar
Trümmer entdecken.

In die Uckermark hinein

Groß Dölln, wenige Kilometer westlich
vom gleichnamigen See, liegt bereits jenseits der Regionalgrenze im Landkreis
Uckermark. In seinen Ursprüngen geht
das reizende Straßendorf mit geschlos-
senen Reihen niederer Kolonistenhäuschen auf eine im 18. Jahrhundert errichtete Glashütte am Döllnfließ zurück. In
den internationalen Fokus geriet es zu
DDR-Zeiten, als in seiner Gemarkung

Am Werbellinsee bei Altenhof

von 1952 bis 1956 für die sowjetischen Luftstreitkräfte der größte Militärflugplatz Europas entstand, zugleich Ausweichflughafen für das sowjetische Raumfahrtprogramm. 1994 zog die Rote Armee ab. 2013 ging ein Solarpark ans Netz, ein kleiner Flugplatz ging in Konkurs, und den größten Teil des riesigen Geländes nimmt seither das ›Drivingcenter Groß Dölln‹ ein. PKW-Hersteller testen hier ihre neuen Entwicklungen und die Bundeswehr oder deutsche Sicherheitsbehörden nutzen die Pisten für Fahrsicherheitstrainings. Im winzigen **Groß Väter** am Großvätersee, eine Gründung 1660 des Großen Kurfürsten, kommen vor allem Feriengäste auf ihre Kosten. Ein Erholungsheim der Staatssicherheit wurde nach der Wende von der Berliner Stadtmission

übernommen, saniert und ausgebaut und bietet heute viele Möglichkeiten zum Gruppenaufenthalt sowie Urlaub für die ganze Familie.

In seiner ursprünglichen Siedlungsstruktur noch nahezu original erhalten ist das **Kolonistendorf Bebersee**. Der idyllische Flecken geht auf eine Gründung in der Zeit Friedrichs des Großen im 18. Jahrhundert zurück und steht heute, mit nur wenigen Veränderungen in späterer Zeit, insgesamt unter Denkmalschutz. Einen Namen weit über Brandenburgs Grenzen hinaus hat sich das Dörfchen mit dem Bebersee Festival gemacht. Seit 2001 findet das hochkarätige internationale Kammermusikfestival in einem Hangar des ehemaligen sowjetischen Militärflughafens statt.

Barnim

ℹ️ **Schorfheide**

Touristeninformation Eichhorst, Am Werbellinkanal 13b, 16244 Schorfheide/OT Eichhorst, Tel. 03335/330934, April–Sept. tgl. 10–18, Okt. tgl. 10–16 Uhr. www.schorfheide.de
Schorfheide-Info Joachimsthal, Töpferstraße 1, 16247 Joachimsthal, Tel. 033361/63380, April–Sept. Mo–Sa 10–16, Okt. Mo–Fr 10–16, Nov.–März Fr 10–16 Uhr. www.joachimsthal.de
Touristeninformation Groß Schönebeck, Schloßstraße 6 (in der Remise des Jagdschlosses), 16244 Schorfheide/OT Groß Schönebeck, Tel. 033393/65777, Mai–Sept tgl. 10–12.30 und 13–17 Uhr, sonst bis 16 Uhr. www.schorfheide.de

🛏️ ❌

Hotel Döllnsee-Schorfheide, Döllnkrug 2, 17268 Templin/OT Groß Dölln, Tel. 039882/630, DZ/F ab 100 €. Vier-Sterne-Anwesen auf einer Landnase im Großen Döllnsee; Hallenbad, Wellness, Badehaus am See, Ruderboot- und Fahrradverleih; Spezialität des Restaurants sind Fisch- und Wildgerichte sowie verfeinerte uckermärkische Küche. www.doellnsee.de

Café Wildau, Wildau 19, 16244 Schorfheide/OT Eichhorst, Tel. 033363/52630, DZ/F ab 100 €, in der Pension (Mai–Sept.) 80 €. Traumhaft am südwestlichen Werbellinseeufer gelegen, mit Gartenterrasse und eigenem Schiffsanleger, Fahrradverleih; ab 1894 Gästehaus des nahen Jagdschlosses Hubertusstock, ab 1918 Sitz der Forstverwaltung, in der DDR beliebtes Ausflugslokal, 2006–2009 als Hotel und Restaurant komplett neu aufgebaut. Die Speisekarte bietet leichte kreative Gerichte in einem Mix aus frischen Erzeugnissen der Region kombiniert mit mediterranen Einflüssen. www.cafe-wildau.de
Ringhotel Schorfheide, Hubertusstock 2, 16247 Joachimsthal, Tel. 033363/505, DZ/F ab 92 €. Schickes Businesshotel auf dem Gelände vom Jagdschloss Hubertusstock, die Zimmer sind modern designt, die Suiten befinden sich im Jagdschloss, Fahrradverleih; das Restaurant ›Von Hövel‹ serviert gehobene saisonale Küche, aber auch das notorische Schnitzel fehlt nicht auf der Karte. www.ringhotel-schorfheide.de
Pension Poppe, Dorfstraße 13, 16244 Schorfheide/OT Altenhof, Tel. 033363/

3226, DZ/F 65 €. Gepflegtes Haus im Örtchen Altenhof am Werbellinsee, familiengeführt, die Zimmer funktional; im Restaurant gibt es schmackhafte heimische Gerichte, Wild aus der Schorfheide, Zander oder Maräne aus den Seen, gutbürgerlich zubereitet. www.pensionpoppe.de

Pension Altermann, Liebenwalder Straße 31, 16244 Schorfheide/OT Groß Schönebeck, Tel. 033393/70212, DZ/F 60 €. Hübscher eingeschossiger Klinkerbau am Ortsrand mit Blick auf weite Wiesen und Weiden; die Zimmer sind hell und freundlich in Kiefernholz; es gibt Wellnessangebote und Fahrradverleih. www.pension-schorfheide.de

Campingplatz Am Spring, Seerandstraße am Hubertusstock, 16247 Joachimsthal, Tel. 033363/4232, ganzjährig. Sehr gepflegter Vier-Sterne-Platz am Südwestufer des Werbellinsees; Minimarkt, Gaststätte, Badewiese, Fahrrad-, SUP- und Bootsverleih. www.camping-spring.de

Alte Fischerei, Am See 3, 16244 Schorfheide/OT Altenhof, Tel. 033363/3141. Fischräucherei und Fischrestaurant in wunderbarer Lage am Werbellinsee, die Speiseterrasse schwebt über dem Wasser mit Blick auf den Sonnenuntergang. Die Karte verzeichnet frischen Süßwasserfisch aus heimischen Gewässern und zugekauft Meeresfisch, solide zubereitet, einige Fleischgerichte, Pommes, Suppen und Salat gibt es natürlich auch.

Gaststätte ›Zum Seewolf‹, Seerandstraße 16, 16247 Joachimsthal, Tel. 033361/71045, Di–So 9–17 Uhr. Rustikale ›Kombüse‹ im Hafen der Fischerei Werbellinsee am Nordufer neben der Marina Werbellinsee. ›Fastfood vom Feinsten‹ hat 2015 der ›Der Feinschmecker‹ zu den Fischgerichten geschrieben. Dem ist nichts weiter hinzuzufügen. www.fischerei-werbellinsee.de

Jagdschloss Hubertusstock, Ringhotel Schorfheide, Hubertusstock 2, 16247 Joachimsthal, Besichtigung des Geländes Mai–Sept. immer So 12–16 Uhr (vorher an der Hotelrezeption melden).

Biorama, Am Wasserturm 1, 16247 Joachimsthal, Tel. 033361/64931; Ostern bis Ende Oktober Do–So 11–18 Uhr. www.biorama-projekt.org

Hörspielbahnhof im Kaiserbahnhof, Bahnhof Werbellinsee 2, 16247 Joachimsthal, Tel. 033361/583, April/Mai und Sept./ Okt. Fr–So 11–15 Uhr, Juni–August Fr–So 11–16 Uhr; in der ›Hörspielsaison‹ (Ende Juli–Anfang Sept. Sa/So bis 18 Uhr. Führungen jeden Sa 17 Uhr. www.hoerspielbahnhof-joachimsthal.de

Holzschuhmachererlebniszentrum, Dorfstraße, 16247 Friedrichswalde, Tel. 033367/ 371, April–Okt., Anmeldung mindestens 14 Tage vorher erforderlich.

Schorfheidemuseum, Schloßstraße 6 (im Jagdschloss Groß Schönebeck), 16244 Schorfheide/OT Groß Schönebeck, Tel. 033393/65272, Mai–Sept. tgl. 10–12.30 und 13–17 Uhr, Okt.–April tgl. 10–12.30 und 13–16 Uhr. www.jagdschloss-schorfheide.de

Kutschenhof Groß Schönebeck, Ernst-Thälmann-Straße 4, 16244 Schorfheide/OT Groß Schönebeck, Tel. 0171/7819048, tgl. 10–18 Uhr. www.kutschenhof.gross-schoenebeck.de

Naturbeobachtungspunkt Althüttendorf, Grimnitzer Straße 1b, 16247 Althüttendorf, April Mo–Fr 10–14, Mai–Aug Mo–Fr 10–14, und So 13–16 Uhr.

Besucher- und Informationszentrum Geopark, Zur Mühle 51, 16247 Ziethen/OT Groß-Ziethen, Tel. 01573/1359023, April–Okt. Mi–So 10–16 Uhr. www.geopark-eiszeitland.de

Taubenturm Glambeck, Wolletzer Weg, 16247 Friedrichswalde/OT Glambeck, Tel. 033361/71521, tgl. 10–18 Uhr. www.glambeck-schorfheide.de

Kranich-Informationszentrum Parlow, Hof 25b, 16247 Friedrichswalde/OT Parlow, Tel. 033361/649064, April–Sept. Sa/So 12–16 Uhr. www.kranichdorf.de

Naturwacht Groß Schönebeck, Bahnhof Groß Schönebeck, Bahnhofstraße 2, 16244 Schorfheide/OT Groß Schönebeck, Tel. 033393/63819, Mo–Fr 9–15 Uhr.

Wildpark Schorfheide, Prenzlauer Straße 16, 16244 Groß Schönebeck, Tel. 033393/65855, tgl. 9–19 Uhr.
www.wildpark-schorfheide.de

Kletterwald am Wildpark Schorfheide, Prenzlauer Straße 16, 16244 Schorfheide/OT Groß Schönebeck, Tel. 03338/330841, März–Nov. Fr 14–19, Sa/So 10–19 Uhr in den Schulferien in Berlin/Brandenburg tgl. 10–19 Uhr.(ab Okt. bis 2 Std. vor Sonnenuntergang).
www.kletterwald-schorfheide.de

Grimnitzer Glastage, eine Woche im August Schauvorführung, Ausstellungen und Veranstaltungen in der Glashütte Grimnitz in Joachimsthal,
Info unter www.glashuettegrimnitz.de.

Glambecker Claviermusiken, jährlich 15 Klavierkonzerte international renommierter Künstler in der kleinen Glambecker Dorfkirche, Infos unter Tel. 033367, www.glambeck-schorfheide.de.

Bebersee Festival, Kammermusikfestival Ende August/Anfang Sept. in der Schorfheide, Infos bei der Uckermärkischen Kulturagentur, Tel. 03984/833973, www.bebersee.de

Werbellinsee-Kreuzfahrten, Reederei Wiedenhöft, Seerandstraße 23, 16247 Joachimsthal, Fahrplaninfo: Tel. 033361/474, Mitte April–Mitte Okt.
www.werbellinsee-schorfheide.de

Boots- und Fahrradverleih Am Breten, Altenhofer Dorfstraße 3, 16244 Schorfheide/OT Altenhof, Tel. 0170/4843516 (Station Am Breten), Tel. 0151/50653786 (Station am EJB), Juli/Aug. tgl. 10–19 Uhr, Mai/Juni und Sept./Okt. tgl. außer Fr und Mo 10–18 Uhr. Fahrräder, Ruder-, Motor- und Tretboote.
www.altenhof-werbellinsee.de/breten.htm

Campingplatz Am Spring (s.o.), Ruder- und Tretboote.

Marina Werbellinsee, Seerandstraße 17, 16247 Joachimsthal, Tel. 033361/71052, Jachtcharter und Solarcruiser-Vermietung.
www.marina-werbellinsee.de

Boots- und Fahrradverleih Am Breten, s. o.

Reit- und Fahrtouristik Sander, Prenzlauer Straße 14, 16244 Schorfheide/OT Groß Schönebeck, Tel. 033393/65701. Ausritte, Kutsch- und Kremserfahrten in die Schorfheide. www.reittouristik-sander.de

Werbellinsee: bewirtschaftete Badewiese in Altenhof (Ostufer); große bewachte Badewiese mit Nichtschwimmerbereich, Gastronomie und WC am EJB Werbellinsee (Ostufer); zwei Badewiesen am Nordwestufer an der Landstraße sowie zwei weitere am Südwestufer beim Gasthaus am Spring/La Fonte und nebenan auf dem Campingplatz Am Spring.

Grimnitzsee: Badewiese in Joachimsthal unterhalb der Burgruine Grimnitz; Badestrand bei Althüttendorf kurz vor dem nördlichem Ortsausgang; Badewiese am Nordufer bei der Gaststätte ›Leistenhaus‹ (2 € Erw., 1 € Kinder).

Groß-Väter-See; Badewiese mit kleinem Sandstrand im Feriendorf; Naturbadewiese gegenüber am Nordufer kurz nach dem Ortseingang; Waldbadestelle am Südscheitel der Bucht.

Krummer See: Badewiese in Friedrichswalde, auf Höhe der Kirche in die Seestraße einbiegen.

Barnim

›Toskana des Nordens‹ wird die Uckermark auch genannt – nicht nur wegen der zahlreichen Seen, dem reizvollen Hügelland oder den schmucken Ackerbürgerstädtchen mit ihren oft noch mittelalterlichen Mauern. Schon zu DDR-Zeiten hat es Künstler in den Brandenburger Nordosten gezogen. Heute folgen ihnen Naturliebhaber, die mit dem Rad, dem Boot oder auf Schusters Rappen das Geheimnis der Entschleunigung für sich entdecken.

Am Marktplatz von Angermünde

UCKERMARK

Templin und Umgebung

›Perle der Uckermark‹ wird Templin genannt. Eingebettet in sanfte Hügel, Wiesen und Wälder und von sechs Seen umgeben, ist das historische Zentrum des 16 000-Einwohner-Städtchen von einer 1735 Meter langen, bis zu 7 Meter hohen, **komplett erhaltenen Feldsteinstadtmauer** umzogen. Die Ende des 13./Anfang des 14. Jahrhunderts errichteten Wehrmauern, die im Oval die Altstadt umschließen, sind die größte Sehenswürdigkeit von Templin und auf jeden Fall einen Spaziergang über die schmale Gasse in ihrem Schatten wert. Hübsche Fachwerkhäuser und Wohnhäuser mit klassizistischen Fassaden zieren die kopfsteingepflasterten Straßen im historischen Zentrum. Darüber hinaus punktet die flächenmäßig achtgrößte (!)

deutsche Stadt und staatlich anerkannter Erholungsort mit einem hohen Freizeitwert. Radeln, Wandern, Paddeln in der schönen Natur, Baden im frischen Seewasser oder in warmer Thermalsole, die Fahrrad-Draisine oder auch die Westernstadt El Dorado stehen auf dem Programm.

Geschichte

Wann genau Templin gegründet wird, lässt sich nicht mit Sicherheit sagen. Dokumentiert ist das Jahr 1270, in dem ›Templyn‹ erstmals in einer Urkunde erscheint; die Ortsgründung findet vermutlich schon ein halbes Jahrhundert früher statt. Trotz der günstigen Lage am Schnittpunkt mehrerer Handelswege ist den Templinern kein Glück beschieden. Immer wieder wird das Städtchen von Dürren und Hochwassern und vor allem verheerenden Stadtbränden heimgesucht. Im Dreißigjährigen Krieg erleidet es weitere schlimme Verwüstungen. Die Region ist Durchmarschgebiet der schwedischen Truppen, und auch der Schwarze Tod rafft die Menschen dahin. Am Ende des Krieges 1648 sind von einst 413 Templiner Familien nur noch 30 übrig geblieben.

Ein nächstes einschneidendes Ereignis stellt der große Stadtbrand von 1735 dar. Innerhalb weniger Stunden verschlingen die Flammen Templin. Der Wiederaufbau erfolgt als regelmäßige, schachbrettartige Anlage, so wie man sie heute noch, über Kopfsteinpflaster spazierend, erkunden kann.

Obwohl Kreisstadt ab 1817, baut man die neuen Fernstraßen am Ort vorbei. Templin wird dadurch wirtschaftlich buchstäblich abgehängt. Hundert Jahre später löscht ein Bombenangriff 1944 viele Menschenleben und zwei Drittel

Das Berliner Tor

der Innenstadt aus. Nach dem Ende des Zweiten Weltkriegs machen sich die Templiner an den Wiederaufbau. Neben Land- und Forstwirtschaft bringen der VEB Bekleidungswerk, der VEB Sägewerk und der VEB Möbelwerk die Einwohner in Lohn und Brot.

Mit dem Sommerzeltlager ›Klim Woroschilow‹, 1958 bei Hindenburg am Röddelinsee eröffnet, wird Templin auf die touristische Landkarte gesetzt. Zwei Jahre später entstehen dort die ersten festen Bauten und ab 1975 immer mehr Bungalows, bis das Templiner Pionierferienlager eines der größten der DDR ist. Eine weitere Wegmarke in Templins Karriere als Sommerfrische ist 1984 die Einweihung des zwölfgeschossigen FDGB-Ferienheims ›Friedrich Engels‹ am Lübbesee (heute das Ahorn-Seehotel). Bereits im Jahr darauf bekommt die Stadt den Titel ›Staat-

lich anerkannter Erholungsort‹ verliehen. 1994 und 1998 wird er erneuert, und seit der Eröffnung der NaturTherme im Jahr 2000 darf sich Templin außerdem Thermalsoleheilbad nennen.

Ein Altstadtrundgang

Auf den Mauerresten des während der Feuersbrunst 1735 niedergebrannten Vorgängers wurde die **Maria-Magdalenen-Kirche** im Herzen der Altstadt errichtet und 1749 eingeweiht. Der Rokoko-Orgelsprospekt stammt noch aus jener Zeit, die Schnitzmöbel in der Sakristei datieren auf das 17. und 18. Jahrhundert. Man kann den Kirchturm erklimmen, bekommt unterwegs im Dachstuhl die drei eindrucksvollen Kirchglocken und das alte Uhrwerk zu sehen und kann, oben angelangt, einen herrlichen Rundblick über die Dächer Templins genießen.

Uckermark

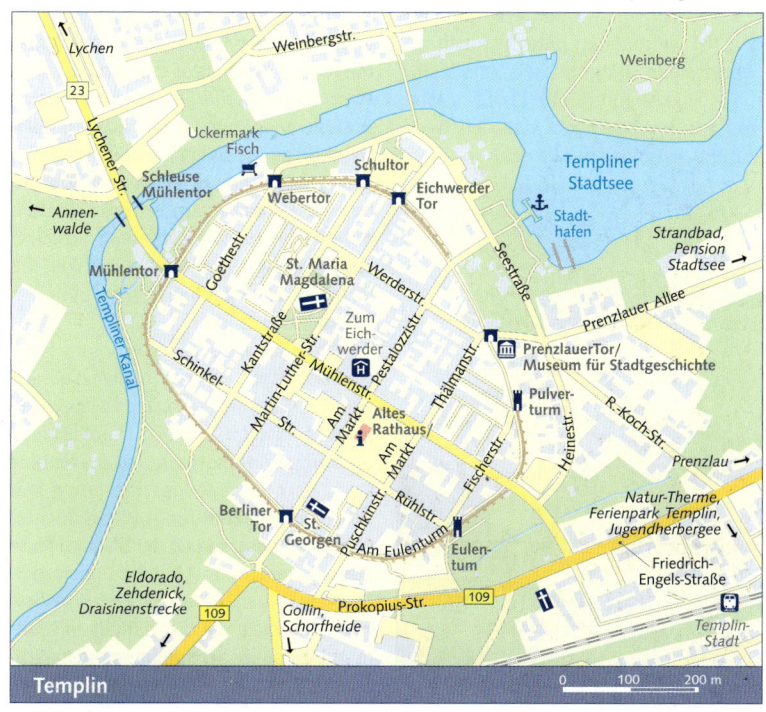

Ein zweites bedeutendes Templiner Bauwerk ist das **Alte Rathaus** am Markt. Wie die Maria-Magdalenen-Kirche wurde es nach Plänen des königlich-preußischen Oberbaudirektors Karl Samuel Schmidt nach dem großen Stadtbrand neu erbaut. Als barocker Putzbau nahm es bis 1748 Gestalt an, wurde nach seiner Teilzerstörung durch einen Bombenangriff im Frühjahr 1944 zwischen 1963 und 1966 in seiner überlieferten Form wiedererrichtet und dient heute u.a. als Domizil für die **Touristeninformation**. Wenig südlich von dort ist das **Berliner Tor** schnell erreicht. Der backsteingotische Turm ist das jüngste der drei Templiner Stadttore, die von Anfang bis Mitte des 14. Jahrhunderts entstanden. In der Nachbarschaft hat die **St.-Georgen-Kapelle** den Stadtbrand von 1735 heil überstanden. Der kleine Backsteinsaalbau des ehemaligen St.-Georgs-Hospital aus dem 14. Jahrhundert hütet als kostbaren Schatz einen spätgotischen Schnitzaltar mit Heiligenfiguren (um 1500). Woher und von wessen Hand das Kunstwerk stammt, ist nicht bekannt.

Der Pulverturm

Das Alte Rathaus von Templin

Im Nordwesten erhebt sich an der Stadtmauer das **Mühlentor**, ein zweigeschossiger quadratischer Turm mit schönem Maßblendwerk im Giebel, durch dessen spitzbogige Tordurchfahrt einst die Fuhrwerke von Lychen her in die Stadt rollten. Um die Ecke liegt am Templiner Kanal, unterhalb der 1895 erbauten Schleuse Templin, die ›Uckerperle‹ vor Anker, die ihre Passagiere zu Rundfahrten über den Röddelinsee trägt.

Das **Prenzlauer Tor** mit Vortor und Zwinger schließt die Altstadt im Osten ab. Bereits 1957 eröffnete in seinen Mauern ein Heimatmuseum. Bis 2010 fungierte es als Volkskundemuseum und präsentiert sich nach umfassender Sanierung seit 2012 als **Museum für Stadtgeschichte**. Nicht weit entfernt ragt der backsteinerne **Pulverturm** auf. Im 15. Jahrhundert wurde er aus einem der insgesamt 50 Wiekhäuser heraus, die die Templiner Stadtmauer zählt, als Schießpulver-Lagerstätte aufgebaut.

Karte S. 123

Ein weiteres zum Turm ausgebautes Wiekhaus stellt der **Eulenturm** dar. Rund und klobig steht der massige Feldsteinbau seit dem 14. Jahrhundert am Ende der Rühlstraße an der südlichen Stadtumwallung. In seinen Mauern wurden im Mittelalter Gauner gefangengesetzt. Heute schmückt den Turm die Templiner Stadtfahne.

Aus den Toren zur Altstadt hinaus

Folgt man dem Prenzlauer Tor zur Altstadt hinaus, ist man nur einen Katzensprung entfernt am Templiner Stadtsee mit **Stadthafen**, Bootsverleih und Dampferanleger für Ausflugspartien über das Templiner Seenkreuz angelangt. Einen etwa 20-minütigen Spaziergang weiter kann man im **Strandbad am Stadtsee** in die Fluten eintauchen.

Spaziert man in die entgegengesetzte Richtung aus dem Berliner Tor zur Innenstadt hinaus, warten an der Basisstation südlich vom Templiner Bahnhof **Fahrrad-Draisinen** auf Ausflügler. Mit der Stilllegung der Eisenbahnstrecke Templin–Lychen–Fürstenberg schlug 1996 die Geburtsstunde der beliebten touristischen Raddraisinenlinie. Auf 30 Kilometern Länge führt sie über das alte Bahngleis durch die stille Landschaft des Naturparks Uckermärkische Seen über Lychen nach Fürstenberg. Im Angebot sind auch Draisinen mit Elektro-Motor. Wer mehr auf echte Rösser als auf Drahtesel schwört, auf Cowboy-Saloons und Indianer-Shows, ist in der **Westernstadt Eldorado** goldrichtig. Im Freizeitpark am Röddelinsee feiert der Wilde Westen in der Kulisse einer alten US-Goldgräberstadt Auferstehung und ist ein Spaß für die ganze Familie.

Mehr noch ist Templin für seine **Natur-Therme** bekannt. Aus 1650 Meter Tiefe tritt die 57 Grad warme Thermalsole an die Oberfläche und wird, auf wohlige Körpertemperaturen heruntergekühlt, für Dampfbäder drinnen und draußen, Wellen- und Sprudelbecken, Blubber-Geysir und Grottengang mit künstlichen Wasserfällen genutzt. Zum Wohlfühlprogramm zählen außerdem eine Saunalandschaft, Rasul und Hamam.

Uckermark

Mit Fahrrad-Draisinen auf dem Weg von Templin nach Lychen

Templin, Umgebung

Ausflüge in die Umgebung

Märchenhaftes erwartet einen im Flecken **Metzelthin**, etwa zwölf Kilometer nördlich von Templin (Anfahrt über Klosterwalde). Vom einstigen Rittergut, 1375 erstmals als ›Müsseltyn‹ erwähnt, ist heute zwar nicht mehr als eine Scheune und eine Stallanlage übriggeblieben. Dafür haben Schauspieler und Märchenerzähler das abgeschiedene Dorf für sich entdeckt. Ein dem Abriss geweihter Wirtschaftshof wurde von ihnen gerettet und 2011 in einen Musentempel umfunktioniert. Seitdem finden im ›Uckermärkischen Nationaltheater Kulturgut Metzelthin‹ alljährlich im Sommer Theaterprojekte, Konzerte, Lesungen, Ausstellungen statt. Die lieben Kleinen kommen im ›Mär-chenland Metzelthin‹ auf ihre Kosten. Hexenhaus und Märchenbrunnen, mit Froschkönig, versteht sich, Abenteuerspielplatz, Feldsteinbackofen, Puppenbühne und vieles mehr auf dem Gelände nahe dem östlichen Ortseingang lassen Kinderherzen höher schlagen.

Etwa acht Kilometer südlich von Templin liegt das 370 Einwohner kleine, idyllische **Vietmannsdorf** am Polsensee. Ein paar Kopfsteinpflasterstraßen, von Kolonistenhäuschen gerahmt, eine auf das Mittelalter zurückgehende Dorfkirche und für die zünftige Einkehr der Landgasthof ›Askanien‹ zählen zu den besonderen Attraktionen. Das benachbarte **Dagersdorf** ziert eine von 1749 stammende Fachwerkkirche.

Hammelspring

Das Dörfchen Hammelspring geht auf eine Kolonistensiedlung im 13. Jahrhundert zurück. An der Wende zum 18. Jahrhundert lassen sich hier, gut sieben Kilometer südwestlich von Templin, zehn Hugenottenfamilien nieder. Aus jener fernen Zeit noch erhalten ist das **Hugenottenhaus**, 1762 als Lehmfachwerkhaus errichtet. Infolge des Leerstands seit Ende der 1960er Jahre verfiel es zur Ruine und wird seit 2011 von einem regen Verein wieder aufgebaut. Dach und Außenhülle sind mittlerweile wieder hergestellt, und eines schönen Tages soll der Fachwerkbau als Bürgerhaus mit Hugenotten-Museum eröffnen. Von seiner Schokoladenseite zeigt sich das Dorf mit der **Chocolaterie Hammelspring**, wo einem die handgefertigten Süßigkeiten das Wasser im Mund zusammenlaufen lassen.

Am südlichen Ortsende zweigt eine Schotterpiste zur **Kannenburger Schleuse** ab. Seit der Wiedereröffnung der Templiner Schleuse 2005 ist Templin über den gleichnamigen Kanal und den Röddelin-

Im Künstlerdorf Annenwalde

see wieder mit der Havel verbunden. Und während die Boote in die handbetriebene Schleuse Kannenburg einfahren, lädt nebenan der **Tinkerhof Kannenburg** mit seiner Gaststätte zur Jause ein.

Annenwalde

Das Künstlerdorf Annenwalde, gut acht Kilometer nordwestlich von Templin, erscheint wie ein Bilderbuch-Dörfchen. Rund um die nach dem Schinkelschen Generalentwurf gebaute **Dorfkirche** ducken sich niedere Fachwerkhäuser. Dazu gesellen sich ein Pferdehof, ein kleiner Hofladen und gegenüber die Gastwirtschaft ›Kleine Schorfheide‹, die alle zusammen dem Ort einen entzückenden, geradezu malerischen Anstrich verleihen. Seinen Anfang nimmt es mit der Gründung einer Glashütte, die 1753 auf dem wüst gefallenen Siedlungsplatz Densow errichtet wird. Zwei Handvoll Kolonistenfamilien lassen sich auf dem Flecken mitten im Wald nieder, den man nach seiner Mitgründerin, der Amtsrätin Anna Magarethe Zimmermann, ›Annenwal-

Die Kannenburger Schleuse

Uckermark

In der Kirche von Annenwalde

de‹ nennt. Ins Jahr 1754 fällt seine erste urkundliche Erwähnung. Das neue Dorf Densow entsteht bald darauf keine zwei Kilometer nördlich. (Die romantische Allee dorthin aus holprigem Kopfsteinpflaster und uralten Linden wurde 2012 vom BUND zur ›Allee des Jahres‹ gekürt.) Über 100 Jahre lang wird in der königlich-preußischen Glasmanufaktur in Annenwalde Grünglas produziert, bis sich 1865 der Betrieb nicht mehr rentiert. Noch einmal mehr als 100 Jahre verstreichen, als man sich auf das alte Glasmacherhandwerk zurückbesinnt und 1995 den Verein ›Glashütte Annenwalde‹ ins Leben ruft. Bereits im Jahr 2000 wird der Neubau der **Glashütte Annenwalde** feierlich eingeweiht, wo der Glasgestal-

ter und Bildhauer Werner Kothe seither gläsernes Kunsthandwerk schafft. Bei Führungen kann man das Glasmachen miterleben. Ausstellungen der eigener Glaskunst sowie von anderen Künstlern, in der Glashütte und im Gutspark, runden das Angebot ab.

Vom ehemaligen Gut Annenwalde, 1754 von Johann Friedrich Zimmermann gegründet, besteht noch der alte **Gutspark** am Ufer des Densowsees. Neben den ausgestellten Glasskulpturen, einem Literatur- und Baumwanderweg ist dort der **nördlichste Weinberg Brandenburgs** die Attraktion. Aus seinen Reben wird ein roter Tropfen gekeltert, den man in der Besenwirtschaft der Glashütte verkosten oder auch ein Fläschchen davon erwerben kann.

Ein schöner Wanderweg führt vom Park aus rund um den Densowsee am Rande des **NSG Kleine Schorfheide**. Die Sanderflächen des von Havel, Woblitz und Schulzenfließ durchzogenen Naturschutzgebiets sind von Moorwäldern, Zwergstrauchheiden und Trockenrasen geprägt und dienten bis zum Abzug der Sowjets 1994 als Truppenübungsplatz. Heute sind hier Kranich und Fischotter, Fisch- und Seeadler und vor allem der Biber zuhause. Wo der Ragöser Bach aus dem südlichsten Zipfel des Densowsees ausfließt haben die putzigen Nager eine gewaltige **Biberburg** errichtet, damit den Bachlauf gestoppt und eine Art Wiesenflachsee kreiert. Vom Aussichtsturm ›Biberblick‹ herab kann man Meister Bockerts Bautätigkeit trockenen Fußes beobachten.

Alt Placht

Nur ein paar Seeadlerflügelschläge von Annenwalde und Densow entfernt steht beim winzigen Flecken Alt Placht das **Kirchlein im Grünen**. Es wird um 1700 anstelle eines mittelalterlichen Vorgän-

Uckermark

Das Kirchlein im Grünen in Alt Placht

gers als schlichter reetgedeckter Fachwerkbau für das Gut Alt Placht errichtet und übersteht als einziges Gebäude den Großbrand, der 1758 das ganze Dorf vernichtet. 1899 erfolgt der Verkauf der Liegenschaft an den Staat Preußen. Die Landwirtschaft wird weitgehend eingestellt, die Äcker aufgeforstet und Alt Placht zum Sitz einer Oberförsterei gemacht. Die ehemalige Gutskapelle hat keine Funktion mehr und wird dem Verfall preisgegeben. Wind und Wetter nagen am Gotteshaus. 1980 schließlich wird die Bronzeglocke, 1721 gegossen, nach Berlin verkauft. Für den geplanten Abriss fehlt zum Glück das Geld. Dann kommt die Wende, und eine Initiative zur Rettung des Kirchleins gründet sich.

Maßgeblich beteiligt daran ist Pfarrer Horst Kasner, der Vater von Bundeskanzlerin Angela Merkel. 1993 beginnen die Restaurierungsarbeiten, im Jahr darauf kann das fachwerkgeschmückte Kleinod neu eingeweiht werden. Seit 1995 erklingt auch wieder die alte Bronzeglocke. Das Kirchlein im Grünen dient heute gleichermaßen für Gottesdienste, Lesungen und Konzerte und ist außerdem ein beliebtes Ausflugsziel. Eine RadDraisinen-Station liegt in der Nähe, und verschiedene Wanderwege durch schönen Laubwald kreuzen am Gotteshaus. 500-jährige Linden mit meterdicken Stämmen spenden Schatten, davor ist ein kleiner Picknickplatz eingerichtet. Das Kirchlein steht ganzjährig offen.

Templin und Umgebung

Vorwahl: 03987
Postleitzahl: 17268
Touristeninformation, Am Markt 19 (im Alten Rathaus), Tel. 2631, Mai–Sept. Mo–Fr 9–18, Sa/So 10–15 Uhr, Okt.–April Mo–Fr 9–17 Uhr.
www.templin.de

Stadtsee-Pension, Prenzlauer Allee 22, Tel. 409541, DZ/F ab 77 €. Freundliche Backsteinvilla neben dem Strandbad am Stadtsee, zehn Spazierminuten vom Ortskern entfernt, die Zimmer präsentieren sich im Kiefernholzschick; mit Fahrrad- und Ruderbootverleih.
www.stadtseepension-templin.de
Hotel Garni Zum Eichwerder, Werderstraße 38, Tel. 4941410, DZ/F ab 75 €. Freundliches kleines Hotel mit gepflegtem Mittelklassekomfort im Herzen der Altstadt von Templin.
www.hotel-garni-zum-eichwerder.de
Ferienpark Templin, Am Kurpark 1, Tel. 401610, FeWos ab 79 €. Aparte Siedlung aus 56 zweigeschossigen Neubauten mit Ferienwohnungen, etwas außerhalb am südlichen Ortsende direkt neben der Therme; Restaurant und Fahrradverleih vor Ort.
www.ferienpark-templin.de
Pension Kleine Schorfheide, Annenwalde 13, OT Densow, Tel. 54074, DZ/F ab 80 €. Lauschiger Landgasthof an der Dorfstraße, die Zimmer sind praktisch gemütlich, im Restaurant gibt es uckermärker Köstlichkeiten, leicht und delikat aus frischen Zutaten der Region zubereitet.
www.kleineschorfheide.de
Radler- und Jugendherberge Templin, Ringstraße 22, Tel. 4945398, Bett in der Radlerherberge (inkl. Wäsche) 23,50 €/pP, Bett in der Jugendherberge (ohne Wäsche) 13 €/pP, zzgl. Frühstück 6 €, Bettwäsche 5 €, Handtücher 3 €. Zentrumsnahe Unterkunft südlich der Altstadt, die Zwei- und Vierbettzimmer mit Dusche/WC sind funktional ausgestattet.
www.jugendherberge-templin.de

Camping am Fährsee, Fährkrug 1b, Tel. 200114, ganzjährig. Am Fährsee auf einem schmalen Uferstreifen; mit Badestellen, Minishop; in der Nachbarschaft das Hotel ›Am Fährkrug‹ mit Restaurant.
www.camping-am-faehrsee-templin.de
Naturcamp Gleuensee, Gleuensee 1, OT Klosterwalde, Tel. 0175/2713318, ganzjährig. Großzügig parzelliert im Kiefernwald, viele Dauercamper, leicht hügelig und zum Badesee abschüssig; Gaststätte und behindertengerechte moderne Sanitärausstattung.
www.naturcamp-gleuensee.de
Naturcamp Röddelin, Dorfstraße 23a, OT Röddelinsee, Tel. 54222, Alleinlage unter Kiefern am Seeufer, sehr ruhig, mit Bootsverleih und Badewiese, Bungalows.
www.camping-templin.de.
Wohnmobil-Stellplatz: direkt am Kanal im Norden der Altstadt Knehdener Straße, Ecke Lychener Straße (Ver- und Entsorgung), außerdem auf dem Parkplatz der Naturtherme Templin (nur Stromautomat, keine Ver-/Entsorgung).

Restaurant Kleine Schorfheide, s.o. ›Hotel‹. Das Restaurant im romantischen Annenwalder Landgasthof bietet mit Liebe zum Detail zubereitete feine Gerichte der Saison und uckermärker Köstlichkeiten, leicht und delikat aus frischen Zutaten der Region.
Landgasthof Askanien, Storkower Straße 34, OT Vietmannsdorf, Tel. 039882/499631. Im Speisesaal und im Biergarten leckere Landküche, Deftiges und Spezialitäten der Region aus Topf und Pfanne.
www.landgasthof-askanien.de
Chocolaterie Hammelspring, Templiner Straße 36, OT Hammelspring, Tel. 209033, Mo–Sa 10–17 Uhr.
www.chocolaterie-hammelspring.de
Uckermark Fisch, Am Webertor 1, Tel. 2546, Juli/Aug. tgl. 8–16 Uhr, Nov.–Feb. 9–15 Uhr, sonst Di–So 8–16 Uhr. Fisch zum Mitnehmen, fangfrisch oder geräuchert.

Museum für Stadtgeschichte, im Prenzlauer Tor, Tel. 2000526,Mai–Sept. Di–Fr 10–17, Sa/So 13–17 Uhr, Okt.–April Di–Fr 10–16, Sa/So 13–15 Uhr. www.museum-templin.de
Glashütte Annenwalde, Annenwalde 28, OT Densow, Tel. 200250, Di–So 11–17 Uhr. www.glashuette-annenwalde.de
Westernstadt El Dorado, Am Röddelinsee 1, Tel. 20840, April–Mitte Juli und Sept. Sa 10–18, So 10–17 Uhr, ab Mitte Juli–Ende Aug. Sa 10–18, So 10–17 Uhr. www.eldorado-templin.de

Dampferpartien finden von April–Okt. statt.
Ab Stadthafen Templin: Schleusen- und Kanaltour sowie 5-Seenrundfahrt, Fahrplaninfo Tel. 202718.
www.dampfer-templin.de
Ab Schleuse Templin am Mühlentor: Kreuzfahrten auf dem Röddelinsee sowie Ausflugsfahrten zum Ziegeleipark nach Mildenberg, Fahrplaninfo Tel. 3384. www.uckerperle.de

Bootsverleih am Eichwerder/Stadthafen, Seestraße 4, Tel. 53661. Motor-, Paddel- und Tretboote.
www.bootsverleih-bootsshop-froehnel.de
Bootsverleih am Lübbesee, Heimstraße 46, Tel. 409550. Kajaks, Ruder-, Elektro- und Paddelboote unweit vom großen Badestrand des Ahorn-Seehotels, mit Imbiss-Betrieb. www.urlaub-templin.de
Biberburg-Tours Floß-Miete, Weg zum Röddelinsee, OT Hindenburg (auf Höhe Dorfstraße 49 zum Röddelinsee einbiegen), Tel. 03331/288. Führerscheinfreie Floß-Hausboote für entspannte Urlaubstage auf dem Wasser; die Marina am Röddelinsee bietet außerdem Ferienwohnungen auf dem Hafengelände, Badewiese sowie Kanu-Ausleihe für mehrtägige Wasserwanderungen.
www.floss-miete.de

Radcenter Templin, Pestalozzistraße 21, Tel. 439452.
www.radcenter-templin.de
Fahrrad-Draisine, Tagestour von Templin bis Lychen, April–Okt. Abfahrt 9–12 Uhr ab Bahnhof Templin, Zehdenicker Straße 30, Fahrtrichtungswechsel 14 Uhr (Rückgabe bis 18 Uhr); Tel. 03377/3300850. www.erlebnisbahn.de

Pferdehof Annenwalde, Annenwalde 27, OT Densow, Tel. 01520/3803550. Ausritte, Springreiten, Reitunterricht. www.pferdehof-annenwalde.de

NaturThermeTemplin, Dargersdorfer Straße 121, Tel. 201200, tgl. 9–21 Uhr. www.naturthermetemplin.de
Strandbad Templin, Prenzlauer Allee 26, Tel. 0172/7841801. Mit Tauchbasis, Bootsverleih, Zeltplatz und Ferienhüttenvermietung.
www.wassersport-templin.de
Großer Badestrand am Lübbesee, mit Strandbar, Beachvolleyball, Liegen, Sonnenschirmen, Kanu-Verleih; das Gelände gehört zum Ahorn-Seehotel, steht aber allen frei.
Badewiese im Wald am Röddelinsee, in Hammelspring der Straße am Sportplatz bis zum Seeufer folgen.

Orgel-, Kammer- und Chorkonzerte, in der Maria-Magdalenen-Kirche und der St.-Georgen-Kapelle, Programm-Infos unter Tel. 201551.
www.kantorei-templin.de
Konzerte im Kirchlein im Grünen, Alt Placht, OT Densow, Informationen unter www.kirchlein-im-grünen.de.
Uckermärkisches Nationaltheater Kulturgut Metzelthin, Metzelthin 10, OT Klosterwalde, Infos und Programm unter Tel. 0175/627846.
www.kulturgut-metzelthin.de

Uckermark

Das Uckermärker Lied

Lange bevor die Berliner Mundart zu DDR-Zeiten die nördlichen brandenburgischen Gefilde eroberte, ist aus der Feder des Uckermärker Heimatdichters Max
Lindow (1875–1950) die plattdüütsche uckermärkische Hymne geflossen. Max
Lindow wurde 1875 in Fahrenwalde in der nördlichen Uckermark geboren und
arbeitete als Lehrer in Brüssow, ab 1908 in Prenzlau. 1946 wird er SED-Mitglied,
1950 stirbt er in seinem letzten Wohnort in Dargezin beim vorpommerschen
Greifswald. Zu den Schriften des populären Mundartdichters gehören die platt-
düütschen Gedichte und Geschichten ›Bi uns to Hus‹, in uckermärkischer Mundart verfasst, und natürlich die Uckermark-Hymne:

›Wat is't för'n Land! / Böm an de Kant,
Eeken in d'Heid, / Veh up de Weid.
Schön is un stolt un stark / Uns'leew oll Uckermark.
Öwerall Brot! / Grön steiht de Soot;
Äppel in'n Goor'n, / Dat Feld vull Koorn.
Arbeit für Seiss und Hark, / Keen Not in d'Uckermark.
Dütsch is uns' Oort, / Plattdütsch dat Woort,
Erlich un trü, / So bliewen wi,
Bet wi in unsen Sark / Schlopen in d'Uckermark.‹

(Was ist's für ein Land! /Bäume am Rand,
Eichen in der Heide, Vieh auf der Weide.
Schön ist und stolz und stark / unsere liebe alte Uckermark.
Überall Brot! / Grün steht die Saat;
Äpfel im Garten, / Das Feld voll Korn.
Arbeit für Sense und Harke, / Keine Not in der Uckermark.
Deutsch ist unser Ort, / Plattdeutsch das Wort,
Ehrlich und treu, / So bleiben wir,
Bis wir in unserem Sarg / Schlafen in der Uckermark.)

Der Oberuckersee von Melchow aus gesehen

Lychen

»Lychen ist ein schöner Ort, liegt zwischen Fegefeuer und Himmelpfort«, reimte der Sänger, Dichter und Humorist Otto Reutter (1870–1931) über die zwischen sieben Seen gebettete Flößerstadt im nordwestlichsten Zipfel der Uckermark. Unter dem askanischen Markgrafen Johann I. (reg. 1220–1266) 1248 gegründet und im Dreißigjährigen Krieg fast verlassen, entwickelt sich das heute 3100 Einwohner zählende Städtchen ab Anfang des 18. Jahrhunderts zu einer Hochburg der Flößerei. Holzstämme von überall aus den Wäldern ringsum werden zu Flößen gebunden und zu den Sägewerken geschifft. Ab Mitte des 19. Jahrhunderts kommen nach dem Eisenbahn- und Chaussee-Anschluss dank der guten Luft und schönen Natur Genesungs- und Ausflugstourismus dazu. Ein verheerender Stadtbrand 1732 und auch die schweren Kriegsschäden 1945 haben Lychen trotzdem nicht seiner Reize beraubt. Reste der mittelalterlichen Feldsteinstadtmauer haben sich noch bewahrt, und als wuchtiges Zeugnis aus vergangenen Zeiten erhebt sich mitten im alten Ortskern zwischen Nesselpfuhl, Oberpfuhl, Stadtsee und Zenssee die **St. Johanneskirche**. Der stattliche Feldsteinsaal datiert auf Mitte des 13. Jahrhunderts, die oberen Turmgeschosse stammen aus dem 15. Jahrhundert. Das Kircheninnere schmücken ein Altaraufsatz von 1698 und eine umlaufende Holzempore von Ende des 17. Jahrhunderts. Das **Rathaus** am Markt, ein freistehender Putzbau, der wie ein kleiner Bruder des historischen Rathauses in Templin erscheint, wurde ursprünglich 1748 erbaut, brannte 1949 ab und wurde knapp zehn Jahre später rekonstruiert. Von St. Johannes ist es nicht weit zur **Seepromenade am Oberpfuhl**, an der Strandcafé, Freilichtbühne und Floßab-lage auf die Spaziergänger warten. Wo sich einst die Badeanstalt ›Conrad‹ befand, kann man sich heute bei ›Treibholz‹ ein Paddelboot leihen oder auch eine Floß-Seenfahrt machen. Die alte Lychener Flößertradition wurde nach der Wiedervereinigung wiederbelebt. Immer am ersten August-Wochenende begeht das Städtchen ein buntes **Flößerfest**; und das **Flößereimuseum** in der ehemaligen Feuerwache macht die Geschichte der Lychener Flößerei anhand von Bildern und historischem Handwerkszeug wieder lebendig.

In Lychen wurde darüber hinaus 1902 eine richtungsweisende Erfindung gemacht. Der Uhrmachermeister Johann Kirsten schenkte der Welt Reißzwecken, ›Pinnen‹, wie er sie nannte. Reich wurde jedoch ein anderer damit, nämlich der Lychener Kaufmann Lindstedt, der des Uhrmachers kleines Metallstiftchen technisch verbesserte, patentieren ließ und mit ihnen viel Geld scheffelte. Das Gebäude der Lindstedtschen Metallkurzwarenfabrik steht noch, hinter der Apotheke in der Berliner Straße 10, und noch in den 1960er Jahren wurden dort Reißzwecken im Handbetrieb hergestellt. Heute erinnern die bodennahen, kreisrunden roten Informationstafeln,

Bootsverleih Treibholz in Lychen

die man an den wichtigsten touristischen Punkten in Lychen findet, an die Erfindung des Uhrmachers Kirsten. An seinem schon seit langer Zeit leerstehenden kleinen Haus in der Fürstenberger Straße 13 ist ein bescheidenes Hinweisschild angebracht.

Der größte Reichtum aber, den die Flößerstadt Lychen besitzt, sind ihre Wälder und Seen. Seglern und Paddlern wird das **Lychener Seenkreuz** als ein kleines Eldorado erscheinen, denn ein Teil der Seen ist für die Motorschifffahrt gesperrt. Dafür kommt ab dem Stadtsee zwischen Mai und Oktober die ›Möwe‹ zum Einsatz und schippert Ausflügler über den Großen Lychensee, die Woblitz und die Seenplatte bis Fürstenberg. Ebenso schön lassen sich die Gewässer selbst erkunden, wahlweise mit dem Paddelboot oder Solarboot. An der Nahtstelle der Naturparks Stechlin-Ruppiner Land und Uckermärkische Seen, die in Lychen buchstäblich ineinander fließen, hat man darüber hinaus dem **Besucherzentrum des Naturparks Uckermärkische Seen** ein Zuhause gegeben. Es informiert über Geologie, Besiedlungsgeschichte, Landschaft, Fauna und Flora der nordwestlichen Uckermark.

Die Ortslage **Fegefeuer** ist übrigens keineswegs einem Ulk des Humoristen Reutter geschuldet. Sie liegt am Oberpfuhl, dort, wo der Küstriner Bach einmündet und die Mönche des Klosters Himmelpfort einst ihre Strafarbeiten verrichteten, besteht aus einer Schutzhütte, einem Wehr und einem Biwakplatz.

 Lychen

Vorwahl: 039888
Postleitzahl: 17279
Touristeninformation, Stargarder Straße 6, Lychen, Tel. 2555, Mai–Sept. Mo–Fr 9–18 Uhr, Sa/So 10–13 Uhr, Mitte Juni–Ende Aug. zusätzlich Sa/So 13–15 Uhr, Okt.–April Mo–Fr 9–12 Uhr und 13–17 Uhr. www.lychen.de

Seehotel Lindenhof, Lindenhof 1, Tel. 64310, DZ/F ab 140 €. Apartes Haus in traumhafter Alleinlage auf einer Halbinsel im Wurlsee, die Zimmer in Form geräumiger Apartments mit getrenntem Wohn- und Schlafzimmern, sehr guter Service; das Restaurant biete regionale und internationale Gaumenfreuden, kreativ, leicht und modern zubereitet. www.seehotel-lindenhof.de

mein.lychen B&B, Berliner Str. 43, Tel. 0171/8966423, DZ/F ab 95 € (Mindestbelegung 2 Tage). Hinter der bescheidenen Bezeichnung B&B (Bed and Breakfast) verbirgt sich eine im Sommer 2016 eröffnete, ausnehmend geschmackvolle Unterkunft. Die Gästezimmer und Studios kombinieren Countryside mit einer Prise Shabby Chic und sind ohne (!) Fernseher. Dafür gibt es eine Bibliothek, eine Sauna und einen großen Garten am Wasser. www.meinlychen.de

Lychen House, Kirchstraße 3, Tel. 528749, DZ um 42 €, Etagen-Dusche/WC, Frühstück auf Anfrage. Kleine, aber feine Unterkunft im Ortszentrum zwischen Kirche und Markt. Die vier Zimmer im Landhausstil, die die Familie Cato anbietet, befinden sich separat im obersten Stockwerk eines ehemaligen Gerichtsgebäudes. www.lychenhouse.de

Wurlseecamping, Streelitzer Straße 5b, Tel. 2509, April–Okt. Hübsch unter hohen Kiefern am östlichen Wurlseeufer gelegen, Badestrand. www.wurlseecamping-lychen.de

Naturcampingpark Rehberge, Lychener Straße 8, OT Retzow, Tel. 2604, April–Okt. Weitläufiges Gelände im Wald am nordwestlichen Wurlseeufer, mit Ferienhütten und Mietwohnwagen, Bootsverleih in der Nachbarschaft, Badestrand. www.siebenseen.de

Restaurant im Seehotel Lindenhof, s.o.
Mühlenwirtschaft und Kaffeemühle, Stabenstraße 2, Tel. 524876. Café und Restaurant in der denkmalgeschützten ehemaligen Getreidemühle am Mühlenbach; in den Ziegelmauern oder im Garten kommt köstliches Hausgemachtes, frisch aus regionalen Zutaten Zubereitetes auf den Tisch, das Café wartet mit selbstgebackenen Torten auf.
www.muehlen-mahlzeit.de
Gasthof am Stadttor, Stargarder Straße 16, Tel. 43116. Bodenständige deutsche Küche drinnen und draußen im Hofgarten an großen Holztischen, samstags mit Livemusik.
www.gasthof-am-stadttor.de
Fischimbiss auf dem Betriebsgelände der Uckermark-Fisch GmbH, Großer Lychensee 5, OT Bohmshof, Tel. 2457. Fangfrischer Fisch zum Mitnehmen oder sofort Essen, geräuchert, gebraten, im Brötchen oder als Suppe.

Naturpark-Besucherzentrum Uckermärkische Seen, Zehdenicker Straße 1, Tel. 64530. Das Besucherzentrum war Anfang 2107 wegen Renovierung geschlossen, soll aber noch 2017 wieder eröffnen.
www.uckermaerkische-seen-naturpark.de
Flößereimuseum, Clara-Zetkin-Straße 1, Tel. 499973, Juni–Okt. Di–So 10–18 Uhr.
www.floesserverein-lychen.de

Dampferfahrten, Reederei Knaack & Kreyss, Mai–Okt. ab Anleger Hohe Stegstraße am Stadtsee (kurz vor der Durchfahrt zum Großen Lychensee), Büro: Prenzlauer Straße 7, Tel. 3893.
www.ms-moewe.de
Floßfahrten, Treibholz, Oberpfuhlstraße 3a, Tel. 43377. Einstündige Rundfahrten auf dem Touristenfloß ab der Kanu- und Floßstation von Treibholz , April–Okt. immer Mi/Fr/So um 10 Uhr.
www.treibholz.com

Bootverleih Treibholz, s.o., Kanadier, Kajaks und SUPs.
Solarbootvermietung am Nesselpfuhl, Berliner Straße 1a, Büro: Prenzlauer Straße 7, Tel. 3893.
www.ms-moewe.de
Bootstation Reiherhals, Lychener Straße 7, OT Retzow, Tel. 52157. Vermietung von Kajaks, Kanadiern, Ruder- und Motorbooten.
www.reiherhals.de

Fahrradverleih Jentho, Fontanestraße 4, Tel. 5107. www.yamaha-jentho.de

Reit- und Fahrtouristik Lychen, Weinbergstraße 6a, Tel. 2778. Kutsch-, Kremser- und im Winter Schlittenfahrten, Ausritte und Wanderritte. www.muli-rensch.de

Strandbad, Am Strandbad 3 (am Ostufer des Großen Lychensees), Tel. 52305.
www.strandbad-lychen.de
Badestrand auf dem Campingplatz Wurlsee am nordöstlichen Wurlseeufer; Waldbadestelle mit ein paar Sitzbänken und Bootssteg am Waldhotel Sängerlust (Hunde erlaubt, Hundebadestelle); Badewiese am Ortseingang Retzow.

Flößerfest, jährlich am ersten Augustwochenende an der Oberpfuhlpromenade, mit Flößebauen, Floßfahrten, Drachenbootrennen, Konzerten, Musik und Tanz u.v.m. und samstags später am Abend Feuerwerk.
Musik auf dem Floß, Konzertabende auf dem See auf den eigens dafür zum Musikfloß zusammengebauten Treibholz-Flößen, immer mittwochs im Juli/Aug. um 19.30 Uhr ab der Kanu- und Floßstation von Treibholz am Oberpfuhl (s. ›dampfer‹). Die Tickets sind sehr schnell ausgebucht, deshalb empfiehlt sich rechtzeitig zu buchen.

Die ehemalige Heilanstalt Hohenlychen

Am Anfang von Lychens Karriere als Luftkurort standen Wälder und Seen, Licht und gute Luft. Die Tuberkulose hatte sich über das 19. Jahrhundert hinweg als Volkskrankheit ausgebreitet, und die gängige Therapie war die Luftkur. Die Anwendungen mit täglich mehrstündigem Einatmen von frischer Luft fanden in eigens dafür erbauten Lungensanatorien statt, von denen die ersten ab Mitte des 19. Jahrhunderts in den Bergen, an der See und in ausgedehnten Wäldern entstanden.

1895 gründete das Deutsche Rote Kreuz den ›Volksheilstättenverein vom Roten Kreuz zur Bekämpfung der Tuberkulose‹. Generalsekretär wurde der Mediziner Prof. Gotthold Pannwitz (1861–1926) – und mit dessen Erwerb 1902 eines weitläufigen Geländes am Zenssee im Lychener Ortsteil Hohenlychen begann der Aufstieg der Flößerstadt zum Luftkurort. Dr. Pannwitz ließ zunächst eine Heilanstalt für erkrankte Kinder aus einkommensschwachen Familien errichten. Ein Sanatorium und ein Kurhotel schlossen sich an, und schnell erwarb sich Hohenlychen den Ruf einer profilierten Lungenheilstätte.

Im Nationalsozialismus wandelte sich die Einrichtung unter dem Sauerbruch-Schüler und Himmler-Freund Karl Gebhardt in eine Klinik für Arbeits- und Sportverletzungen und schließlich zum Rehazentrum für deutsche Spitzenathleten. Zahlreiche NSDAP-Größen, Botschafter aus aller Herren Länder und Angehörige des europäischen Hochadels weilten als Gäste am Zenssee. Währenddessen begannen Prof. Gebhardt und Kollegen mit grausamen Experimenten zur bakteriellen Wundinfektion an Häftlingen aus dem Frauenkonzentrationslager Ravensbrück. Viele Frauen erkrankten schwer und trugen Verstümmelungen davon, viele starben. Später wurde Gebhardt im Nürnberger Ärzteprozess 1947 angeklagt und zum Tode verurteilt; über zwei seiner Mitarbeiter wurden lebenslange Haftstrafen verhängt.

Bereits zwei Jahre vorher war am Ende des Zweiten Weltkriegs die Rote Armee in Lychen einmarschiert und hatte die halbe Stadt in Brand gesetzt. Die ehemaligen Heilstätten blieben dabei verschont und dienten den Sowjets fortan als Militärhospital und Kaserne. Dann kamen Wende und Wiedervereinigung und 1993 der Abzug der sowjetischen Streitkräfte. Von da an standen die Häuser leer und verwandelten sich mehr und mehr in Geisterstätten. Die einst prachtvollen Gebäude waren dem Verfall preisgegeben. Und würden statt Kiefern vielmehr Rosen rund um die zahlreichen Ziergiebel, Erker und romantischen Fachwerke ranken, und gäbe es nicht die schwere Belastung durch die Geschichte, ja dann hätte man fast von einem Dornröschenschlaf sprechen können. So aber mussten die Heilstätten lange nicht auf einen Märchenprinz, sondern auf einen Investor warten, der neben Ausdauer außerdem sehr viel Geld mitbringen würde, um sie wiederzubeleben.

Zumindest auf einem Teilstück des weitläufigen Geländes am Zenssee ist das inzwischen geschehen. 2008 erwarb ein sächsischer Investor die Liegenschaft und ging ans Werk. Einige der alten Arztvillen sind mittlerweile saniert und wieder bewohnt, darunter auch die Gebhardtsche Villa; vier weitere sorgfältig wieder hergestellte Gebäude beherbergen heute großzügige Ferienwohnungen. Insgesamt soll das Areal der ehemaligen Heilstätten als ›Hotel Park Lychen‹ wiedererstehen – und wünschenswert für das neue Ferienparadies wäre, dass dort eine Gedenktafel auch an die dunkle Geschichte von Hohenlychen erinnern würde.

Angermünde und Umgebung

Förmlich eingeklemmt zwischen dem Biosphärenreservat Schorfheide-Chorin und östlich dem Nationalpark Unteres Odertal liegt die 9 000 Einwohner große Fachwerkperle Angermünde am Mündesee. Frisch sanierte Ackerbürger- und Fachwerkhäuser des 18. und 19. Jahrhunderts schmücken die entzückende Altstadt, die sich mit Pflastersteingassen, kleinen Läden, netten Gasthäusern und Cafés, Gaslaternen, Blumenkübeln und Linden am Straßenrand herausgeputzt hat.

23 Ortsteile gehören zum staatlich anerkannten Erholungsort. Sie dehnen sich auf 323 Quadratkilometern aus und machen Angermünde damit zu einer der größeren Städte in Deutschland – flächenmäßig zumindest. Wobei fast zwei Drittel des Stadtgebiets entweder im Biosphärenreservat oder im Nationalpark liegen. So geht es denn auch beschaulich zu in der »Weltstadt Randemünde«, als die sie der Angermünder Heimatdichter Ehm Welk augenzwinkernd beschreibt, »mit seiner mächtigen Marienkirche, dem Kloster, dem Pulverturm, und überhaupt.«

Geschichte

Um 1230 gründen die askanischen Markgrafen den Ort als Grenzburg gegen die Pommern, bereits Mitte des 13. Jahrhunderts bekommt Angermünde die Stadtrechte verliehen. Ebenfalls in jener Zeit beginnen die Franziskaner-Mönche mit dem Bau ihrer Klosterkirche; und die Franziskaner sind es auch, die ›Angermunde‹ erstmals auf die politische Bühne heben. 1336 lassen sie nach einem Inquisitionsprozess 14 Mitglieder der religiösen Erneuerungsbewegung der Waldenser auf einem Scheiterhaufen auf dem Marktplatz grausig verbren-

nen. So geht ›Ketzer-Angermünde‹ in die Geschichte ein.

1420 kommt es zur ›Schlacht von Angermünde‹, aus der die Brandenburger gegen die Pommern als Sieger hervorgehen. Der Dreißigjährige Krieg wirft auch die Stadt am Mündesee in ihrer Entwicklung um viele Jahrzehnte zurück. Seitdem gibt es jedoch keine allzu großen Erschütterungen mehr. 1842 erhält Angermünde einen Bahnanschluss nach Berlin und Stettin. Und selbst den Zweiten Weltkrieg übersteht es ohne Zerstörungen. Bäckermeister Miers und Juwelier Nölte gehen 1945 den Soldaten der Roten Armee entgegen und übergeben die Stadt. So hat sich Angermünde seinen historischen Kern bis heute bewahrt. Teile der alten Stadtbefestigung sind noch erhalten, und auch unter der Abrissbirne oder Plattenbau-Einfügungen zu DDR-Zeiten musste das Städtchen nicht leiden.

Zwei Persönlichkeiten am Ort, die in die Literatur eingingen, sollen nicht unerwähnt bleiben. Der Berliner Pferdehändler Michael Kohlhaas kaufte die beiden Rosse, von denen später behauptet wurde, sie seien gestohlen, 1530 auf dem Angermünder Vieh- und Pferdemarkt. Heinrich von Kleist machte 1808 eine Novelle daraus.

Der Schuster Wilhelm Voigt, der 1906 als falscher Hauptmann ins Köpenicker Rathaus einmarschierte, begann seine kriminelle Karriere mit Scheckbetrug auf dem Postamt in Angermünde. 15 Jahre buchtete man ihn dafür ein. Seine Resozialisierungsversuche scheiterten an Arbeitslosigkeit, Obdachlosigkeit und fehlenden Papieren. Carl Zuckmayer setzte dem sympathischen verzweifelten Verlierer in den Mühlen der Bürokratie 1930 ein Bühnendenkmal.

Uckermark

Der Wehrturm der Marienkirche

Zwischen Markt und Mündesee

Seit alters ist der weitläufige **Markt** der Mittelpunkt im historischen Zentrum. Seine Mitte wiederum beherrscht das **Rathaus** mit klassizistischer Fassade, das im Kern bereits von 1699 stammt. 1711/12 barock erweitert, hat es seine heutige Form 1923/24 mit einem weiteren Anbau erhalten. Im **Amtsgericht** hinter dem Rathaus, 1850 erbaut, hatte man den armen Schuster Voigt arretiert. Davor plätschert am Platz seit 1999 der **Brunnen** des Uckermärker Künstlers Christian Uhlig. Mit verschiedenen szenischen Figuren stellt er ein buntes Markttreiben dar.

Um die Ecke duckt sich im Winkel Brüderstraße/Hoher Steinweg die im 18. Jahrhundert erbaute **Ratswaage**, in der die **Touristeninformation** residiert. Dort kann man sich neben zahlreichen Tipps für die Gegend außerdem mit einem ›Kalit‹ und einem guten Angermünder ›Nudlschluck‹ verproviantieren. Der aus hellem dünnen Span geflochtene leichte Korb, in dem die Bauern früher ihre Brotzeit zur Feldarbeit trugen, war aus dem uckermärkischen Alltag nicht wegzudenken; und gerne befand sich im Kalit auch ein Fläschchen Kartoffelschnaps, ›Nudlschluck‹ genannt, da die Knolle in der Uckermark ›Nudl‹ heißt.

Hinter dem Markt, zum Mündesee hin, erhebt sich rechterhand in der Scharfrichtergasse die 1854 für die evangelische Gemeinde errichtete **Martinskirche** direkt neben dem **Scharfrichterhaus**. Letzteres datiert vermutlich auf das Jahr 1624, und sollte sich diese These als richtig erweisen, wäre das Wohnhaus des Angermünder Henkers und Abdeckers das älteste noch bestehende Haus in der Stadt. Das alles überragt nahebei der staffelgiebelgeschmückte, mächtige Wehrturm der **St. Marienkirche**. Der dreischiffige

gotische Hallenbau, dessen Ursprünge auf das 13. Jahrhundert zurückgehen und der im 15. Jahrhundert zu seiner gegenwärtigen Gestalt fand, thront auf der höchsten Geländestelle in der Angermünder Altstadt. Innen unter dem Sternengewölbe birgt der Sakralbau als kostbare Schätze ein bronzenes Taufbecken aus dem 14. Jahrhundert, eine Wagner-Orgel, 1742 bis 1744 geschaffen, sowie Reste eines Renaissancealtars von 1601. Teile der bei einer Umgestaltung Ende des 19. Jahrhunderts übertünchten mittelalterlichen Decken- und Gewölbeausmalungen wurden wieder freigelegt und restauriert.

Wenige Schritte später ist man am Mündesee angelangt. Dort liegen die spärlichen **Überreste der ersten Burg**, um die herum um 1230 Angermünde entstand. Mitte des 16. Jahrhunderts hatte sie jegliche Funktion eingebüßt, wurde verlassen, verfiel und diente den Angermündern schlussendlich als Steinbruch. Den Rasen an der **Uferpromenade** ziert die **Skulpturengalerie SteinZeit der Moderne**. Die aus uckermärkischen Findlingen geschaffenen Kunstwerke entstammen den verschiedenen ›Internationalen Hartgesteinsymposien‹, zu denen sich Granitbildhauer aus ganz Europa zwischen 1992 und 2008 regelmäßig in Angermünde versammelten.

An der Stadtmauer entlang

Südlich vom Markt thront die imposante Ruine der hochgotischen **Franziskaner-Klosterkirche**. Das im 15. Jahrhundert auf einem kleineren Vorgänger zur beeindruckenden zweischiffigen Backsteinhalle erweiterte Gotteshaus ist das letzte Relikt einer wohl um 1260 gestifteten Franziskaner-Abtei. Wann genau der Bettelorden, dessen Mitglieder nach den Regeln des Franz von Assisi leben, nach Angermünde kam, lässt sich nicht mit

Altstadthäuser in der Gartenstraße

Gewissheit sagen. Typisch für Franziskaner-Bauten ist die Strenge in der Ausführung, der Verzicht auf Ornamentik und ein Dachreiter anstelle eines opulenten Glockenturms. Typisch auch, dass sie ihre Kirchen nicht im Zentrum, sondern am Stadtrand errichteten. Selbst als Ruine zählt das Angermünder Gotteshaus zu den bedeutendsten märkischen Bettelordenskirchen. Seit 1989 wird sie kontinuierlich rekonstruiert, seit 1999 dienen die hohen nackten Gemäuer als Kulturzentrum. Tafeln im Kirchenraum informieren in Wort und Bild zur Stadt- und Klostergeschichte.

Im Rücken der Franziskaner-Klosterkirche zieht eine bis zu vier Meter hohe **Stadtmauer** entlang und beschließt das historische Zentrum im Süden. Sie stammt aus dem 13. Jahrhundert ebenso wie der **Pulverturm**, der sich an ihrem Verlauf weiter westlich mit trutzigen Backsteinzinnen erhebt. Bereits seit 1850 nisten jedes Jahr Störche im Horst auf der Spitze.

Einen Katzensprung entfernt lohnt am Anfang der geschäftigen Berliner Straße die **Heilig-Geist-Kapelle** einen Blick. Um 1330 wurde sie als Hospital-Kapelle errichtet und diente nach dem Drei-

ßigjährigen Krieg den Hugenotten als Gotteshaus. Bis heute ist es die Kirche der französisch-reformierten Gemeinde.

An der Puschkinallee, der südlichen Verlängerung der Berliner Straße, entführt der **Tierpark Angermünde** Groß und Klein in ferne Welten. Auf acht Hektar Fläche sind im einzigen Tierpark der Uckermark über 250 Tiere in 55 Arten aus allen fünf Kontinenten daheim.

Literaturfreunde müssen sich noch ein bisschen gedulden: Das Ehm-Welk-Museum, das sich in einem Fachwerkhäuschen südlich des historischen Zentrums dem berühmtesten Sohn der Stadt widmete, ist geschlossen. Es soll im historischen Haus Uckermark im Herzen der Altstadt wieder erstehen. Die Eröffnung soll 2018 erfolgen.

Blumberger Mühle

Vier Kilometer nordwestlich von Angermünde liegt zwischen Fischteichen und Wolletzsee das Gelände der Blumberger Mühle. Was dort wie ein überdimensionaler Baumstumpf ausschaut, ist das **NABU-Besucherzentrum** des Biosphärenreservats Schorfheide-Chorin. Mit Ausstellungen über Pflanzen und Tiere, Wald und Heide, Gewässer, Feld, Wiese,

Das NABU-Besucherzentrum in der Blumberger Mühle

Karte S. 141

1= Schlosswall
2= Kirchgasse
3= Wasserstr.
4= Schleusenstr.
5= Klosterplatz
6= Klostergasse
7= Lösenergasse
8= Emaillegasse

Mündesee

Gramzow,
Prenzlau

Burg-
ruine

Prenzlauer
Tor

Seestr.

Seestr.

Fischerstr.　Wasserstr.

Hotel am
Seetor
Seetor

Pension
Köhler

St. Marien

St.
Martin

Bleiche

Berliner Str.

Hoher Steinweg

Markt

Richtstr.

Jägerstr.

Unterwall

Gartenstr.

Ring

Rathaus

Markt

i

Brüderstr.

Bleiche

Grambauer´s
Kalit

Rosenstr.

8　7　6

Franziskaner-
Klosterkirche

Schwedter
Tor

Ring

Schwedter Str.

Klosterstr.

Heilig-Geist-
Kapelle

Kaiser-
garten

Berliner
Tor

Ring

Friedens-
park

Pulver-
turm

Oberwall

Oberwall

Schwedt/
Oder

Bahnhofsplatz

Blumberger
Mühle,
Gramzow,
Prenzlau

Oderberger Str.

Straße des Frie-

Am Kamm

Oberwall

198

Chorin,
Joachimsthal,
Tierpark

Puschkin-
allee

Neukünkendorf,
Oderberg

2

B 198

Angermünde

0　　140　　280 m

Stock und Stein informiert es über die drei Großschutzgebiete im nordöstlichen Brandenburg. Auf dem Freigelände werden Lebensräume im Naturpark Uckermärkische Seen, im Biosphärenreservat Schorfheide-Chorin und Nationalpark Unteres Odertal nachgezeichnet, vom Kräutergarten über Schilfmoore bis zur Freianlage für Europäische Sumpfschildkröten. Ein Kaffeegarten und das Restaurant ›Zum grünen Wunder‹ sorgen im Sommerhalbjahr für das leibliche Wohl. Die Blumberger Mühle ist mit öffentlichen Verkehrsmitteln gut zu erreichen. Von April bis Oktober transportiert der ›Biberbus‹ die Gäste täglich jede Stunde vom Bahnhof Angermünde zum NABU-Gelände.

Wolletzsee und Grumsiner Forst

Vom Angermünder Stadtforst, von Wiesen und den Wäldern des Biosphärenreservats eingehüllt, hat der Wolletzsee einen entscheidenden Anteil an Angermündes schöner Umgebung. Ein 18 Kilometer langer Wanderweg umrundet das kristallklare Gewässer. Start ist am Ostufer am **Strandbad Wolletzsee**, der beliebten Sommerbadewanne der Angermünder. Von dort geht es durch das Welsebruch und an steilen Seeufern vorbei nach **Wolletz**, gewissermaßen der Metropole, weil einzigen Ortschaft am nördlichen Seeufer. Es lohnt dort ein Blick auf Mielkes ehemaliges Jagdschloss, heute die Fachklinik Wolletzsee. Ein erstes

Angermünde, Umgebung

Jagdschloss wurde 1826 unter der Herrschaft des Generalmajors Ludwig von Rohr errichtet, Mitte der 1930er Jahre vom neuen Eigentümer abgerissen und in der Gestalt neu erbaut, wie es annähernd heute noch steht. Von 1953 bis zum Untergang der DDR nutzte es der Minister für Staatssicherheit, Erich Mielke, für sich und seine Familie, weshalb der Wald ringsum vom Volk nicht betreten werden durfte. Seit 1994 fungiert das ehemalige Jagdschloss, um einige Neubauten erweitert, als neurologische Fachklinik und Rehabilitationszentrum. Quasi gegenüber, nahe dem südwestlichen Seeufer, liegt der verträumte 210-Seelen-Weiler **Altkünkendorf**. 1287 tauchte sein Name als ›Altkonckendorp‹

das erste Mal in einem Dokument auf, und aus jener Zeit stammen auch die Fundamente der alten Dorfkirche. 1870 bis 1880 neugotisch umgebaut und von 1999 bis 2001 umfassend saniert, dient sie heute für kulturelle Veranstaltungen. Liebhaber edler Brände steuern das niedliche Dörfchen an, um der **Grumsiner Brennerei** ihre Aufwartung zu machen. 2015 im restaurierten alten Speicher des Wirtschaftshofes eröffnet, wurden die Spirituosen mit dem Mammut im Zeichen bereits vielfach mit Preisen ausgezeichnet. In Handarbeit werden die erlesenen Kräuter- und Obstliköre, Obst- und Kornbrände hergestellt, die im historischen Gewölbekeller in Holzfässern reifen. Die Zutaten kommen von ausgesuchten Erzeugern in der Region. Nach Anmeldung kann man an einer Führung und Verkostung teilnehmen oder auch nur einen feinen Tropfen erstehen. Sollte das Tor geschlossen sein, einfach klingeln. Weiteres wäre aus Altkünkendorf wohl kaum zu berichten, hätte die UNESCO nicht 2011 den **Grumsiner Forst** südlich vor den Toren des Weilers zum Weltnaturerbe erklärt. Der mehrere hundert Jahre alte Buchenwald war zu DDR-Zeiten Staatsjagdgebiet; für Normalsterbliche hieß es deshalb ›Betreten verboten‹. Schon seit 1990 stehen die alten Gehölze in der Kernzone des Biosphärenreservats Schorfheide-Chorin unter besonderem Schutz. Doch erst die Anerkennung als Weltnaturerbe hat den von Mooren und Sümpfen durchzogenen Tiefland-Buchenwald zum Weltstar unter den brandenburgischen Forsten gemacht. Seitdem ist Altkünkendorf zum beliebten Ausgangspunkt für Wanderungen durch diese fantastischen grünen Kathedralen avanciert. Schließlich steht das **Weltnaturerbe Buchenwald Grumsin** von seiner Bedeutung her auf einer Stufe mit dem Yellowstone-Nationalpark oder dem Nordsee-Wattenmeer. Mehrere, mit verschiedenfarbigen Buchenblättern gekennzeichnete Wanderwege führen vom Dorf durch den herrli-

Bushaltestelle im Grumsiner Forst

chen Wald, immer am Rande der streng geschützten Kernzone entlang – die mit dem Blocksberg inmitten, der auf stattliche 139 Meter Höhe kommt, zugleich über den höchsten Punkt in der ganzen Uckermark verfügt. Nähere Informationen zu den Wanderwegen gibt es auf der Internetseite des Biospärenreservates (→ S. 148).

Wer die Sehenswürdigkeiten rund um den Wolletzsee nicht auf Schusters Rappen erkunden möchte, dem bietet sich in der schönen Jahreszeit ein Fahrt mit der Biberbus-Linie 496 an. Ab Bahnhof Angermünde steuert sie stündlich alle Ausflugsziele an: von der Blumberger Mühle über Wolletz, das Strandbad und Altkünkendorf bis zum Tierpark Angermünde. Und wer lieber auf dem Wasserweg Kurs nehmen will, für den hält das Strandbad Wolletzsee Leihboote parat.

Nördlich von Angermünde

Sanfte Hügel schmücken das Land, das zwischen saftigen Weiden, so weit das Auge reicht, Getreide- und Maisfelder bedecken – plötzlich, bei **Görlsdorf**, unterbrochen von einem ausgedehnten **Landschaftspark**. 1829 beauftragten die Grafen von Redern den berühmten könig-

Im Info-Punkt in Altkünkendorf

Uckermark

lich-preußischen Gartenbaumeister Peter Joseph Lenné (1789–1866) mit der Gestaltung ihrer Görlsdorfer Liegenschaft. 1843–1845 folgte der Bau eines Schlosses, das seit Ende des Zweiten Weltkriegs allerdings nicht mehr vorhanden ist. Anfang des dritten Jahrtausends saniert, lädt der Park heute auf 400 Hektar, von der Welse durchflossen, zu gemütlichen Spaziergängen ein.

Im **Dorfmuseum** erfährt man viel Wissenswertes über den Ort. Es ist in einem um 1750 errichteten Feldsteinbau untergebracht, der noch bis 1945 als Gefängnis fungierte. Internationale Bekanntheit genießt das winzige Dorf durch seine traditionsreiche Vollblut-Zucht. Seit 1883 besteht das **Gestüt Görlsdorf**, das sowohl in der Zucht als auch mit dem eigenen Rennstall immer wieder Weltklassepreise erzielt. Der Hengst ›Sea the Moon‹ gehörte 2014 zu den zehn weltbesten Rennpferden.

Greiffenberg

Weithin sichtbares Wahrzeichen des kleinen Straßendorfs ist die **Sternwarte** auf dem Turm des ehemaligen Gutsverwalterhauses. Die drehbare Drei-Meter-Kuppel wurde dem Gebäude 1965 aufgepropft

Die Holländermühle wird mit Spenden wieder aufgebaut

und kann nach Anmeldung besichtigt werden (Tel. 033332/87622). Das Haus selbst wurde bereits in den 1960er Jahren zur Schule umgebaut. Es ist als einziges von der ehemaligen Burggut-Anlage Greiffenberg noch erhalten.

Bereits für die erste Hälfte des 13. Jahrhunderts ist am Ort, damals an wichtigen Handels- und Heerstraßen gelegen, eine Burg nachgewiesen. Das uckermärkischen Geschlecht ›de Grifenberg‹ hat ihr in jener Zeit den Namen gegeben. Im 15. Jahrhundert Spielball in den kriegerischen Auseinandersetzungen zwischen den pommerschen Herzögen und Kurfürsten von Brandenburg, erobert Kurfürst Friedrich II., ›der Eiserne‹, 1445 die Feste für die alteingesessene edle Familie zurück. Bis 1473 sind die Gemäuer Sitz derer von Greiffenberg. Danach ist der Name plötzlich aus den Annalen verschwunden. Warum, weiß man nicht.

Im Dreißigjährigen Krieg erleidet die Burg starke Zerstörungen. Mitte des 19. Jahrhundert gehen Burg und Gut in den Besitz der Grafen von Redern über. Und so steht die eindrucksvolle **Burgruine** noch heute da, auf einem Hügelchen über dem Welse-Tal. Teile des Torhauses, des runden Wehrturms und einiger Wohnbauten haben die Zeiten überdauert, ebenso der im 15. Jahrhundert angebaute spätgotische Wehrturm. Die Ruine ist mit einem Bauzaun gesichert, denn es besteht Einsturzgefahr.

Der Ort ihr zu Füßen wird 1261 erstmals erwähnt. Die 1723/24 erbaute **Dorfkirche** hütet als besonderen Schatz einen hölzernen Kanzelaltar von 1725 sowie eine Sandsteintaufe, die bereits aus dem 15. Jahrhundert stammt.

Ein weiterer Hingucker ist die **Holländer-Windmühle** auf einer Anhöhe am westlichen Ortseingang. Von 1830 bis 1936 wurde hier Korn gemahlen, danach verfiel das Gebäude und wird nun seit 2006 von

Der Historische Gutshof Pinnow

Grund auf rekonstruiert. Dafür verantwortlich zeichnet eine Bürgerinitiative, die den Wiederaufbau aus Spendengeldern bewerkstelligt. Noch steht die alte neue Holländer-Mühle ohne Flügel da. Aber vielleicht kommt der eine oder andere Ausflügler ja mal vorbei und gibt einen Obulus in den Topf? Ziel ist es, dass die Mühle einmal wieder mahlen kann. Man kann sie anschauen, wenn unten an der Landstraße ›Mühle offen‹ steht; falls niemand da ist, lässt sich auch eine Besichtigung vereinbaren (Tel. 033335/41354, www.muehle-greiffenberg.de).

Biesenbrow

Nach Biesenbrow pilgern vor allem Ehm-Welk-Jünger (→ S. 150). Das Dorf ›Kummerow im Bruch hinterm Berg‹, zwölf Kilometer nördlich von Angermünde, ist der Geburtsort des Heimatschriftstellers. Hier gibt es 250 Einwohner, eine Kirche aus der Mitte des 13. Jahrhunderts mit einem gotischen Flügelaltar (1420) und ein Feuerwehrgerätehaus. Für alles Weitere soll der verehrte Ehm Welk sprechen: »Dort oben, wo die Uckermark ihre nördlichste Spitze weit ins vorpommersche Gebiet vorstößt und an ihrer rechten Flanke ein Bruch mit

nach Norden zieht, liegt mein Land! Eine meilenweite rechteckige Schale, deren sattgrüner Boden auf der östlichen Längsseite vom schwarzen Rand eines Höhenzuges, auf der Westseite von hohen Wäldern eingefasst ist und deren Schmalseiten im Süden und Norden die Ferne als ein samtenes Blau aufwellen lassen. Der silberne Zierat der Bäche, Teiche und Seen und das Riesenspielzeug in Gestalt der kleinen Dörfer, ackernden Bauern und weidenden Herden liegt auf dem grünen Grunde dieser Schüssel.« Zu ergänzen wären noch: 1686 Hektar Landwirtschaftsfläche, 35 Hektar Wald, durchzogen vom Welse-Fließ, dem Schmidtgraben und getupft von den Hintenteichen.

Östlich von Angermünde

Acht Kilometer nordöstlich von Angermünde beeindruckt **Pinnow** mit seiner imposanten Gutsanlage. Auf über 100 Meter Länge reihen sich im **Historischen Gutshof Pinnow** ziegelsteinerne Stall- und Speichergebäude, Scheunen, Werkstätten und eine Brennerei, die heute gemeinnützige Projekte, generationsübergreifendes Wohnen, das Deutsch-Polnische Jugend-, Bildungs- und Kommunikationszentrum sowie zwei kleine Museen und Veranstaltungsorte beherbergen.

Schon in der ersten Erwähnung 1354 wird ›Pynnow‹ ein Rittergut genannt. Von 1650 bis 1836 befindet es sich im Besitz derer von Diringshofen, unter deren Ägide in der 2. Hälfte des 17. Jahrhunderts das **Gutshaus** entsteht. Der weinrote Putzbau, im 18. und 19. Jahrhundert umgestaltet, dient heute als Sitz der Gemeindeverwaltung.

Es folgen wechselnde Eigentümer, in der DDR eine Landwirtschaftliche Produktionsgenossenschaft (LPG), und 1990 nach der Wende der Kauf des heruntergekommenen Guts samt Dorfschmiede und Gärtnerei durch die Gemeinde. Im Anschluss werden die Gutsanlage saniert und die Projekte initiiert. Das ›Wurzel-Museum‹ und das ›Loko-Museum‹ entstehen, die im Gutshof alte Haushaltsgeräte, landwirtschaftliche Geräte und eine echte historische Dampfmaschine zeigen. Die alten Gutsarbeiterhäuser im Dorf werden zur Kita oder zur Arztpraxis umfunktioniert. 2015 wird das ehemalige ›Konsum‹-Geschäft für die ›Dinge des täglichen Bedarfs‹ unter großem Einsatz des Dorfvereins wiedereröffnet. Das Schulgebäude von 1833 erhält die Kirchengemeinde, mit einem Raum als Schulmuseum, und in der alten Schmiede von 1912 serviert ›Kiesingers Eisschmiede‹ traumhafte Leckereien. Im Mittelpunkt ragt die **Dorfkirche** auf, ein frühgotischer Feldsteinsaal aus der zweiten Hälfte des 13. Jahrhunderts, dessen wuchtiger Westturm so breit wie das Langhaus ist.

Die zweite Geschichte von Pinnow beginnt 1938 im Nationalsozialismus mit der Errichtung einer Heeresmunitionsanstalt. Im Pinnower Wald schießen Fabrik, Lagerhallen, Verwaltungsgebäude und Unterkünfte aus dem Boden. Die Rüstungsanlagen werden nach 1945 gesprengt, die Unterkünfte nehmen Flücht-

Die Pinnower Kirche stammt aus dem 13. Jahrhundert

linge aus den deutschen Ostgebieten auf. Von 1956 bis 1989 kontrolliert die Nationale Volksarmee (NVA) das Gelände als ›Instandsetzungswerk Pinnow‹ (IPW). Neben einem Lehr- und Ausbildungsregiment für Raketentechnik sind 1600 Mitarbeiter mit dem Reparieren und Warten von Flugabwehrraketen, Mess- und Funktechnik beschäftigt. Desweiteren werden in Pinnow Düsenaggregate für die Luftstreitkräfte sowie Panzerabwehrraketen gebaut. Selbstverständlich militärisch streng abgeschirmt.

Nach der Wiedervereinigung folgen Pleiten und Neuansiedlungen. Schließlich übernimmt die Gemeinde das ehemalige Militärgelände und widmet es als Industrie- und Gewerbegebiet um. Seit 1999 betreibt dort der norwegische Rüstungskonzern Nammo eine Niederlassung mit Spezialisierung auf die Entsorgung von Raketen, Minen, Zündern, Handgranaten. 2015 ist es zu einer Explosion gekommen und das halbe Dorf musste evakuiert werden. Im Haus 9 im Gewerbepark informiert das **Technik- und Raketenmuseum** nach telefonischer Anmeldung über die Geschichte von Pinnow als Rüstungsschmiede

▲ Karte S. 142

Mark Landin

Es könnte ein Märchenschloss sein, was da in **Hohenlandin** im grünen Talgrund steht. 1860/61 ließ der Rittmeister Georg Wilhelm von Warburg auf den Fundamenten eines Vorgängers sein ›**Warburg-House**‹ errichten, ein prachtvolles Schloss im damals modernen Tudor-Stil mit normannischen Zinnenkronen, das auch einer Queen Victoria würdig gewesen wäre. In den Jahren vorher hatte der von Mecklenburg-Strelitz zugewanderte Sohn eines Husaren-Generals bereits das Gut mit zahlreichen neuen Wirtschaftsgebäuden, Dampfmühle und Brennerei zu einem Mustergut ausgebaut; und auch der Park, bereits 1820 nach Lenné-Plänen angelegt, suchte weit und breit seinesgleichen.

Den Zweiten Weltkrieg überdauerte die Anlage unzerstört und diente in der DDR als Schule und Kindergarten – bis 1977 die Räumlichkeiten wegen fortschreitender Baufälligkeit geschlossen werden mussten. Seitdem stehen das Schloss und auch die benachbarte Brennerei leer und haben sich zwischenzeitlich in beachtliche Ruinen verwandelt. Die **Dorfkirche**, ein frühgotischer Feldsteinbau aus dem 13. Jahrhundert, schaut dagegen fast noch so aus, wie sie einmal erbaut wurde. Und auch eine Brennerei gibt es wieder, wenn auch nicht am verfallenen Schloss, sondern im nahen Ortsteil **Schönermark**. Dort wurde ab 1850 bis zum Ende des Zweiten Weltkriegs Korn destilliert. Nachdem die Rote Armee die Anlage demontiert hatte, verfielen die Gebäude und gingen unwiederbringlich verloren. So wurde die traditionelle **Kornbrennerei** 2009 in einem benachbarten, zu diesem Zweck restaurierten und umgebauten Pferdestall wieder aufgenommen. In den dicken Feldsteinmauern reift in Fässern ein Uckermärker Single Malt Whisky, der unter dem Label ›Preussischer Whisky‹ selbst den kritischsten Schotten überzeugt.

Für Heimatkundler bezeichnet das 1250 erstmals genannte ›Landyn‹ darüber hinaus eine ganz besondere Wegmarke. Der ›Vertrag von Landin‹ 1250 ist die **Geburtsstunde der Uckermark**. Auf dem Kappenberg bei Hohenlandin unterzeichneten die Markgrafen Johann I. (reg. 1220–1266) und Otto III. (reg. 1220–1267) von Brandenburg sowie der Pommernherzog Barnim I. (reg. 1226–1278) die Urkunde, die den Tausch des halben Lands Wolgast gegen das Gebiet westlich von Welse und Randow besiegelte. Die gesamte nördliche Uckermark wurde damit Teil der Mark Brandenburg. Dort, wo die Unterhändler 1250 vermutlich ihr Zeltlager aufschlugen, steht heute am südlichen Ortseingang von Hohenlandin, mitten auf dem weiten Feld zwischen Schwedter Weg und Kastanienallee auf einer Anhöhe ein einsamer Baum, der an das Ereignis erinnert.

Stolpe

Zehn Kilometer südöstlich von Angermünde geht es in den Nationalpark Unteres Odertal hinein. Dort erhebt sich im äußersten Zipfel des Schutzgebiets auf einem Oderhang beim Örtchen

Die Schlossruine Hohenlandin

Der ›Grützpott‹ bei Stolpe

Stolpe einer der mächtigsten Bergfriede Deutschlands. Fünf Meter dick sind die Außenmauern des **Stolper Turms**, auch ›Grützpott‹ genannt. Auf halber Höhe bei 18 Metern wirkt der Rest einer im 12. Jahrhundert errichteten Burg wie abgesägt. Im obersten Geschoss wird die Geschichte des Bauwerks nachgezeichnet. Seinen lustigen Namen erhielt er der Sage nach, weil eines fernen Tages seine Verteidiger zu letzten verzweifelten Mitteln griffen und alles, was nicht niet- und nagelfest war, von oben herab auf die nahenden Angreifer regnen ließen, darunter auch ihr Mittagessen, einen Grützbrei. Geholfen hat es nichts, die Burg wurde geschleift, und nur der dicke Grützpott blieb erhalten. Oben auf dem Stumpf ist eine Aussichtsplattform eingerichtet, von der die Sicht weit ins Odertal schweift.

Unten am Wasser befindet sich vor dem Nationalparkeingang ein Rast- und Picknickplatz sowie eine Stellmöglichkeit für Wohnmobile (keine Ver- und Entsorgung).

ℹ Angermünde und Umgebung

Postleitzahl: 16278

Touristeninformation, Brüderstraße 20, Angermünde, Tel. 03331/297660, April–Okt. Mo–Fr 9–18, Sa/So 10–13 Uhr, Nov.–März Mo–Fr 9–16 Uhr.
www.angermuende-tourismus.de
Info-Punkt Altkünkendorf, Altkünkendorfer Straße 22, OT Altkünkendorf, April–Okt. Mi–So 10–16 Uhr.
Informationen über Wanderungen in der Region bekommt man bei der Touristeninformation oder unter www.schorfheide-chorin-biosphaerenreservat.de; www.weltnaturerbe-grumsin.de.

🛏 🍴

Grambauers' Kalit, Hoher Steinweg 25, Tel. 03331/252535, Angermünde, DZ ohne Frühstück ab 100 €, bei mehreren Nächten wird der Preis günstiger. Im sorgfältig restaurierten historischen Gebäude am Markt, die Zimmer ausgesucht stilmöbliert. Im gemütlichen Restaurant und im Innenhof kommen Schnitzel in allen denkbaren Variationen, Aufläufe, Pasta und auch Deftiges auf den Tisch.
www.grambauers-kalit.de
Hotel am Seetor, Jägerstraße 25, Tel. 03331/26560, Angermünde, DZ/F ab 74 €, ab der 3. Nacht 67 €. Schön restauriertes Haus aus dem 18. Jahrhundert, die Zim-

▲ Karte S. 142

mer gediegen im gutbürgerlichen Komfort; das Restaurant serviert schmackhafte solide Küche aus der Region. www.hotelamseetor.de

Pension Köhler, Unterwall 4, Tel. 03331/23892, Angermünde, DZ/F 60 €, ab 2 Übernachtungen 56 €. Freundliches Haus zehn Minuten zu Fuß vom Markt, die Zimmer behaglich, mit großem Gartengrundstück am Mündesee, Grillstelle, Bootssteg; Fahrräder und ein Ruderboot stehen zur Verfügung. www.pension-koehler.info

KaffeeKonsum, Zur Welse 4, Angermünde/OT Wolletz, Tel. 033337/519090. Kultiges Ausflugslokal im alten ›Konsum‹ in Wolletz am Wolletzsee; serviert werden selbstgebackene Kuchen und Kaffeespezialitäten, aber auch Delikatessen der Region, z.B. Wildschweinbratwurst und dazu hausgemachter Kartoffelsalat. www.kaffee-konsum.de

Eis- und Kuchenschmiede Pinnow, Schmiedeweg 1, Pinnow, Tel. 033335/309280. Die weltbesten Eisbecher, aus eigener Produktion, außerdem köstliche hausgebackene Kuchen und Torten – sind von Oderberg nach Pinnow in die historische Backsteinschmiede umgezogen. Die Fans pilgern hinterher und genießen die Leckereien jetzt im Angesicht von original Blasebalg und altem Schmiedewerkzeug. www.kieslingers-eisschmiede.de

Angermünder Campingverein Wolletzsee, Mitte Mai–Mitte Sept. Kleiner naturbelassener Platz neben dem Strandbad, überwiegend Dauercamper, Womo-Stellplätze ohne Strom.

Gebührenfreie **Wohnmobil-Stellplätze** ohne Ver- und Entsorgungsmöglichkeit: in **Angermünde** Stadtmitte am Parkplatz Oberwall (Wasser und Strom) sowie an der Blumberger Mühle (keine Ver-/Entsorgung); in **Stolpe** auf dem Rast- und Picknickplatz vor der Hohensaaten-Friedrichsthaler Wasserstraße.

Kulturzentrum Franziskaner-Klosterkirche, Klosterstraße, Angermünde, Mai–Sept. Mo–Fr 10–16, Sa/So 12–17 Uhr.

Naturerlebniszentrum Blumberger Mühle, Blumberger Mühle 2, Angermünde, Tel. 03331/26040, April–Okt. tgl. 9–18, Nov.–März Sa/So 10–16 Uhr. www.blumberger-muehle.nabu.de

Technik- und Raketenmuseum Pinnow, Industrie- und Gewerbegebiet 9, Pinnow, Tel. 033335/30388, Besichtigung nach tel. Anmeldung.

Stolper Turm (›Grützpott‹), zehn Kilometer südöstlich bei Stolpe, Info über den Dorfverein Stolpe, Tel. 033338/528, April–Okt. Mi–So 10–12 und 14–16 Uhr. www.dorfverein-stolpe.de

Tierpark Angermünde, Puschkinallee 12 b, Tel. 32143, April–Okt. tgl. 10–18, März 10–17, sonst 10–16 Uhr.

Strandbad Wolletzsee, Am Wolletzsee (Richtung Altkünkendorf), Tel. 32431, Mai/Sept. Di–So 10–19, Juni–Aug. Di–So 9–20 Uhr, Bootsverleih.

Kirchenmusik, Mai–Sept., Marienkirche Angermünde, Programm in der Touristeninformation, www.sankt-marien-ang.de

Grumsiner Brennerei, Wirtschaftshof 3, OT Altkünkendorf, Tel. 03337/516999. www.grumsiner.de

Gut Kerkow, Greiffenberger Straße 8, OT Kerkow, Tel. 26290. 1 km nördlich von Angermünde; Biomilch, Biofleisch und leckere Wurstspezialitäten im Hofladen, seit 2015 unter der Ägide der Starköchin Sarah Wiener. www.gut-kerkow.de

Preussische Whisky Destillerie, Am Gutshof 3, 16278 Mark Landin/OT Schönermark, Tel. 033335/31895. www.preussischerwhisky.de

Ehm Welk – der Heide von Biesenbrow

»Wie eine Weltstadt lag Randemünde da, mit seiner mächtigen Marienkirche, dem Kloster, dem Pulverturm, und überhaupt ...« So unverhüllt tritt Angermünde dem Leser in ›Die Heiden von Kummerow‹ vor Augen, Ehm Welks populärstem Roman, der »in zweiundzwanzig Kapiteln [erzählt], was sich in einem halben Jahre ... zutrug in Kummerow im Bruch hinterm Berge.«

Im 270 Seelen kleinen Weiler Biesenbrow erblickt Ehm Welk 1884 als Bauernkind das Licht der Welt. Seine Eltern ermöglichen ihm den Dorfschulbesuch. Danach zieht er, 16-jährig nach Stettin, um eine kaufmännische Lehre zu absolvieren, fährt anschließend zur See und wird 1904 Journalist. Wegen seiner Kritik an der zunehmend antidemokratischen Ausrichtung der konservativen Tageszeitungen wird Welk 1922 aus dem Reichsverband der deutschen Presse ausgeschlossen. Drei Jahre später gelingt ihm an der Berliner Volksbühne mit seinem Stück ›Gewitter über Gotland‹ in der Inszenierung von Erwin Piscator der Durchbruch. Das revolutionäre Schauspiel wird zum großen Erfolg und erregt einen fast ebenso großen Skandal, weshalb es bald darauf wieder vom Spielplan verschwindet.

Arbeitsjahre von 1927 bis 1934 als Redakteur bei der vielgelesenen Sonntagszeitung, ›Die Grüne Post‹ schließen sich an, bis ihn nach seinem kritischen Artikel an den Propagandaminister Goebbels – ›Herr Reichsminister, ein Wort, bitte!‹ – das zweite Mal ein Quasi-Berufsverbot ereilt. Aus der Haft im KZ Sachsenhausen wird Ehm Welk dank einer Protestwelle engagierter Kollegen nach drei Monaten wieder entlassen, doch journalistisch tätig werden darf er nicht mehr. 1935 zieht er nach Lübbenau in den Spreewald und widmet sich der Schriftstellerei. ›Die Heiden von Kummerow‹ (1937), ›Die Lebensuhr des Gottlieb Grambauer‹ (1938) und weitere erfolgreiche Werke entstehen.

Nach dem Krieg tritt Welk in die KPD und in den Kulturbund ein und kümmert sich um den Aufbau der Volkshochschulen in Mecklenburg. 1950 lässt er sich mit seiner Frau im mecklenburgischen Bad Doberan nieder. Zahlreiche weitere Romane und Schriften entstehen, darunter 1952 das autobiografische Erzählbuch ›Mein Land, das ferne leuchtet‹. Vielfach ausgezeichnet, unter anderem 1961 mit dem DDR-Nationalpreis, stirbt Ehm Welk am 19. Dezember 1966 in Bad Doberan.

Bis heute wird vor allem Welks ›Heiden von Kummerow‹ gerne gelesen, und die Verfilmungen – 1967 als deutsch-deutsche Produktion mit Paul Dahlke, Theo Lingen und Ralf Wolter in den Hauptrollen sowie 1982 noch einmal als DEFA-Produktion – haben sein Werk unsterblich gemacht. Die ernsthafte Aufarbeitung der Rezeption von Welks Arbeit steht dagegen noch aus. Und auch die Frage, weshalb seine Bücher in der BRD so wenig gewürdigt wurde, ist bis heute noch unbeantwortet. Wenig nördlich von ›Randemünde‹ jedenfalls gibt es in ›Kummerow‹ alias Biesenbrow neben der schmucken Dorfkirche, der Dorfschule, dem Pfarrhaus und dem Gänsestall seit 1999 den Landkulturverein ›Erben von Kummerow‹. Immer am letzten Augustwochenende erweisen die ›Erben‹ ihrem Schriftsteller die Ehre – augenzwinkernd, wie es Ehm Welk bestimmt gut gefallen hätte –, indem sie mit Theater, Lesungen, Kinderfest, Tanz und anderem großen Aufhebens eine ›Völkerwanderung‹ auf dem Heiden-Weg von Biesenbrow in die Weltstadt Randemünde veranstalten – fälschlicherweise auch ›Angermünde‹ genannt.

Nationalpark Unteres Odertal

Auf 60 Kilometern Länge – von Hohensaaten im Süden bis vor die Tore des polnischen Szczecin (Stettin) am Oderhaff – schützt der 1995 gegründete Nationalpark die Oder-Flussauen. Über Jahrzehnte war der Strom, der seit 1945 die Grenze zwischen Deutschland und Polen bildet, vergleichsweise unreguliert geblieben. Der Aufenthalt im Grenzbereich DDR–Polen war nur mit Einschränkung möglich. So blieb die Natur sich selbst überlassen, und ein einzigartiges Biotop entstand. Die drei bis fünf Kilometer breite Niederung zwischen den Oderhängen mit ihrem Geflecht von Altwasserarmen, Gräben und Kanälen, dazwischen Sümpfe, Überschwemmungsflächen und Torfinseln, wurde zum Paradies für zahlreiche seltene Pflanzen und Tiere. Seeadler, Fischadler, Steinadler, Mäusebussard und Wasserralle gehen auf Beutefang. Seggenrohrsänger, Wachtelkönig und der buntgefiederte Eisvogel ziehen im Unteren Odertal ihre Jungen auf. Fischotter tummeln sich in den Sümpfen, und Biber legen ihre Staudämme an.

Im Frühjahr, wenn das abfließende Winterhochwasser die Moore, Auwälder und Feuchtwiesen freigibt, verwandeln sich diese in riesige Brut- und Rastgebiete. Hunderttausende Gänse, Schwäne, Enten werden gezählt, dazu Kiebitze, Brachvögel, Kampfläufer und andere Arten mehr sowie im Herbst bis zu 15 000 Kraniche, die im Unteren Odertal in den dichten Röhrichtflächen ihre Schlafplätze haben. Bis Ende der 1920er Jahre wurden in den keinen halben Meter über dem Meeresspiegel liegenden Auen nach holländischem Vorbild Poldersysteme geschaffen. Diese begrenzt westlich die **Hohensaaten-Friedrichsthaler Wasserstraße**, das ist der alte westliche Oderarm, den man zwischen Hohensaaten und Friedrichsthal

Am Oderradweg bei Criewen

kurz vor Gartz auf 42 Kilometer Länge für die Schifffahrt kanalisiert und eingedeicht hat; 1926 wurde sie eingeweiht. Östlich zieht die **Stromoder** ihre Bahn. Und dazwischen regulieren im streng geschützten Auenland zahlreiche Einlass- und Auslassbauwerke das Wasserniveau. Bis zu 130 Millionen Kubikmeter Wasser können die eingedeichten Flächen (Polder) aufnehmen – die beste Art Hochwasserschutz, wie sich insbesondere 1997 während der Oderflut zeigte. Szczecin blieb vom Jahrhunderthochwasser verschont, denn viele Millionen Kubikmeter konnten in die Aulandschaft vor den Toren der Stadt abfließen.

Bereits 1992 unterzeichneten die Umweltminister von Mecklenburg-Vorpommern, Brandenburg und der Woiwode von Szczecin eine ›Gemeinsame Erklärung über die Schaffung eines Schutzgebietes im Unteren Odertal‹. 1993 folgte auf polnischer Seite die Gründung des Landschaftspark Unteres Odertal (Park Krajobrazowy Dolina Dolnej Odry) und 1995 auf deutscher Seite des Nationalparks Unteres Odertal. Zusammen mit dem südlich sich anschließenden Landschaftspark Zehden (Cedynski Park Krajobrazowy) wurde so ein insgesamt 117 000 Hektar großes, grenzüberschreitendes Schutzgebiet am unteren Oderlauf eingerichtet. Aus diesem soll einmal ein gemeinsamer deutsch-polnischer Internationalpark Unteres Odertal entstehen.

Criewen

Im Weiler Criewen hat die Nationalparkverwaltung ihren Sitz. Das alte Fischerdorf an der Oder, dessen Anfänge noch aus slawischer Zeit rühren, hatte die Familie von Arnim 1816 abreißen und weiter östlich an der Straße nach Schwedt wieder aufbauen lassen, um so Raum für ihr Schloss und einen von Peter Joseph Lenné (1789–1866) zu gestaltenden Park zu schaffen. Einzig die kleine **Dorfkirche**, ein verputzter Feldsteinbau mit Ursprüngen im 13. Jahrhundert, durfte bleiben. Zusammen mit dem restaurierten **Schloss Criewen**, das 2002 als Deutsch-Polnisches Umweltbildungs- und Begegnungszentrum neu eröffnete,

Schloss Criewen beherbergt ein deutsch-polnisches Begegnungszentrum

Der ›Weg der Auenblicke‹ führt von Criewn nach Stützkow

bildet das Kirchlein heute die Zierde im Lenné-Park. In die ehemaligen Stallungen ist das **Nationalparkhaus** (Besucherzentrum) eingezogen, dessen Ausstellungen über Fauna und Flora am Oder-Unterlauf informieren. Landschaftsmodelle zeigen die Oder in verschiedenen Zeitaltern, und die Attraktion bei Groß und Klein ist ein riesiges Oder-Aquarium mit über 20 heimischen Fischarten.

Vom Nationalparkhaus starten über das Jahr an fast allen Wochenenden **geführte Wanderungen**, z.B. zur Fledermaus- oder Singschwan-Beobachtung oder in die überfluteten Auen. Zu den ganz besonderen Erlebnissen gehören die Singschwantage im Februar oder die Flussauenwoche im März.

Criewen eignet sich zudem herrlich als Ausgangspunkt für Ausflüge auf den über 200 Kilometer Spazierwegen im Nationalpark. 120 Kilometer davon führen zur Freude der Radler und Skater stets geradeaus auf glattem Asphalt auf der Deichkrone entlang. Auf Schusters Rappen verspricht der markierte Wanderpfad

Weg der Auenblicke spannende Nationalparkeindrücke. Von Criewen führt er an den Oderhängen entlang zur **Himmelsleiter** nach Stützkow. 167 Stufen sind es zu diesem Aussichtspunkt, und belohnt wir man mit einem weiten Blick über das Land. Zurück geht es durch die Auen an der Hohensaaten-Friedrichsthaler Wasserstraße entlang.

Den Großteil des Nationalparks im Zwischenstromland zwischen Stromoder und Hohensaaten-Friedrichsthaler-Wasserstraße kann man jedoch am besten vom Wasser aus entdecken. Dafür bietet der Schwedter Tourismusverein ›Nationalpark Unteres Odertal‹ zwischen Mitte Juli und Mitte November geführte **Kanu-Wanderungen** an. Ein beeindruckendes Naturschauspiel ist zum Beispiel die Kranich-Rast, deren Beobachtung Ende September, Anfang Oktober der Tourismusverein organisiert.

ℹ Nationalpark Unteres Odertal

Nationalparkhaus (Besucherzentrum), Am Speicher 3, 16303 Schwedt/OT Criewen, Tel. 03332/2677244, April–Okt. tgl. 9–18 Uhr, Nov.–März Fr–So 10–17 Uhr. www.unteres-odertal.de

Gasthof zur Linde, Bernd-von-Arnim-Straße 21, 16303 Schwedt/OT Criewen, Tel. 03332/521498, DZ/F um 64 €. Grün eingewachsene kleine Pension in Nachbarschaft zum Nationalparkhaus. Die Zimmer freundlich in Kiefernholz, aus der Küche kommt frisch zubereitete Hausmannskost. www.linde-criewen.de

Pension Storchennest, Bernd von Arnim-Straße 15, 16303 Schwedt/OT Criewen, Tel. 03332/516367, DZ/F 65 €. Familiär geführte Pension mit großem Garten; Zimmer mit Bad/TV in Kiefernholzausstattung. Auf dem Schornstein der ehemaligen Bäckerei brüten seit einem halben Jahrhundert Störche.
www.pension-storchennest-criewen.de

Uckermark

Schwedt

Wie ein Keil schiebt sich Schwedt in den Nationalpark Unteres Odertal hinein. Bei dessen Gründung 1995 wurde die Stadt mit ihren zwei Papierwerken und einem der größten Erdölverarbeitungsstandorte Europas auf eigenen Wunsch aus dem Naturgroßschutzgebiet ausgenommen. Rund 1200 Mitarbeiter zählt die **PCK-Raffinerie** auf ihrem gut einen Quadratkilometer großen Gelände – das damit fast so groß wie Schwedt selbst ist. Dazu kommen 80 weitere Unternehmen mit 2000 Mitarbeitern auf dem Gelände, viele von ihnen Dienstleister für die Raffinerie. Die Erdölpipeline ›Druschba‹ (Freundschaft) endet hier. Über 5000 Kilometer hinweg transportiert sie Rohöl aus Sibirien an die Oder, wo es die PCK zu Mineralöl- und petrochemischen Produkten verarbeitet: insbesondere Diesel, Benzin, Kerosin, Flüssiggas, Heizöle und Bitumen. 95 Prozent aller Kraftstoffe im Raum Berlin-Brandenburg stammen aus Schwedt, 10 Prozent deutschlandweit. Die andere, grüne Seite der Nationalparkstadt Schwedt ist dem Oderstrom zugewandt. Von hier aus starten geführte Paddeltouren in das einzigartige Wasserlabyrinth des **Nationalparks Unteres Odertal**. Die von Oder-Altwassern durchzogenen Polder zwischen der Hohensaaten-Friedrichsthaler-Wasserstraße und östlich der Stromoder lassen sich als Herzstück des Nationalparks nur mit dem Boot erkunden. Aber auch Exkursionen trockenen Fußes mit der Naturwacht zu Fischottern oder zu gefiederten Nationalparkbewohnern stehen in Schwedt auf dem Programm.

Geschichte

1960 wurde der Grundstein für das damalige ›Erdölverarbeitungswerk Schwedt‹ (EVW) gelegt, drei Jahre später die Druschba-Pipeline eingeweiht. Es folgte 1970 die Umwandlung in das ›Petrochemische Kombinat Schwedt‹ (PCK), das auch das eingemauerte Westberlin mit Kraftstoffen versorgte. Nach der Wiedervereinigung und Privatisierung der Raffinerie schlossen sich Ausbau und umfassende Modernisierung an. Seit 1996 firmiert die PCK als GmbH, seit 2016 mit dem russische Mineralölkonzern Rosneft als Mehrheitsgesellschafter. Parallel dazu wurde das neue Schwedt in den 1960er Jahren aus dem Boden gestampft. Von der alten Stadt, 1265 erstmals genannt und unter den Markgrafen von Brandenburg-Schwedt zur Barockresidenz ausgebaut, hatte der Zweite Weltkrieg kaum etwas übrig gelassen. Seinen Anfang als Residenzstadt nimmt Schwedt 1670. In jenem Jahr löst die zweite Frau des Großen Kurfürsten Friedrich Wilhelm von Brandenburg, Kurfürstin Dorothea (1636–1689), die im Dreißigjährigen Krieg verpfändete Herrschaft Schwedt-Vierraden aus und übergibt sie ihrem ältesten Sohn Philipp Wilhelm. Das Mitte des 16. Jahrhunderts errichtete Schloss, das erhebliche Kriegsschä-

In der Vierradener Straße

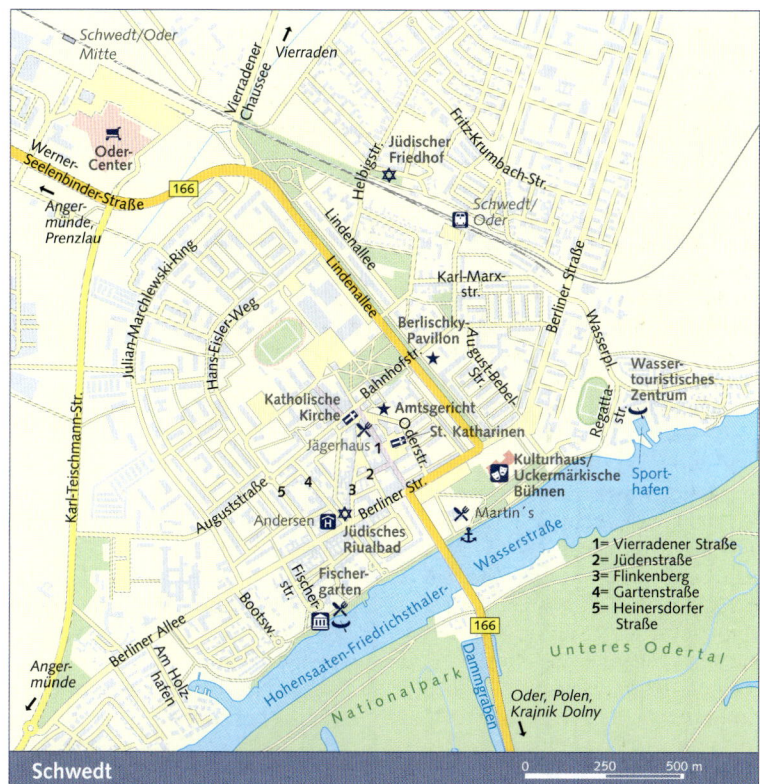

Schwedt

1= Vierradener Straße
2= Jüdenstraße
3= Flinkenberg
4= Gartenstraße
5= Heinersdorfer
 Straße

0   250   500 m

den erlitten hatte, lässt sie in Form einer barocken Dreiflügelanlage nach niederländischem Vorbild wiedererstehen, nun größer und prachtvoller denn je. Ab 1686 siedeln sich Hugenotten an. Die französischen Glaubensflüchtlinge bringen die Kunst des Tabakanbaus in die Region, und die Uckermark steigt zu einem der größten deutschen Anbaugebiete der Pflanze Nicotiana tabacum auf. Mit zahlreichen Tabak- und Zigarrenmanufakturen entwickelt sich Schwedt im 19. Jahrhundert zum Zentrum der ostdeutschen Tabakverarbeitung und bleibt dies bis zum Ende der DDR.
Bereits im Jahr vor der Grundsteinlegung des EVW geht 1959 die erste Pa-

pierfabrik in Betrieb, von den Schwedtern salopp ›Pappenbude‹ genannt. Im Großmaßstab entstehen Wohnungen in Plattenbauweise, um den vielen zuziehenden Arbeitskräften ein neues Zuhause zu geben. Zählt Schwedt im Jahr 1950 keine 7000 Einwohner, ist die Anzahl bis 1989 auf fast 53 000 angewachsen. Der Zusammenbruch der DDR und die Wiedervereinigung bringen für den Industriestandort gravierende Umbrüche. Betriebe schließen, werden privatisiert, umstrukturiert, tausende Arbeitsplätze gehen verloren. Schwedt wird zu einer schrumpfenden Stadt. Doch das ist inzwischen Geschichte. Der Raffinerie-Standort gilt heute als gesichert,

Den Kirchturm der Katharinen-Kirche kann man besteigen

und im Unterschied zu 1995, als man noch gegen die Nationalparkgründung ankämpfte, bekennen sich die knapp 31 000 Schwedter heute zum Schönsten, das die Stadt an der Oder zu bieten hat: den deutschlandweit einzigen Flussauen-Nationalpark unmittelbar vor ihren Toren – und schmücken sich seit Herbst 2013 mit der Zusatzbezeichnung ›Nationalparkstadt‹.

Sehenswertes

Sanierte Plattenbauten und breite Magistralen prägen das Stadtbild, gleichwohl verfügt Schwedt rund um die **Pfarrkirche St. Katharinen** sogar über einen kleinen historischen Ortskern. Das kreuzförmig angelegte, aus Feldsteinen aufgebaute Gotteshaus geht auf die zweite Hälfte des 13. Jahrhunderts zurück. Nach einem Brand wurde es mit einem hohen wuchtigen Backsteinturm von 1887 bis 1889 neugotisch umgestaltet. Ende des Zweiten Weltkriegs brannte St. Katharinen aus; die Kirchturmspitze und auch die wertvolle Innenausstattung wurden ein Raub der Flammen. In den 1950er Jahren erfolgte ihr Wiederaufbau in schlichterer Form. Den Kirchturm kann man besteigen und sich aus 32 Meter Höhe ein schönes Rundumbild von Schwedt und den Oderauen machen.

Das Westportal von St. Katharinen öffnet sich zur Vierradener Straße, der kleinen Schwedter **Fußgängermeile**. Schlendert man sie nach Norden hinauf, ist der Vierradener Platz schnell erreicht. Es flankieren ihn die **Katholische Kirche**, 1895-1898 erbaut, das neugotische **Amtsgericht (**1896) und gegenüber die fachwerkgiebelgeschmückte **Hahnsche Seifenfabrik**, ebenfalls Ende des 19. Jahrhunderts errichtet. Das Gebäudeensemble bildet den nördlichen Abschluss der recht überschaubaren Altstadt. Wieder südwärts zur Oder gewandt, wird, wer sich für die Historie Schwedts interessiert, im **Stadtmuseum** in der Jüdenstraße fündig. Von der Urgeschichte über die Markgrafenzeit bis heute, über Tabakbau und Oder-Fischerei, Wirtschaft und kulturelles Leben vermittelt es spannende Einblicke in die Schwedter Vergangenheit.

Vom ehemaligen jüdischen Leben zeugen noch der Jüdische Friedhof sowie das **Ritualbad und Synagogendienerhaus**. Bis zu ihrer Vernichtung im Nationalsozialismus zählte die Jüdische Gemeinde in Schwedt etwa 200 Mitglieder. 1861 kaufte sie ein Grundstück zwischen Louis-Harlan- und Gartenstraße, direkt außerhalb der Stadtmauer, und ließ dort ihre Synagoge erbauen. Das Gotteshaus wurde in der Reichspogromnacht 1938 geschändet und wenig später abgerissen. Erhalten blieben dagegen die zugehörige Mikwe (das jüdische Ritualbad) und das Synagogendienerhaus, ein kleiner Fachwerkständerbau und vermutlich das älteste Gebäude Schwedts. Bis 2010 denkmalgerecht rekonstruiert und umfassend saniert, werden Mikwe und Synagogendienerhaus heute vom Stadtmuseum betreut und können besichtigt werden. Auf dem Gelände sind außerdem die freigelegten Grundmauern der Synagoge zu sehen. In der Louis-Harlan-Straße steht noch ein Rest der alten Stadtmauer. Der **Jüdische Friedhof** liegt nördlich der Altstadt in Bahnhofsnähe an der Helbigstraße unmittelbar neben den Bahngleisen. Der älteste der 121 erhaltenen Grabsteine datiert auf 1818. Es ist aber gut möglich, dass hier bereits Ende des 17. Jahrhunderts Beerdigungen stattfanden. Von 1672 bis 1942 lebten Juden in Schwedt. Die letzte Begräbnis fand 1942 statt. In jenem Jahr setzte im nationalsozialistischen Deutschland die Massendeportation der jüdischen Bevölkerung in die Vernichtungslager ein.

Uckermark

*Das letzte barocke Bauwerk der Stadt:
der Berlischky-Pavillon*

Schwedts markantestes Gebäude, das **Kulturhaus** mit den **Uckermärkischen Bühnen**, erhebt sich direkt am Bollwerk. Von den tschechischen Architekten Benes und Josef Konvalina entworfen, thront es seit 1978 vor der Uferpromenade genau an dem Ort, wo einmal das kriegsbeschädigte, 1960 gesprengten Markgrafenschloss stand. Es zählt zu den bedeu-

tendsten Veranstaltungsbauten der DDR aus den 1970er Jahren.

Als breite Magistrale zieht von dort die Lindenallee nach Nordwesten, und spaziert man auf dieser entlang, fällt etwa 300 Meter später Ecke Bahnhofstraße der **Berlischky-Pavillon** ins Auge – Schwedts letztes verbliebenes Relikt seiner einst barocken Bebauung. Die 1777 geweihte, auf einem ovalen Grundriss errichtete Kirche mit hohem Kuppeldach trägt den Namen nach ihrem Baumeister Georg Wilhelm Berlischky und diente den Schwedter Hugenotten als Gotteshaus. Heute fungiert der Pavillon als Raum für kulturelle Veranstaltungen.

Vierraden

Nirgends in der Region könnte man den traditionsreichen uckermärkischen Tabakbau besser in Augenschein nehmen als im Schwedter Ortsteil Vierraden. Überall stehen noch die alten hohen luftigen Trockenscheunen, die daran erinnern, dass die östliche Uckermark einmal nach der Pfalz und nach Baden das drittgrößte Tabakanbaugebiet Deutschlands war. Bis zum Zusammenbruch der DDR galt die Tabakproduktion als Schwedts drittes wirtschaftliches Standbein nach der Petrochemie und der Papierfertigung.

Im Vierradener **Tabakmuseum**, in einem ehemaligen Speicher mit Freigelände beheimatet, wird die Kultur- und Anbaugeschichte der Suchtpflanze Nicotiana nachgezeichnet. Man kann ihren Weg von der Neuen in die Alte Welt und mit den Hugenotten in die Uckermark mitverfolgen. Traditionelle und moderne Anbaugerätschaften, Anbaumethoden und Schaubeete mit den verschiedensten Tabakpflanzen werden gezeigt; und immer an einem Augustwochenende, wenn Nicotiana von gelb über rosa bis purpur in Blüte steht, wird das Vierradener Tabakblütenfest gefeiert.

Im Tabakmuseum Vierraden

Schwedt

Vorwahl: 03332

Postleitzahl: 16303

Touristeninformation: Berliner Straße 46/48 (Uckermärkische Bühnen), Tel. 25590, Mo–Fr 12–18 Uhr, von Mai bis Sept. zusätzlich Sa 14–17.30 Uhr; geführte Wanderungen und zwischen Mitte Juli und Mitte November geführte Kanutouren in den Nationalpark Untere Oder. Eine weitere **Touristeninformation** befindet sich in der Vierradener Straße 31, Mai–Sept. Mo–Fr 9–18, Sa 10–13 Uhr, im Winterhalbjahr Mo–Fr 9–17 Uhr.

www.unteres-odertal.de

Andersen Hotel Schwedt, Gartenstraße 11, Tel. 29110, DZ/F um 78 €. Freundliches gepflegtes Mittelklassehotel in der Altstadt gegenüber dem Ritualbad. www.andersen-hotel.de

Hotel Altstadtquartier, Fabrikstraße 2, Tel. 835790, DZ/F um 78 €. Großes gutbürgerliches Haus mit geräumigen Zimmern im Herzen der Schwedter Altstadt, ein Café-Restaurant ist angeschlossen. www. schwedt-hotel.de

Martin's Restaurant, Polderblick 1, Tel. 582922. Moderne internationale Gerichte, frisch zubereitet und fein abgeschmeckt, dazu gibt es gratis auf der Terrasse am Bollwerk den Wasserblick.
www.martins-schwedt.de

Gasthaus Jägerhof, Vierradener Str. 47, Tel. 524375. Günstiger Hausmacher-Mittagstisch und abends kreative Kompositionen, Steaks, Fisch- und Wildspezialitäten der Region. www.jaegerhof-schwedt.de

Fischergarten, Am Bollwerk 15. Auf dem Gelände der ehemaligen Badeanstalt an der Hohensaaten-Friedrichsthaler-Wasserstraße betreibt der Oderfischer Helmut Zahn eine urige kleine Freiluft-Fischbraterei mit Bootsverleih und dazu dem wohl kleinsten deutschen Fischereimuseum.

Den fangfrischen Fisch sowie Räucherfisch kann man auch zum Mitnehmen käuflich erwerben (Mo–Fr 9–17, Sa 9–14 Uhr).
www.fischergarten.de

Gebührenpflichtige **Wohnmobil-Stellplätze** mit Dusche/WC, Waschmaschine/Trockner, Womo-Ver- und Entsorgung u.v.m. im **Wassertouristischen Zentrum – Wassersport PCK Schwedt**, Regattastraße 3, Tel. 23962. Hier gibt es auch **Zeltmöglichkeiten**.
www.wassersport-schwedt.de

Stadtmuseum Schwedt, Jüdenstraße 17, Tel. 23460, Mi–Fr 10–17 Uhr, So 14–16 Uhr.

Jüdisches Ritualbad, Gartenstraße 6, April–Sept. Di 10–17 Uhr und Sa 14–17 Uhr.

Tabakmuseum Vierraden, Breite Straße 14, OT Vierraden, Tel. 250991, April–Sept. Do–So 10–17 Uhr.

Infos zu allen Museen: www.schwedt.eu

Oder-Rundfahrten im Nationalpark, Ausflugsfahrten zum Niederfinower Schiffshebewerk, nach Stettin u.v.m. ab Uferpromenade am Bollwerk mit dem Salonschiff MS Uckermark, Tel. 0152 23464646.
www.ausflugsschiff-uckermark.de

Bootverleih im Wassertouristischen Zentrum – Wassersport PCK Schwedt, s.o., sowie im Fischergarten s. o.

Odertalfestspiele, Theater, Tanz, Kabarett, Konzerte, Feste und Spektakel der Uckermärkischen Bühnen, von Mai bis September drinnen im Kulturhaus und draußen auf der Odertalbühne an der Hohensaaten-Friedrichsthaler-Wasserstraße. Infos unter Tel. 538111.
www.theater-schwedt.de

Das Stettiner Tor in Gartz

Gartz und Umgebung

Fast die ganze Zeit seines Bestehens ist es das Schicksal des 2000 Einwohner kleinen Städtchens Gartz an der Oder, Grenzstadt zu sein. 1249 werden ihm von Herzog Barnim I. von Pommern (reg. 1226–1278) die Stadtrechte verliehen, bereits 20 Jahre später beginnt man, die pommersche Stadtgründung mit Wehrmauern, Wällen und Gräben zu umziehen. Denn die gesamte nördliche Oderregion ist ein steter Zankapfel zwischen den Herzögen von Pommern und Markgrafen von Brandenburg. Von den Expansionsbestrebungen der Königreiche Dänemark und Polen gar nicht zu reden. 1305/06 bauen Gartz am westlichen Oderarm und Greifenhagen (Gryfino) schräg gegenüber am östlichen Oderhauptstrom Pässe und Brücken quer über die sumpfigen Flussauen. Ein vielversprechender Start für günstige Handelsbeziehungen, und folgerichtig wird Gartz 1325 Mitglied der Hanse. Aufgrund der strategisch wichtigen Lage ist es aber auch immer wieder Ort von erbitterten Kriegshandlungen. Acht Mal besetzen im Dreißigjährigen Krieg 1618–1648 abwechselnd kaiserliche und schwedische Truppen die Stadt. 1638 wird Gartz dabei von den Schweden völlig verheert. Im Westfälischen Frieden 1648 geht es an Schweden über. Schwere Zerstörungen 1659 im Schwedisch-Polnischen Krieg und 1713 im Großen Nordischen Krieg schließen sich an. Im Frieden von Stockholm 1720 tritt Schweden das südliche Vorpommern an Preußen ab. Von jenem Datum an weht über den Dächern von Gartz bis 1945 der preußische Adler.

In den letzten Tagen des Zweiten Weltkriegs werden im Kampf um die Oder 80 Prozent der Kleinstadt zerstört. Mit der Westverschiebung Polens im Zuge des Potsdamer Abkommens 1945 wird Gartz schließlich eine deutsch-polnische Grenzstadt.

■ Sehenswertes

In dem verschlafenen Städtchen existieren immer noch zahlreiche ›Kriegslücken‹. Nicht alles ist aufgehübscht, und Teile der noch erhaltenen historischen Bausubstanz zwischen Markt und Oder-Bollwerk – kleine **Ackerbürgerhäuser** aus dem 18. und 19. Jahrhundert – stehen leer und verfallen. Seit dem Beitritt Polens zum Schengener Abkommen, und damit der Öffnung der Schlagbäume Ende 2007, wirkt sich die abgeschiedene Grenzlage indes nicht mehr ganz so ungünstig aus. In hitzeglühenden Sommertagen legen Wassersportler zur Rast am Oder-Bollwerk an, Radler auf dem Oder-Neiße-Radweg kehren ein, und beide genießen die eigentümliche Stille wie aus vergangenen Zeiten, die Gartz verströmt. An die kriegerischen Zeiten erinnern die alten **Stadtmauern**, die das historische Zentrum seit dem 13. Jahrhundert auf seiner der Oder abgewandten Seite umziehen. Darin eingefügt sind südlich der **Pulverturm**, nur noch in Teilen erhalten, in der Mitte der **Storchenturm** aus dem 15. Jahrhundert und nördlich am Ende des Fischerwalls nahe Oder-Bollwerk

Karte: hintere Umschlagklappe

der **Blaue Hut**, im Mittelalter 23 Meter hoch und heute noch in eindrucksvollen Resten vorhanden.

Von den ehemals vier Stadttoren hat das im 13. Jahrhundert erbaute **Stettiner Tor** nordwestlich im Ortskern den Zeiten getrotzt. Sein aus Feldsteinen errichteter Unterbau stammt aus dem 13. Jahrhundert, um 1400 wurden ihm die oberen Backsteingeschosse aufgesetzt. Im angrenzenden Torwächterhaus sind die **Touristeninformation** und das **Ackerbürgermuseum** untergebracht. Letzteres zeigt in Wort und Bild das Leben in Gartz vom 18. bis 20. Jahrhundert.

Weithin sichtbarstes Zeichen der wechselvollen Stadtgeschichte ist die Teilruine der großen **St. Stephanskirche**. Bereits zehn Jahre nach der Stadtgründung wurde 1259 ein Vorgängerbau erwähnt. In der zweiten Hälfte des 14. Jahrhunderts entstand dann zunächst eine Backsteinhalle, um 1400 begannen unter dem berühmten Baumeister Hinrich Brunsberg (1350–1435) – von dem auch St. Katharinen in Brandenburg, die Marienkirche in Posen oder Peter und Paul in Stettin stammen – die Arbeiten zum neuen Chor. In der zweiten Hälfte des 15. Jahrhundert wurde das Langhaus als mächtige dreischiffige Halle ausgeführt.

Die Ruine der Stephanskirche

1945 fiel das Gotteshaus im Kriegsinferno in Trümmer. In den 1980er Jahren folgte sein teilweiser Wiederaufbau, indem man die Langhausruine sicherte und dort im ehemaligen ersten Joch ein Gemeindezentrum einrichtete (1987 eingeweiht). Nach der Wiedervereinigung erhielt die neue Chorkirche eine Orgel, und auch der Kirchturm lässt sich seitdem wieder begehen. Bis heute halten die Anstrengungen an, den Sakralbau zu rekonstruieren.

Zwischen Stettiner Tor und Oder-Bollwerk steht das um 1400 errichtete **Heilig-Geist-Hospital**. Ende des 18. Jahrhunderts hat man den gotischen Klinkersteinbau in Wohnungen umgewandelt; heute fungiert er als Raum für Konzerte und Ausstellungen. Wenige Schritte entfernt finden Wasserwanderer unten an der Oder an der kleinen **Marina** Liegeplätze und Serviceeinrichtungen; man kann Boote ausleihen, und Freiluft-Imbisse versorgen die Gäste mit Speis und Trank.

■ Mescherin

In Mescherin kann man am ehemaligen deutsch-polnischen Grenzübergang gemütlich über zwei Oderarme in die pol-

Häuserzeile am Gartzer Oderbollwerk

nische Kreisstadt Gryfino (Greifenhagen) wechseln. Im winzigen, idyllischen Mescherin selbst, dem nordöstlichsten Ort in der Uckermark, könnte es nicht friedlicher zugehen. Wer Ruhe und Abgeschiedenheit liebt, findet hier, was er sucht. Außerdem erwähnenswert im 400-Einwohner-Dorf ist die Kirche von 1734 und dass der Ort bereit 1297 als ›Mescerin‹ erstmals in einer Urkunde auftaucht.

Eine hübsche Sicht weit über das stille Land bis nach Szczecin eröffnet in Mescherin der **Stettiner Berg** am Oderhang. Der Einstieg zum kurzen, aber steilen Aufstieg ist leicht zu übersehen: Er befindet sich an der Oberen Dorfstraße gegenüber der Bushaltestelle ›Mescherin Nord‹. Einen weiteren schönen Ausguck in die Oderauen bietet ein hölzerner Aussichtssturm an der deutschen Seite der Oderbrücke.

ℹ️ Gartz

Vorwahl: 033332
Postleitzahl: 16307
Touristeninformation: Stettiner Straße 14a, Tel. 86044, Mo–Fr 9–15 Uhr. www.gartz.de

🛏️

Ferienhof Salveymühle, Salvey Mühle 3, OT Geesow, Tel. 033333/30335, DZ/F 74. Malerisch im abgeschiedenen Schilfgrund im Salveytal am Salveybach; das stilvoll restaurierte alte Mühlenwohnhaus ist das letzte der vormals fünf Mühlen; Alleinlage ca. 4 km nördlich von Gartz, die Zimmer lehmverputzt, mit alten Holzdielen und in Naturfarben; angeschlossen ist ein Mühlenmuseum mit einem über hundertjährigen Horizontalsägegatter; Fahrradverleih. Zwei schöne Ferienwohnungen gibt es auch (ab 65 €). www.salveymuehle.de

🛏️ ✂️

Dorotheenhof Mescherin, Untere Dorfstraße 16, OT Mescherin, Tel. 80726, DZ/F 70 €. FeWos und gediegene Mittelklasse-Gästezimmer in einem Gutshof direkt an der Oder; die Küche in der gemütlichen Kutscherkneipe gutbürgerlich deftig. www.dorotheenhof-mescherin.de
Gasthaus Pommernstube, Pommernstraße 20, Tel. 86400, DZ/F 50 €. Erster und einziger Gasthof in Gartz. Die Zimmer funktional im Kiefernholzschick; in der Gaststube und im Biergarten gibt es Hausmannskost und regionale Fischteller. www.pommernstube-gartz.de

⛺

Campingplatz am Oderstrom, Obere Dorfstraße 17, OT Mescherin, Tel. 870044, April–Okt. Stilles Fleckchen, lauschig an der Oder gelegen, mit Fahrrad-, Ruder- und Paddelbootverleih. Das **Park-Restauraunt** in einem Blockhaus neben dem Campingplatz serviert rustikale deutschpolnische Küche. www.campingplatz-mescherin.de

🏛️

Ackerbürgermuseum Gartz, Stettiner Straße 14 a, Tel. 86044, Mo–Fr 9–15 Uhr. www.gartz.de

🚤

Motorbootverleih, an der Marina Gartz, Am Wasser 10, Tel. 870661. www.odershippinggartz.de
Kanutouren in den Nationalpark Unteres Odertal, bei ›flusslandschaft reisen‹, Dorfstraße 16 a, OT Mescherin, Tel. 039746/22891. www.flusslandschaft-reisen.de

ℹ️

Internationale Kranichwoche, in der ersten Oktoberwoche beiderseits der Oder in Gartz und am polnischen Ufer geführte Wanderungen und Radtouren zu den Kranichplätzen, Ausstellungen, Vorträge sowie tgl. eine Führung zum abendlichen Kranichzug; Info unter Nationalpark Unteres Odertal e.V., Tel. 03332/25590. www.unteres-odertal.de

Zwischen Gramzow und Gerswalde

Die beiden Ämter Gramzow und Gerswalde – das Erstere überwiegend östlich
der Autobahn 11, das Zweite westlich
davon – haben trotz des sie trennenden
breiten Asphaltbands vieles gemeinsam.
Beide sind ausnahmslos landwirtschaftlich geprägt, gehören zu den struktur-
schwächsten deutschen Regionen, und
sie teilen sich in ihrer Mitte eine der
schönsten Erscheinungen, die die Uckermark bieten kann: die Landschaft rund
um den Oberuckersee, zugleich der geo-
grafische Mittelpunkt der Uckermark.
Gerade mal 7000 Einwohner zählt das
Amt Gramzow mit seinen sechs kleinen
Gemeinden. Im Amt Gerswalde, das aus
fünf Gemeinden mit winzigen Weilern
und Dorfflecken besteht, leben keine
4500 Menschen, über ein Drittel davon
im Hauptort Gerswalde. Summa summa-
rum macht das eine Bevölkerungsdichte
von 15 Einwohnern auf einem Quadratkilometer – womit die Region rund um
Gerswalde eine der am dünn besiedelten Gegenden Deutschlands ist. Die Arbeitslosigkeit ist hoch. Und so setzt man
am Nordrand des Biosphärenreservats
Schorfheide-Chorin, im weiten Land der
sanften Hügel, Viehweiden, Getreidefel-
der und dazwischen wie hingetupft Seen,
Söllen und kleinen Waldinseln, neben der
Landwirtschaft auf einen sanften, natur-
nahen Tourismus.

Gramzow

Das schmucke Dorf Gramzow wurde
1168 erstmals in einer Urkunde erwähnt und ist damit der älteste schriftlich überlieferte Ort in der Uckermark.
Die Nennung von ›Gramzowe‹ fällt zusammen mit der Gründung eines Prä-
monstratenserklosters, von dem jedoch
schon lange nichts mehr zu sehen ist.
Aber die malerische **Ruine der Klosterkirche** steht noch im Dorfzentrum und
ist einen Augenblick wert.
Ein weiteres geschichtsträchtiges Datum
stellt das Jahr 1905 dar, als die Klein-
bahn zwischen Damme, Gramzow und
Schönermark eröffnete. 1995 wurde
der Betrieb eingestellt und bereits ein
Jahr später auf dem Bahnhofsgelände
am Gramzower Ortsausgang das **Brandenburgische Museum für Klein- und
Privatbahnen** eingeweiht. Nicht nur eine Fülle an Modellen, Technik, Bildern
und Dokumenten aus der 100-jährigen
Kleinbahngeschichte gibt es zu sehen,

Im Gramzower Eisenbahnmuseum

sondern auf dem Freigelände außerdem alte Loks, Trieb- und Eisenbahnwagen in Normalspur und Schmalspur. Zu bestimmten Terminen schnauft die Museumsbahn über die Gleise nach Damme und wieder zurück. Selber fahren kann man mit einer Handhebel-Draisine. Mit Muskelschmalz geht es auf einer drei Kilometer langen Strecke nach Lützlow und retour in den Gramzower Museumsbahnhof.

Der Oberuckersee

Bei Alt Temmen südlich von Gerswalde entspringt das Flüsschen Ucker und macht sich auf seine gut 100 Kilometer lange, gemütliche Reise zur Ostsee. Dabei durchfließt es zunächst den **Oberuckersee**, dessen fast sieben Quadratkilometer große Wasserfläche kei-

ne 18 Meter über dem Meeresspiegel liegt. Dies erklärt die gemütliche Fließgeschwindigkeit der Ucker und auch ihren alten slawischen Namen, der ›Die sich Schlängelnde‹ bedeuten soll. Als Ucker-Kanal verbindet sie durch schier endlose Schilfgürtel hindurch den Oberuckersee mit seinem großen Bruder, dem zehn Quadratkilometer messenden Unteruckersee. Und wenn man die Uckermark gerne die ›Toscana des Nordens‹ nennt, so lässt sich mit Fug und Recht sagen: Ober- und Unteruckersee bilden zusammen das ›Uckermärkische Meer‹. Erste Besiedlungsspuren weisen in die slawische Epoche zurück. Auf der **Burgwallinsel** im Oberuckersee unterhielten die Ukranen ab dem 8. Jahrhundert einen befestigten Wohn- und Handelsplatz. Ih-

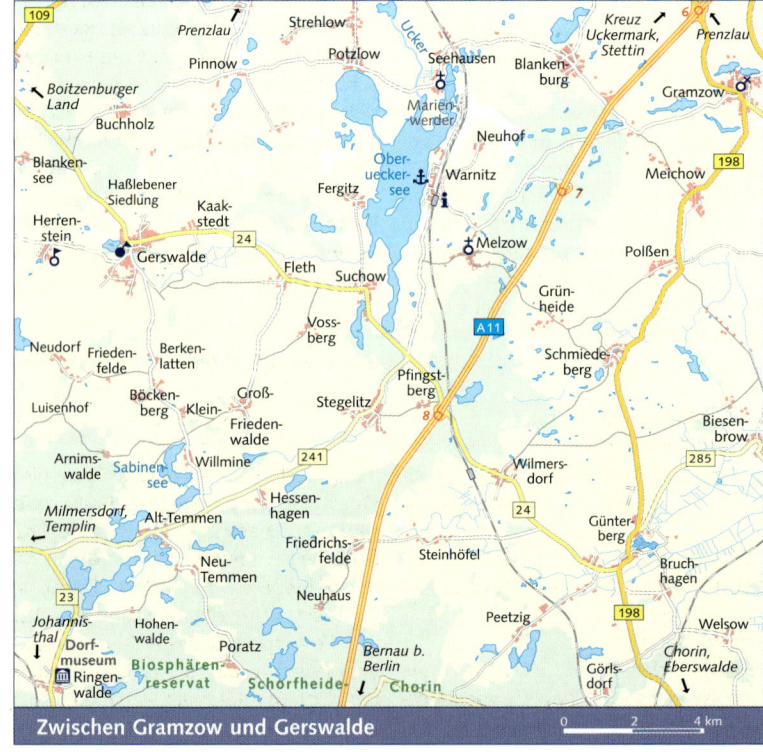

Idylle am Oberuckersee

re Burg war von mächtigen, turmhohen Wällen umgeben, und zwei Brücken sollen die Insel mit dem Festland verbunden haben: die eine von der Landzunge bei Seehausen aus, die zweite ab Fergitz am südwestlichen Seeufer. Heute erinnern auf der in Privatbesitz befindlichen Burgwallinsel noch etwa zwei Meter hohe grasbewachsene Erhebungen an die slawische Zeit.

Rund um den Oberuckersee führt ein **Fahrrad- und Wanderweg**, teils parallel zur Landstraße, teils separat, Hügel hinauf und Hügel hinab, so dass man – unterbrochen von immer wieder herrlichen Aussichtspunkten – die schöne Landschaft gebührend entschleunigt genießen kann.

Melzow

Melzow ist ein entzückendes Puppenstubendörfchen auf einer Anhöhe über dem südöstlichen Oberuckerseeufer. Wie so oft in der einsamen Uckermark haben es zugezogene Sommerfrischler ins Herz geschlossen, die verlassenen Höfe und Ackerbürgerhäuschen wieder aufgemöbelt und liebevoll herausgeputzt. Vom **Aussichtspunkt** kurz vor der Ortsmitte eröffnet sich ein weiter Blick über die Uckerseen bis zur Silhouette von Prenzlau am Horizont.

Die **Kirche** im Dorfzentrum, ein rechteckiger Feldsteinsaal, stammt aus dem 13. Jahrhundert, der verbretterte Dachturm kam im 18. Jahrhundert dazu. Wie die meisten kleinen Gotteshäuser in der ländlichen Uckermark weist auch dieses im Inneren eine hölzerne Balkendecke und einfache hölzerne Emporen auf. Ein besonderer Schatz ist der reich geschnitzte Renaissancealtar von 1610. Er zählt zu den schönsten der Uckermark. Auf der Lang & Dinse-Orgel von 1859 erklingen im Rahmen der **Melzower Sommerkonzerte** Orgelmusiken führender Organisten, außerdem werden Vokal- und Orchesterkonzerte gegeben.

Warnitz

Camping- und Badefreunde kommen am östlichen Oberuckerseeufer in Warnitz auf ihre Kosten. Inmitten von duftender Kiefernheide liegt das Örtchen am Uferhang, verfügt im Naherholungsgebiet Quast über eine weitläufige **Badewiese** sowie einen etwas kleineren Badeplatz nahe dem Warnitzer **Schiffsanleger**. Von dort schippert der Dampfer ›Onkel Albert‹ seine Fahrgäste nordwärts über den See, immer dem Lauf der Ucker folgend, vom Ausgang des Oberuckersees über den fünf Kilometer langen Ucker-Kanal in den Unteruckersee hinein, an dessen

Nordufer schließlich die Hauptstadt der Uckermark, Prenzlau, liegt.

Warnitz ist an die Eisenbahnstrecke Berlin–Stralsund angeschlossen, deshalb auch ohne Auto gut zu erreichen und bei unmotorisierten Ausflüglern beliebt. Erste Anlaufstation im Ort ist das ehemalige Bahnhofsgebäude mit der **Touristeninformation**, wo man im angeschlossenen Café bei Kuchen und kleinen Speisen sogleich das Info-Material studieren kann. Der ebenfalls zugehörige Laden verkauft regionale Produkte, z.B. Uckerkaas aus Bandelow, Uckermärker Apfelwein oder auch Marmeladen und Gelees aus uckermärkischen Beeren.

Der 1332 im Zusammenhang mit dem Kloster Seehausen erstmals als ›Warlitze‹ erwähnte Ort bietet Radwanderern eine offene **Radwegekirche**. Das aus Feldstein errichtete Gotteshaus mit Ursprüngen im 14. Jahrhundert datiert in seiner jetzigen Erscheinung auf das Jahr 1738. Die Inneneinrichtung ist modern.

Seehausen

Am nördlichen Gestade des Oberuckersees liegt Seehausen. Dort, wo sich die **Halbinsel Marienwerder** ins Wasser schiebt und Graureiher, Fisch- und See-

In Fergitz

Karte S. 164

▲ *Am Campingplatz von Warnitz*

adler in der Sumpflandschaft ihr Hause haben, stand von 1250 bis zur Reformation das Zisterzienserinnenkloster Marienwerder. Von der Abtei ist schon lange nichts mehr zu sehen, sie verfiel im Lauf der Jahrhunderte und diente als Steinbruch. Doch konnten Unterwasserarchäologen rund 20 000 mittelalterliche Artefakte vom Seegrund heben: Keramik, Schmuck, Heiligenplastiken oder auch Alltagsgegenstände des einstigen Klosterlebens. Sie sind heute im Dominikanerkloster in Prenzlau zu sehen (→ S. 187). Eine **Fachwerkkirche** aus dem 18. Jahrhundert gereicht zur Zierde des Örtchens. Im Inneren schmücken sie ein vor 1600 geschaffener Altaraufsatz, der in der Predella Abendmahl-Szenen und darüber den Gekreuzigten auf dem Berg Golgatha zeigt, sowie eine ebenfalls reich verzierte hölzerne Kanzel von 1619. Die beiden Kleinode und vor allem die ältere Glocke, 1622 gegossen, lassen vermuten, dass die heutige Seehausener Kirche einen mittelalterlichen Vorgänger hatte. Ein Förderverein kümmert sich um das Kirchenjuwel und hütet auch den Schlüssel für die Besichtigung. Von wem man ihn aktuell bekommt und möglicherweise sogar eine Führung erhält, ist unter www.dorfkircheseehausen.de nachzulesen.

Hinter Seehausen taucht via Potzlow kurz nach der Brücke über den Ucker-Kanal ein Radlerrastplatz am Straßenrand auf. Hier hat man den **Mittelpunkt der Uckermark** erreicht. Auf einem tonnenschweren Findling sind die genauen geografischen Daten angebracht.

Potzlow

Wären das Kloster Marienwerder und die aufstrebende Stadt Prenzlau nicht gewesen, hätte Potzlow ganz groß herauskommen können. Bereits 1239 wurde der Marktflecken als ›oppidum potzlowe‹, als Stadt Potzlow erwähnt, 1287 sogar als ›Civitas‹, und er konnte über das gesamte Mittelalter hinweg seine stadtähnliche Stellung mit Marktrecht und Gerichtsbarkeit behaupten. Ein sichtbareres Zeichen dieser stolzen Vergangenheit ist der **Roland**, der am Markt vor der Kirche steht. Dabei handelt es sich allerdings um eine Kopie von 1991.

An der Ucker in Seehausen

Das Original hat man in die schützenden Mauern der mittelalterlichen **Potzlower Kirche** verbracht.

Zwei Kilometer entfernt lässt der Pferdehof Ruhnau die Herzen der Reiter höher schlagen. Badefreunde kommen direkt am Ort an der Badestelle am Großen Potzlowsee auf ihre Kosten. Doch Potzlow ist auch zu trauriger Berühmtheit gelangt. 2002 wurde der 16-jährige Schüler Marinus Schöberl von rechtsextremen Jugendlichen grausam ermordet. Ein Gedenkstein vor der Kirche erinnert daran.

Fergitz

Das Dorf Fergitz am Westufer blickt auf eine 650-jährige Geschichte zurück. 1354 taucht es erstmals als ›Verckwitz‹ auf. Seine stattliche Kirche datiert sogar auf die erste Hälfte des 14. Jahrhunderts. Der breite Westturm und die Fachwerkvorhalle wurden 1727 angefügt.

Um 1500 wechselte das **Rittergut** in den Besitz der Arnim-Familie über, die in so vielen Orten in der Uckermark ihren Namen hinterließ. Bis 1945 war Fergitz Vorwerk des Arnimschen Schlosses Suckow. In DDR-Zeiten LPG, wurde es 2001 vom Architekt Ferdinand von Hohenzollern entdeckt, gekauft und zusammen mit der Künstlerin Ilona Kálnoky wieder aufgebaut und restauriert. Ein Teils des Guts wird von der Familie privat genutzt. Anderes steht offen, so die restaurierte Parkscheune als Veranstaltungsort des UM-Festivals, das zeitgenössische Musik, Kunst und Literatur in die Uckermark bringt.

Auf dem Weg vom Dorf zur **Badestelle** fallen zwei elegante Flachbauten im Bauhausstil ins Auge. Sie wurden von Ferdinand Hohenzollern und der Künstlerin Kálnoky als Ferienwohnungen geschaffen und geben ein schönes Beispiel dafür ab, wie Altes und Neues in der Uckermark miteinander harmonieren können.

Uckermark

Gut Suckow

Suckow

Gut Suckow am Südende des Oberuckersees gelangte im 16. Jahrhundert an die Arnim-Familie. In den 1730er Jahren lässt sich Gustav Adolf von Arnim ein prachtvolles Schloss erbauen, 1945 geht es in Flammen auf. Erhalten geblieben sind im Gutspark am See das nicht weniger schlossartige, bald 300-jährige **Inspektorenhaus**, heute Hotel, und ein 1882 als Rundtempel errichtetes Arnimsches **Erbbegräbnis**. Der Blick vom wenige Kilometer entfernten Pechberg hinab weit über das Land soll Bettina von Arnim (1785–1859) zu folgenden Versen inspiriert haben, wie sie auch heute noch für die Uckermark gelten können:
»Auf diesem Hügel überseh ich mein Welt!
Hinab ins Tal, mit Rasen sanft begleitet,
Vom Weg durchzogen, der hinüber leitet,
Das weiße Haus inmitten aufgestellt,
Was ist's, worin sich hier der Sinn gefällt.«

Gerswalde

Inmitten der fruchtbaren Grund- und Endmoränenlandschaft liegt Gerswalde da, wo die Uckermark am hügeligsten ist. Größte Attraktion in dem von weiten Feldern umzogenen Ort ist die **Ruine der Wasserburg**. Ihre Grundmauern stammen noch aus der Zeit der Eroberung der Uckermark Mitte des 13. Jahrhunderts durch die Askanier. Zumindest nimmt man das an. Denn Gründungsdokumente oder auch archäologische Funde, die eine sichere Datierung erlauben würden, gibt es nicht. Anders das Dorf: 1256 taucht es als ›Gyriswalde‹ das erste Mal in einer Urkunde auf. Im Jahr 1337 werden dann Burg und Dorf erstmals zusammen genannt, und zwar im damals üblichen Amtslatein als ›Gyherswalde castrum et oppidum‹. 1463 folgt die Belehnung des Ritters Henning von Arnim mit der Burg Gerswalde. Von da an befindet sich die Gemarkung im Besitz der edlen Familie von Arnim, jenem weit verzweigten Adelsgeschlecht, auf dessen Namen man allenthalben in der Uckermark stößt.

Seit dem Dreißigjährigen Krieg (1618–1648) ist die Wasserburg nun bereits eine Teilruine. Ganze zwei Einwohner

Die Ruine der Wasserburg Gerswalde

Karte S. 164

blieben von der Verheerung im Jahr 1637 verschont; und mit ihnen die **Kirche zu Gerswalde**. Wuchtig hockt die alte Wehrkirche noch fast wie zu ihrer Errichtung um 1250 auf dem höchsten Punkt im Ort. Ihre mehrfache Zerstörung mit anschließendem Wiederaufbau geht nicht auf Feindesmacht, sondern auf Naturgewalten zurück. Zwei Mal allein hat sie der Blitz getroffen, und immer wieder wurde sie hergestellt. Als größten Schatz birgt sie einen reich geschmückten dreigeschossigen Schnitzaltar von 1624 und eine Sauer-Orgel von 1852.

Von der ehemaligen Wasserburg sind halbkreisförmige Bastionen, der Bergfried mit immer noch stattlichen acht Metern Höhe sowie Reste des Palas erhalten geblieben. Außerdem ein auf rechteckigem Grundriss aus Feld- und Backsteinen erbautes Turmhaus, das die Gerswalder ›Kemenate‹ nennen. Es beherbergt heute eine **Heimatstube** und das **Fischereimuseum**, die ein spannendes Sammelsurium aus traditionellem Handwerksgerät der Fischerei, der Waidmanns-, Friseur- oder Schuhmacherkunst zeigen, eine historische Apotheke präsentieren, 100 Jahre Gerswalder Feuerwehr thematisieren, auf einer Etage einen bunten Strauß DDR-Erzeugnisse ausstellen u.v.m.

In der unmittelbaren Nachbarschaft ließen die Arnims 1832 ein zeitgemäßes modernes **Schloss** für sich errichten. 1929 ging es mitsamt der Burgruine und den zugehörigen Wirtschaftsgebäuden im Schuldendienst an eine anthroposophische Gesellschaft über, die sich der psychosozialen Hilfe für Kinder und Jugendliche widmete. Es gelang ihr, das Heim relativ unbeschadet durch den Nationalsozialismus zu manövrieren. Vorwürfe, dass es währenddessen zu Sterilisationen junger Frauen gekommen ist, sind bis heute unaufgeklärt. Von 1955 bis zum Fall der Mauer 1989 diente das

Die Heimatstube im Turmhaus der Burg

Uckermark

Gelände als einer der berüchtigten DDR-Jugendwerkhöfe, in denen Jugendliche, vom Regime als schwer erziehbar eingestuft, mit gravierenden körperlichen und psychischen Schikanen zu ›vollwertigen Mitgliedern der sozialistischen Gesellschaft‹ umgedrillt werden sollten.

Heute erinnert nichts mehr an das Leid, das so viele junge Menschen im Gerswalder Jugendwerkhof ›Neues Lebens‹ erfahren mussten. Eine gemeinnützige Gesellschaft zur Förderung von Kindern und Jugendlichen betreibt das Gelände. Im ehemaligen Schloss ist eine Pension mit Bistro und Café untergebracht.

Drei Kilometer westlich steht das 1890 im Auftrag der Arnims errichtete **Schloss Herrenstein**. Die große Anlage mit restauriertem Herrenhaus, Dependancen, Reithalle, Tennisplätzen ist seit Mitte der 1990er Jahre ein Vier-Sterne-Hotel.

Berkenlatten und Willmine

Manche werden sich verwundert die Augen reiben, wenn ihnen wenige Kilometer südlich von Gerswalde auf einmal Afrikanische Straußenvögel begegnen. Hinter hölzernen Weidegattern grast der größte Vogel der Welt bei Berkenlatten gemütlich die Weiden ab. Der Strauß liebt of-

Am Sabinensee

fene Landschaften, lebt von Hause aus in der Savanne, hält Kälte und ebenso längere Trockenperioden aus und mischt seiner Grünspeise für die bessere Verdauung gerne Sand und kleine Steine bei. Wo also könnte er eine bessere zweite Heimat haben als in der Uckermark? Die Tiere gehören zum **Straußenhof Berkenlatten**, der in dem gleichnamigen 20-Einwohner-Flecken nicht zu verfehlen ist. Neben Aufzucht und Hege widmet man sich auf dem Hof vor allem der Eier- und Fleischproduktion. Im ange-

schlossenen Hofladen kann man saftige Straußensteaks und Straußensalami, aber auch Leder, Federn oder die praktischen Straußenwedel erstehen.

Das Vorwerk Berkenlatten wurde Anfang des 17. Jahrhunderts von den Arnims angelegt. Noch älter ist die **wüste Kirche** nördlich vom Ort. Der frühgotische Feldsteinsaal aus dem 13. Jahrhundert war das Gotteshaus des bereits im Mittelalters verlassenen Dorfs Bischofshagen und steht heute als pittoreske Ruine da. Das Vorwerk **Willmine** liegt nicht nicht weit entfernt und ist eine Gründung der Arnims von 1768. Ein Jahrhundert später werden dort 1 Gutshaus, 8 Wohn- und 15 Wirtschaftsgebäude aus Feld- und Ziegelsteinen gezählt, und viel größer ist Willmine auch heute nicht. Den hübschen Namen verdankt das Dörfchen der Gattin des Gründers C.F. von Arnim, Wilhelmine; und Willmines berühmteste Sehenswürdigkeit ist der schöne **Sabinensee**. Ein Pflasterweg führt von der Landstraße aus zur Badewiese am Nordufer und, wer noch weiter will, zum Aussichtspunkt auf den nahen Spitzberg hinauf, von wo aus sich ein herrlicher Blick auf die Landschaft eröffnet.

Temmen

Vermutlich bereits seit 1290 wird das ehemalige Rittergut Temmen bewirtschaftet. 1375 erscheint das zugehörige Dorf ›Tempne‹ erstmals in einem Schriftstück – und bis heute wird in dem kleinen Ort im Biosphärenreservat Landwirtschaft getrieben. Auf rund 3300 Hektar Fläche mit Seen, Feldern und Weiden produziert das **Gut Temmen** ökologische Lebensmittel. Artgerechte Rinderhaltung und Schweinemast sowie der Anbau vielfältiger Getreide- und Futtersorten ohne Einsatz von giftigen Spritzmitteln bringen beispielsweise die ›Temmener Stracke‹ hervor, eine köstli-

▲ *Auf der Straußenfarm Berkenlatten*

Glückliche Rinder in Temmen

Uckermark

che Hartwurst, die man im Hofladen des Guts kosten und kaufen kann.

Von Brodowin bis Temmen erstreckt sich in der südlichen Uckermark eine der größten ökologisch bewirtschafteten Region Deutschlands. Mehr und mehr aber werden die ansässigen mittelständischen Betriebe von internationalen Agrarkonzernen und Bodenspekulanten bedroht, an die die Bundesrepublik im Höchstbieterverfahren die wertvolle Scholle verkauft. Dagegen hat sich die Bauerninitiative ›Ökolandbauregion Süd-

liche Uckermark‹ zusammengeschlossen, die, unterstützt von einem auf Nachhaltigkeit orientierten Bankinstitut, über den ›Bio-Bodenfonds Schorfheide‹ Land erwirbt und dieses dann ausschließlich an Öko-Betriebe verpachtet.

Seit 1734 der damalige Gutsherr Alexander von Arnim wenig südöstlich auf einer Anhöhe ein neues Vorwerk anlegen ließ, wird zwischen Alt Temmen und **Neu Temmen** unterschieden. 1749 folgten dort ein prächtiges **Herrenhaus**, heute in Privatbesitz, und das benachbarte Neu

Gut Temmen

Temmener **Fachwerkkirchlein** mit einem Altar, Gestühl und Taufbecken aus der Zeit der Erbauung. Nahebei findet sich ein Arnimsches Erbbegräbnis.

Ringenwalde

Im Herzen der Schorfheide liegt der 470-Seelen-Ort Ringenwalde, ein entzückendes Dörfchen mit liebevoll gepflegten Backstein- oder Fachwerkhäuschen und Stallgebäuden des 18. und 19. Jahrhunderts. Eine uralte Kirche und am ›Kreuzdamm-Eck‹, der Hauptverkehrskreuzung Dorfstraße/Ecke Templiner Straße, eine Rundbank unter der riesigen Eiche, ein Dorfmuseum und für die Einkehr ein zünftiger Landgasthof bilden die malerische Kulisse für die Radwanderer, die Ringenwalde gerne ansteuern. Im **Dorfmuseum** am Kreuzdamm-Eck, zugleich die **Touristeninformation**, erfahren sie anhand von allerlei altem Mobiliar und Gerätschaften vom Leben im Dorf in vergangene Zeiten. Und wer noch ohne Fahrrad sein sollte, kann sich dort eines ausleihen.

Bereits um 1250 ist der Name ›Ryngenwolde‹ geläufig. 1265 beginnt man Feldsteine für ein Gotteshaus aufeinanderzuschichten, 1280 wird die **Dorfkirche** eingeweiht. Dass die uralten Mauern aus der Ferne eher neugotisch wirken, liegt

Dorfmuseum in Ringenwalde

am 1891 in diesem Geschmack veränderten Kirchturm, dem man zudem einen Spitzhelm aufsetzte.

Zur kostbaren Innenausstattung gehören drei Glasmalereien von 1599 mit alttestamentarischen Motiven, ein Kanzelaltar von 1759, eine Taufe aus dem Jahr 1758, Gestühl und Empore aus jener Zeit sowie eine Barockorgel von 1760 – vermutlich die einzige noch nahezu original erhaltene Orgel des Wagner-Schülers Johann Peter Migendt. Von Mai bis September erklingt das wertvolle Instrument immer am letzten Samstag im Monat im Rahmen der ›Ringenwalder Sommerkonzerte‹. Nicht minder stolz blickt man auf ein Datum der jüngsten Vergangenheit: 2008 haben sich in dem kleinen Gotteshaus der ehemalige Brandenburger Ministerpräsident Matthias Platzeck und seine Frau Jeanette das Ja-Wort gegeben.

Als weiteres touristisches Highlight nennt Ringenwalde einen **Schlosspark** sein eigen. Zwar ohne Schloss – selbiges, Mitte des 18. Jahrhunderts erbaut, wurde 1945 von der Waffen-SS auf ihrem Rückzug gesprengt. Aber dafür mit einem 1903/04 errichteten, neugotischen **Erbbegräbnis** der Grafen Ahlimb/Saldern, denen der deutsche Kaiser bereits 1376

Das idyllische Dorf Ringenwalde

Karte S. 164

das Dorf als Lehen übertragen hatte. Dass die Uckermark stein-reich ist, daran erinnert am Schlossparkrand der **Riesenstein**, ein gewaltiger Findling, den die Ringenwalder der letzten Eiszeit verdanken. Nicht ganz so alt, aber doch stattliche 3500 Jahre auf dem Buckel hat das **Hügelgräberfeld** südlich vor den Toren des Orts. Mit einer rekonstruierten Grabstätte legt es Zeugnis davon ab, dass die Gegend um Ringenwalde bereits seit der Jungsteinzeit besiedelt ist.

 Zwischen Gramzow und Gerswalde

Touristeninformation Gerswalde, Dorfmitte 3a (in der Stadtbibliothek), 17268 Gerswalde, Tel. 039887/696506, Mo, Do, Fr, Sa 10–16 Uhr. www.tourismus-gerswalde.de

Touristeninformation, Café & Laden ›Im Alten Bahnhof Warnitz‹, Lindenallee 27, 17291 Oberuckersee/OT Warnitz, Tel. 039863/78122, Mai–Sept. Mo–Fr 9–17, Sa 9–12 Uhr, Okt.–April Mo–Fr 9–16 Uhr. Der Touristeninformation im alten Warnitzer Bahnhofsgebäude sind ein Café und Regionalladen angeschlossen. www.ferienregionuckerseen.de

Infoladen Ringenwalde und Heimatmuseum, Dorfstraße 24 (›Am Kreuzdamm-Eck‹), 17268 Gerswalde/OT Ringenwalde, Tel. 039881/49131, Mo–Do 8–14.30, Fr 8–12, Sa/So 10–14 Uhr (mit Mittagspause), mit Fahrradverleih. www.ringenwal.de

Panoramahotel Uckermark, Quastweg 2, 17291 Oberuckersee/OT Warnitz, Tel. 039863/63923, DZ/F ab 160 €, im Bungalow Ferienzimmer ab 70 €. Elegantes Vier-Sterne-Haus im Stil amerikanischer Südstaatenvillen, bei Warnitz direkt am Oberuckersee; mit eigenem Badestrand, Rad- und Bootsverleih, Pool, Sauna, Wellness und Beauty; das Restaurant bietet z.B. frischen Fisch oder auch uckermärkisches Lämmchen sowie mediterrane Gerichte zu gehobenen Preisen. www.panoramahotel-uckermark.de

Gut Suckow, Suckow 5, 17268 Flieth-Stegelitz/OT Suckow, Tel. 039887/69284, DZ/F ab 104 €, im Gästehaus ab 70 €. Sehr schick logieren im denkmalgeschützten, fast 300-jährigen Inspektorenhaus von Gut Suckow im Park am See, weitere Zimmer im 1960 erbauten Torhaus sowie im Gästehaus; mit eigener Badewiese und Japanischem Badehaus; das Restaurant bietet erlesene Menüs von ausgesuchten Zutaten direkt von Gut Suckow und den Nachbargütern. Da häufig geschlossene Gesellschaften stattfinden, empfiehlt es sich, unbedingt vorher auf die Website von Gut Suckow zu schauen sowie rechtzeitig zu reservieren. www.gut-suckow.de

Hotel Schloss Herrenstein, Herrenstein 6, 17268 Gerswalde/OT Herrenstein, Tel. 039887/710, DZ/F im Schloss ab 90 €, in der Dependance ab 80 €. Hotel Deluxe im Schloss derer von Arnim oder in einer der Fachwerkdependancen auf dem Gelände; Tennis, Reiten, Schwimmbad, Sauna, Wellness und Beauty; im Restaurant leichte kreative regionale und internationale Küche. www.hotel-schloss-herrenstein.de

Seehotel Huberhof, Dorfstraße 49, 17291 Oberuckersee/OT Seehausen, Tel. 039863/6020, DZ/F ab 70 €. Ein Stückchen Bayern in der Uckermark bietet die liebevoll restaurierte Fachwerkvilla am See, die Zimmer behaglich und elegant im Landhausstil; Badesteg und Liegewiese; Fahrrad-, Ruder-, Segelbootverleih; im Restaurant und auf der Sonnenterrasse genießt man verfeinerte deutsche Küche. Auch zwei Ferienhäuser im Ort werden vermietet. www.seehotel-huberhof.de

Pension & Eiscafé ›Am Gutshof‹, Dorfstraße 17, 17291 Oberuckersee/OT Seehausen, Tel. 039863/78013, DZ/F ab 50 €. Freundliche kleine Pension in einem restaurierten und umgebauten Gebäude eines alten Landwirtschaftsbetriebs; die Zimmer liegen am umlaufenden Balkon und verfügen jeweils über eine Miniküche für die Selbstverpflegung. Gefrühstückt wird in dem hübschen Ziegelsteinraum, der spä-

Uckermark

ter am Tag auch als Eiscafé dient. www.
pensionamgutshof-seehausen.de
Landgasthof zum grünen Baum, Dorfstraße 57, 17268 Gerswalde/OT Ringenwalde, Tel. 039881/44016, DZ/F um 55 €.
Schmuckes Fachwerkgasthaus im Herzen
von Ringenwalde; liebevoll im authenti-
schen Landhausstil eingerichtete, gemütliche Zimmer (ohne TV!). Auf der Speisekarte stehen ständig wechselnde saisonale
Speisen aus Produkten der Region.
www.landgasthofzumgruenenbaum.de

Camping am Oberuckersee, Lindenallee
2, 17291 Oberuckersee/OT Warnitz, Tel.
039863/459, April–Anfang Okt. Schönes
weitläufiges Gelände, terrassiert unter duf-
tenden Kiefern am Hang vor dem See; mit
kleinem Shop, Badestelle und Steganlage,
Spielplatz, Fahrrad- und Bootsverleih.
www.camping-oberuckersee.de
Wohnmobil: zwei Stellplätze auf dem
Parkplatz zum Schiffsanleger in Warnitz;
mehrere Stellplätze am nördlichen Ortsausgang via ›Quast‹ auf dem Gelände des
›Warnitzer Wirthauses‹; beide gebühren-
frei und ohne Ver-/Entsorgung.

**Brandenburgische Museum für Klein-
und Privatbahnen**, Am Bahnhof 3, 17291
Gramzow, Tel. 039861/70159, Mai–Anfang Okt. Di–So 10–17 Uhr.
www.eisenbahnmuseumgramzow.de
Heimat- und Fischereimuseum Gerswalde,
in der Wasserburg, 17268 Gerswalde, Tel.
039887/174889, April–Sept. Mo–Fr 10–
16, Sa 13–16, in den Sommerferien auch
So 13–17. www.gerswalder-wasserburg.de

Dampferfahrten über Oberucker- und
Unteruckersee zwischen Warnitz und
Prenzlau; Mai–Sept. ab Warnitz Schiffs-
anleger; Fahrplan-Info: Reederei Kohn,
Uckerpromenade 44, 17291 Prenzlau,
Tel. 03984/832089.
www.uckerseeschiff.de

Pferdehof Ruhnau, Potzlow-Abbau, 17291
Oberuckersee/OT Potzlow, Tel. 039863/
6010. Reiten und Kutschfahrten, Dressur-
und Springlehrgänge.
www.pferdehof-ruhnau.de

In **Warnitz**: kleine Badewiese im Ort nahe
dem Schiffsanleger; große Badewiese ca.
1 km nördlich am ›Quast‹, mit WC und
Imbissbetrieb. In **Willmine**: Badewiese am
Sabinensee-Nordufer (am nördlichem Ortsausgang geht ein Kopfsteinpflastersträß-
chen ab, ca. 150 m zur Badewiese). In
Potzlow: Badewiese am Großen Potzlowsee. In **Fergitz**: Badewiese knapp 500 m
nördlich vom Dorf am Oberuckersee.

Wasserburgfest, im Juli in Gerswalde, mit
ritterlichen Wettspielen, Handwerk und
Gewerbe früherer Zeiten, Musik und Tanz.
Melzower Sommerkonzerte, Info über ev.
Gemeinde Melzow, Grünheider Straße 8,
17291 Oberuckersee/OT Melzow, Tel.
039863/7322.
www.melzower-sommerkonzerte.de
UM Festival, drei Tage Anfang September zeitgenössische Kunst, Musik und Literatur in den uckermärkischen Dörfern
Fergitz, Pinnow und Gut Sternhagen, alle
zwei Jahre im Rhythmus 2018, 2020 …
www.um-festival.de
Ringenwalder Sommerkonzerte, Info über
ev. Kirchengemeinde Ringenwalde, und im
Infoladen Ringenwalde (s.‹info›).
www.kirchenkreis-oberes-havelland.de

Gut Temmen, Lindenallee 3, 17268 Gers-
walde/OT Temmen, Tel. 039881/4300.
Mit Gästezimmern und Möglichkeit aus-
zureiten, Do 14–18, Fr 10–18, Sa 10–14
Uhr. www.gut-temmen.de
Straußenhof Berkenlatten, Berkenlatten 7,
17268 Gerswalde/OT Berkenlatten, Tel.
039887/5087, Mo und Do–So 10–18 Uhr.
www.straussenhof-berkenlatten.de

Boitzenburg und Umgebung

Boitzenburg liegt im nordöstlichen Winkel des Naturparks Uckermärkische Seen. Hübsche Fachwerkhäuser des 18. Jahrhunderts, eine Kirche am Berge, eine Mühle und eine Klosterruine im Talgrund sowie ein riesiges, wie aus einem Märchen entsprungenes **Schloss** zieren den 1100 Seelen kleinen, idyllischen Ort, der im Jahr 1276 erstmals eine Erwähnung fand. Damals befand sich hier, im einstigen Grenzgebiet zwischen Brandenburg, Pommern und Mecklenburg, auf einer Halbinsel im See eine Wasserburg. 1528 erwarb der Landvogt Hans von Arnim den Besitz, und Boitzenburg wurde Stammsitz des alten märkischen Adelsgeschlechts derer von Arnim.

Mitte des 18. Jahrhunderts zu einer barocken Dreiflügelanlage ausgebaut, folgte die nächste umfassende Gebäudeerweiterung 1838–1842 unter Friedrich August Stüler (1800–1865) im neugotischen Geschmack. 40 Jahre später erhielt das Schloss schließlich sein Aussehen im gegenwärtigen Neorenaissancestil. Nach der Enteignung der Arnims 1945 in ein Erholungsheim der Nationalen Volksarmee umfunktioniert, öffnete es im Anschluss an eine grundlegende Sanierung an der Jahrtausendwende als Familien-, Kinder- und Jugendhotel. Bei Schlossführungen wird die bald 800-jährige Geschichte noch einmal lebendig. Sie finden immer samstags und sonntags in der Sommersaison statt.

Der **Schlosspark**, 1827–1838 nach Plänen von Peter Joseph Lenné (1789–1866) gestaltet, zählt zu den bedeutenden norddeutschen Parkanlagen. Folgt man dem Wanderweg, der im Park hinter der Gemeindeverwaltung (auf Höhe Templiner Straße 17) beginnt, ist man bald darauf, nach kurzem Aufstieg, am **Erbbegräbnis der Familie von Arnim** angelangt. Die 1887–1889 als Halbrund errichtete, sich zur Pfarrkirche am gegenüberliegenden Hang öffnende, neuromanische Grabstätte ist unschwer an ihren beiden lebensgroßen Sandsteinlöwen auszumachen. Einen Steinwurf weiter westlich schließt sich der säulengetragene, 1856 durch den preußischen Bau-

Schloss Boitzenburg

Uckermark

Blick von den Forellenteichen zur Kirche St. Marien am Berge

meister Stüler für Adolf-Heinrich Graf von Arnim errichtete **Apollotempel** an. Von dem offenen, kuppelgekrönten Monopteros aus hat man einen fantastischen Blick auf das Schloss mit Ehrenhof. Eine weitere Zierde im Park – heute leider Ruine – war der 1804 vom Berliner Hofarchitekt Carl Gotthard Langhans (1732–1808) geschaffene **Schlangentempel**. Freda Antoinette von Arnim hatte ihn als Gedächtnistempel für ihren Gatten in Auftrag gegeben. Die große Nische des klassizistischen Putzbaus zierte die Skulptur der ›Trauernden‹ von Hand des großen Bildhauers des preußischen Klassizismus Johann Gottfried Schadow (1764–1850). Sie ist heute in der Friedrichswerderschen Kirche in Berlin ausgestellt. Ebenfalls leider verfallen ist die 1875 von Martin Gropius (1824–1880) hinter dem Großen Karpfenteich errichtete, neugotische Gedächtniskapelle für Mathilde von Arnim.

Sehenswertes im Ort

Dem strahlend weißen Schloss gegenüber ist im ehemaligen gräflichen **Marstall** eine Schaubäckerei, Kaffeerösterei und Schokoladenmanufaktur untergebracht, in der man die süßen Verführungen nicht nur genießen, sondern auch bei ihrer Herstellung zuschauen kann. Östlich vom Marstall schließen sich im Talgrund, vom Marienfließ durchzogen, die ehemals gräflichen Fischteiche an, heute die Forellenzucht der **Uckermärkischen Fischerei**. Wer mag, kann sich dort seine Forelle oder auch einen Karpfen selbst angeln, selbstverständlich nur mit Angelschein, den die Uckermärkische Fischerei ausstellt. Unentgeltlich schnabulieren Fischadler, Fischreiher und nachts Fischotter an dem üppigen Büffet. Der Verlust, den die Fischerei dadurch einfährt, beläuft sich auf jährlich gut eine Tonne. Über das Tal hockt auf einer kleinen Anhöhe, von hübschen Fachwerkhäusern

Karte S. 178

umgeben, die Pfarrkirche **St. Marien am Berge**. Der in seinen Grundfesten aus dem 13. Jahrhundert stammende Granitsteinbau, im 18. Jahrhundert erweitert und mit einer Barockhaube versehen, birgt zahlreiche Grabsteine und Epitaphe der Familie von Arnim. Der hölzerne Altaraufbau und die Holzkanzel stammen aus der Zeit um 1720.

Am östlichen Ortseingang klapperte von Ende des 13. Jahrhunderts bis 1978 die **Klostermühle** im Tal. Die Wassermühle wurde zusammen mit einem 1271 gestifteten Zisterzienserinnenkloster gebaut und datiert in der Gestalt, wie sie heute noch steht und funktionstüchtig ist, auf das Jahr 1640. Zum per Wasserkraft betriebenen historischen Aufzug, Schrotgang, Mehlwalzenstuhl, Mehl- und Kornelevator hat sich in modernen Zeiten 1919 lediglich noch eine Turbine gesellt. Mit dieser Mühlentechnik herrschte noch bis 1978 Mahlbetrieb. Heute präsentiert sich die Produktionsstätte als technisches Denkmal und **Museum Klostermühle**. Alte land- und hauswirtschaftliche Geräte, eine Schmiede und Stellmacherei sowie eine historische Müllerwohnung werden

gezeigt, und auf Wusch wird sogar die alte Mühle in Gang gesetzt.

Vom **Zisterzienser-Nonnenkloster** in der Nachbarschaft sind nur noch Reste der Klosterkirche und des Konventshauses zu sehen. 1536 wurde es während der Reformation säkularisiert und zwei Jahre später vom Landvogt Hans von Arnim erworben. Bereits im Dreißigjährigen Krieg fiel es 1637 in Trümmer. Anschließend haben es die Boitzenburger als Steinbruch genutzt.

Lichtenhain

Wenige Kilometer südlich von Boitzenburg liegt im Flecken Lichtenhain das Reich der ›Apfelgräfin‹ Daisy von Arnim. Nachdem sie und ihr Mann 1997 dort Grundstück und Wirtschaftsgebäude erworben hatten, dem alten Vorwerk zum Schloss Boitzenburg, entdeckte die Gräfin den wohl größten Reichtum in der Region: knorrige alte Bäume am Wegesrand, die voller Äpfel hängen. Daraus erwuchs die Idee, traditionelle Apfel-Verarbeitungsmethoden wieder aufzunehmen und die Produkte auch selbst anzubieten. Die Lichtenhainer

Uckermark

Klosterruine und Klostermühle

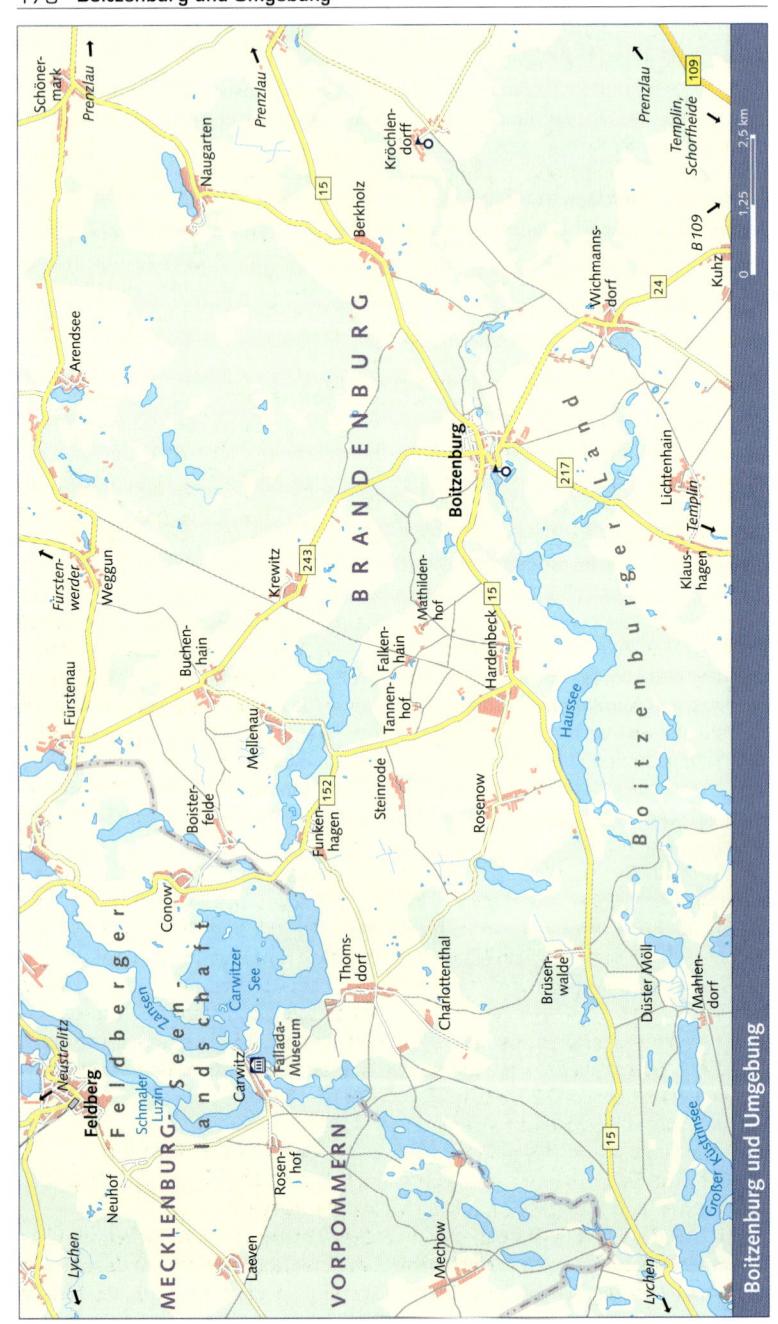

Das imposante Schloss Kröchlendorff

Mosterei, Hofladen und Apfelcafé sind heute eine beliebte Ausflugsadresse. Im 1880 errichteten Wirtschaftsgebäude hat sich das Ehepaar Arnim eine Wohnung eingerichtet und stellt außerdem Gästen vier Ferienwohnungen zur Verfügung.

Kröchlendorff

Wenige Kilometer östlich vom Stammsitz derer von Arnim erhebt sich ihr ein klein bisschen jüngeres und etwas kleineres, aber kaum weniger prächtiges **Schloss**. 1288 wird ›Crichelndorp‹ erstmals erwähnt, 1442 kommt es in den Besitz der Adelsfamilie Arnim und wird im 16. Jahrhundert ein Vorwerk des Arnimschen Stammhauses Boitzenburg. Ein erstes Gutshaus, 1731 erbaut, fällt 1806 in den Napoleonischen Kriegen in Schutt und Asche. 1844 lassen die Arnims den Schloss-Grundstein legen, und nach Plänen von Eduard Knoblauch (1801–1865) nimmt es im neugotischen Tudorgeschmack Formen an. Nach dem Zweiten Weltkrieg dient es als Kinder-

heim und Kinderkurheim. Seit 1993 ist es Eigentum der ›Outward Bound Deutschland‹, einem gemeinnützigen Bildungsträger, der Menschen in ihrer Entwicklung durch Erlebnisse in und mit der Natur unterstützt. Nach grundlegender Restaurierung fungiert das Schloss seit 1996 als Bildungs- und Seminarzentrum für diese Einrichtung.

Im umgebenden Schlosspark, seinerzeit nach Plänen von Peter Joseph Lenné angelegt, folgten 1860 die Errichtung des Marstalls und 1864–1868 der Bau der **Schlosskirche**. Der filigrane neugotische Sakralbau stammt aus der Feder des Schinkelschülers und preußischen Hofbaumeisters Ferdinand von Arnim (1814–1866).

Ausflüge an die Landesgrenze nach Mecklenburg-Vorpommern

Zwischen Lychen und Boitzenburg liegt am Carwitzer See direkt an der brandenburgischen Landesgrenze das Bauern-

und Kunsthandwerkerdorf **Thomsdorf**. Eine Feldsteinkirche aus der zweiten Hälfte des 13. Jahrhunderts zählt zu den Attraktionen, außerdem ein sommerliches Liederfestival vor der Kulisse der Feldberger Seenlandschaft sowie der Thomsdorfer Kunsthandwerkerhof. Der Dreiseitenhof im Ortszentrum wurde bereits Ende der 1990er-Jahre zu Werkstätten und Kunstateliers ausgebaut. Seitdem beleben ihn Künstler und Kunsthandwerker und laden mehrmals im Jahr zu einem Kunsthandwerkermarkt ein.

Literaturliebhaber wird es über die Landesgrenze hinaus in den Nachbarort **Carwitz** inmitten der Feldberger Seenlandschaft ziehen. Dort wohnte und arbeitete in einem 1875 errichteten Büdnerhaus von 1933 bis 1944 Hans Fallada (1893–1947). Heute beherbergt das Haus das **Hans-Fallada-Museum** mit einer umfangreichen Ausstellung zum Leben und Werk des Schriftstellers. Auf dem alten Carwitzer Friedhof, in Fallada-Park umbenannt, befindet sich seine Grabstätte.

Sieben Kilometer nordwestlich von Boitzenburg liegt **Buchenhain**, die alte Sommerresidenz der Familie von Arnim. In ihrer Villa ist heute ein charmantes Boutique-Hotel untergebracht.

Von Buchenhain ist es nur noch ein Katzensprung zum Flecken **Fürstenau**, wo das **Fahrzeug- und Technikmuseum** die Technikentwicklung aus 40 DDR-Jahren liebevoll für die Nachwelt bewahrt. Auch Alltagsgegenstände und Spielzeug sind hier zu sehen.

Boitzenburg und Umgebung

Vorwahl: 039889

Postleitzahl: 17268

Touristeninformation: In der restaurierten Alten Feuerwache neben dem Gasthof zum Grünen Baum sind ein Lesestübchen und ein Selbstbedienungsraum mit Flyern und Info-Broschüren eingerichtet. Der Betrieb ist ehrenamtlich, daher unregelmäßige Öffnungszeiten.

Schlosshotel Boitzenburg, Templiner Straße 13, Tel. 50930, DZ/F 80 €. Kinder-, Jugend- und Familienhotel, mit Badewiese, Paddelbootverleih; Spezialität im gutbürgerlichen Restaurant: Boitzenburger Forelle und saisonal Wildgerichte. www.schloss-boitzenburg.de

Gasthof zum Grünen Baum, Templiner Straße 4, Tel. 569995, DZ/F ab 80 €. Vom verfallenen ehemaligen Gasthaus direkt an der Straße, das noch den verblassten Schriftzug ›zum Grünen Baum‹ auf der Fassade trägt, sollte man sich nicht abschrecken lassen. Weite Teile des Gebäudeensembles sind bereits restauriert, und nach über 30 Jahren Leerstand bietet der traditionsreiche Grüne Baum seit 2015 wieder Übernachtung, Speis' und Trank. Fünf schick designte Doppelzimmer, ein kleiner Landkonsum für regionale Produkte, eine Gasthofbrauerei und ein ausgebauter Pferdestall als Restaurant gruppieren sich um einen Innenhof und Biergarten, wo man moderne leichte Küche aus frischen regionalen Produkten genießt. www.boitzenburger.de

Landhaus Buchenhain, Buchenhain 31, OT Buchenhain, Tel. 509648, DZ/F ab 74 €. Inhabergeführtes kleines Hotel im ehemaligen Herrenhaus derer von Arnim, anno 1922 erbaut, 7 km nordwestlich von Boitzenburg beim Weiler Buchenhain in schöner Lage im Wäldchen am See, stilvoll, elegant und behaglich; das Restaurant serviert uckermärkische Spezialitäten, Wild- und Kräuterküche. www.landhausbuchenhain.de

Wirtshaus zur Klostermühle, Mühlenweg 5, Tel. 86960. Neben der Klostermühle, mit Blick auf die Klosterruine, kommt drinnen im rustikalen Gastraum und draußen in Hof unter Weinranken delikate Haus-

macherküche von heimischen Produkten auf den Tisch, z.B. Boitzenburger Forelle, die als Spezialität natürlich nicht fehlen darf. www.zur-klostermuehle.de
Marstall Boitzenburg, Templiner Straße 5, Tel. 509094. Schauproduktion und Verkostung von süßen Köstlichkeiten – Schokolade, Kuchen, Torten, Eis –, dazu hausgeröstete Kaffeekompositionen. www.marstall-boitzenburg.de
Café Eigen-Art, Dorfstraße 10, OT Wichmannsdorf, Tel. 307, Fr–So 14–18 Uhr. Nur 3 km südöstlich von Boitzenburg ist das gemütliche Schöne-Dinge-Kunst-Krempel-Café zusammen mit dem Wichmannsdorfer Badesee ein beliebtes Ausflugsziel. www.cafe-eigenart.de

Dreetzseecamping, Thomsdorf 51, OT Thomsdorf, Tel. 746, Mitte April–Anfang Okt. 16 Kilometer nordwestlich von Boitzenburg am Südufer des Dreetzsees; Ferienhütten, Gaststätte, Imbiss, Badestrand, Tauchbasis, Boots- und Fahrradverleih. www.dreetzseecamping.de

Museum Klostermühle, Mühlenweg 5a, Tel. 236, www.klostermuehle-boitzenburg. de, Di–So 10–17 Uhr, im Winterhalbjahr 10–16 Uhr.
Fürstenauer Fahrzeug- und Technikmuseum, Fürstenau 19b, OT Fürstenau, Tel. 359, tgl. Ende März–Ende Sept. www.museum-fuerstenau.de
Hans-Fallada-Museum Carwitz, Zum Bohnenwerder 2, 17258 Feldberger Seenlandschaft/OT Carwitz, Tel. 039831/20359, April–Okt. Di–So 10–17, im Winter 13–16 Uhr. www.fallada.de

Kanuverleih im Schlosshotel, s.o.

Fahrradverleih Jörg Knüppel, Buchenhain 17, OT Buchenhain, Tel. 0162/6431188, März–Okt.; die Räder werden im Umkreis von 12 km um Boitzenburg kostenlos zum gewünschten Punkt geliefert und dort am Ende der Mietzeit wieder abgeholt. www.uckermark-fahrradverleih.de

Die **kleine Badewiese am Boitzenburger Schloss** ist Hotelgästen vorbehalten, es wird aber ein Auge zugedrückt, wenn müde (Rad)Wanderer kurz ins erfrischende Nass hüpfen; **große Badewiese am Ostufer Schumellensee**, ca. 30 Min. durch Schlosspark und Carolinenhain dem Wanderweg ›Kleiner Boitzenburger‹ bis zum See folgen; **große Badewiese in Wichmannsdorf** (an der Kirche in den Pflasterweg ›Seestraße‹ einbiegen, nach ca. 100 m folgt der Fußweg zum See; **Badewiese in Fürstenau**, am nördlichen Ortsausgang.

Kunsthandwerkerhof Thomsdorf, Thomsdorf 36a, OT Funkenhagen, Tel. 86241, Mai–Sept. tgl. 10–18 Uhr. www.kunsthandwerkerhof-thomsdorf.de
Liederfestival Thomsdorf, drei Tage im Juli Chansons, Folk und vieles mehr, Infos unter Tel. 509671. www.liederfestival-thomsdorf.de

Haus Lichtenhain – Apfel-Café & Hofladen, Lichtenhain 25, OT Lichtenhain, Tel. 8250, Mo–Sa 13–17 Uhr. www.haus-lichtenhain.de
Gut Blankensee – Ölmühle, Blankensee 10, Mittenwalde, OT Blankensee, Tel. 0172/9428877. Im Hofladen in der sanierten alten Ölmühle von Saskia Gräfin Hahn von Burgsdorff gibt es frische Eier, Wurst, Honig und Marmeladen aus eigener Produktion, aber vor allem frische kaltgepresste Öle aus eigener Herstellung, z.B. Mohnöl aus Mohn von den eigenen Feldern oder Öl von Bucheckern aus den umgebenden Wäldern. Dazu kommt im Café selbstgebackener Kuchen oder auch eine herzhafte Brotzeit mit einem guten Glas Wein auf den Tisch. www.gut-blankensee.de

Uckermark

Prenzlau und nördliche Uckermark

Prenzlau am Nordufer des Unteruckersees gilt als ›Hauptstadt der Uckermark‹. Bereits 1465 wurde es in einer Urkunde so genannt und zählte lange Zeit zu den wichtigsten Städten in der Mark. Allerdings gibt es das alte Prenzlau nicht mehr. Es wurde Ende des Zweiten Weltkriegs nahezu ausgelöscht und besteht seit dem Wiederaufbau ab den 1950er Jahren aus breiten Straßenzügen, die das Zentrum durchschneiden. Zwischen zahlreichen, mittlerweile sanierten Plattenbauten erheben sich bedeutende historische Bauwerke, die wie das Dominikanerkloster den Krieg überdauerten oder wie die Marienkirche in jahrzehntelanger Arbeit rekonstruiert worden sind. Auch gut die Hälfte der mittelalterlichen Stadtmauer mit ihren Türmen ist noch vorhanden und kündet von der einstigen Macht. Darüber hinaus hat die Landesgartenschau 2013 der knapp 20 000 Einwohner zählenden Kreisstadt der Uckermark neu gestaltete Plätze und schöne Grünanlagen geschenkt. Von der Uferpromenade am Unteruckersee bis zur nordöstlichen Stadtumwallung verknüpft ein grünes Band Stadt und See als ›Grüne Wonne‹ – so das Motto, unter dem die 5. Brandenburgische Landesgartenschau 2013 stand.

Geschichte

Gegen Ende des 12. Jahrhunderts lassen sich niederdeutsche Siedler nieder. In jenen Jahren taucht der Name Prenzlau 1187 erstmals in einer Urkunde auf. Im Jahr darauf wird es – an der wichtigen Fernhandelsstraße von Magdeburg nach Stettin gelegen – als ›castrum cum foro et taberna‹ (Burg mit Markt und Krug) beschrieben, wenig später kommt noch eine Münzprägestätte hinzu. 1234 verleiht ihm der pommersche Herzog Barnim I. (reg. 1226–1278) Stadtrechte.

Prenzlau blüht auf. Drei Klöster und fünf prächtige Sakralbauten sind die steinernen Zeugnisse jener Prosperität. 1426 gelangt Prenzlau nach einigen Wechseln zwischen Pommern und Brandenburg endgültig unter brandenburgische Herrschaft. 1483 verheert eine Feuersbrunst große Teile der Stadt. Mitte des 16. Jahrhunderts folgt im Zuge der Reformation die Auflösung der Klöster.

Der Dreißigjährige Krieg entvölkert Stadt und Region. Kurz vor Weihnachten 1632 wird der Leichnam des in der Schlacht bei Lützen gefallenen Königs Gustav Adolf auf seiner Überführung nach Schweden in der Marienkirche aufgebahrt. 1685 wird Prenzlau Garnisonsstadt. Im selben Jahr erlässt Kurfürst Friedrich Wilhelm von Brandenburg (reg. 1640–1688) das Edikt von Potsdam, das Religionsflüchtlingen eine neue Heimat in Brandenburg gewährt. 1687 gründet sich in Prenzlau die größte französische Hugenottenkolonie in der Uckermark.

Ein weiteres geschichtsträchtiges Datum geht als ›Kapitulation von Prenzlau‹ in die Annalen ein: 1806 hissen preußische Soldaten nach der Niederlage von Jena und Auerstedt gegen das napoleonische Heer bei Prenzlau die weiße Fahne. 1863 erhält die Stadt am Unteruckersee einen Eisenbahnanschluss. Eine Eisengießerei, eine Zuckerfabrik, eine Maschinenbauanstalt und andere Produktionsstätten bringen Lohn und Brot in die Region. Ende des 19. Jahrhunderts hat sich die Einwohnerzahl auf 20 000 mehr als verdoppelt. 1938 werden in der Reichspogromnacht auch in Prenzlau die Synagoge und der jüdische Friedhof zerstört. Vier Jahre später haben die Nationalsozialisten jegliches jüdisches Leben in der Stadt ausgelöscht. Ende April 1945 fallen durch schwere Bombenangriffe und anschließende Brandschatzung 85 Prozent aller Gebäude in Schutt und Asche.

Nach der Enttrümmerung beginnen die Prenzlauer 1952 mit dem Wiederaufbau ihrer Stadt, der bis in die 1980er Jahre andauert. 1993 wird Prenzlau nach der Wiedervereinigung Kreisstadt der Uckermark. 2013 öffnet im April die 5. Brandenburgische Landesgartenschau ihre Tore und verwandelt die Stadt bis in den Herbst hinein in ein Blumenmeer.

Sehenswertes

Gleich, von woher man sich nähert, weithin sichtbar dominiert die **St. Marienkirche** mit ihrer wuchtigen Doppelturmanlage das Stadtbild. Ein erster Vorgängerbau wurde in den Anfangsjahren der Stadt nach 1235 aus Feldsteinen errichtet. Von 1289 bis 1340 folgte der Neubau der dreischiffigen Hallenkirche – die erste Hallenkirche Norddeutschlands östlich der Elbe, die zudem zu den bedeuten-

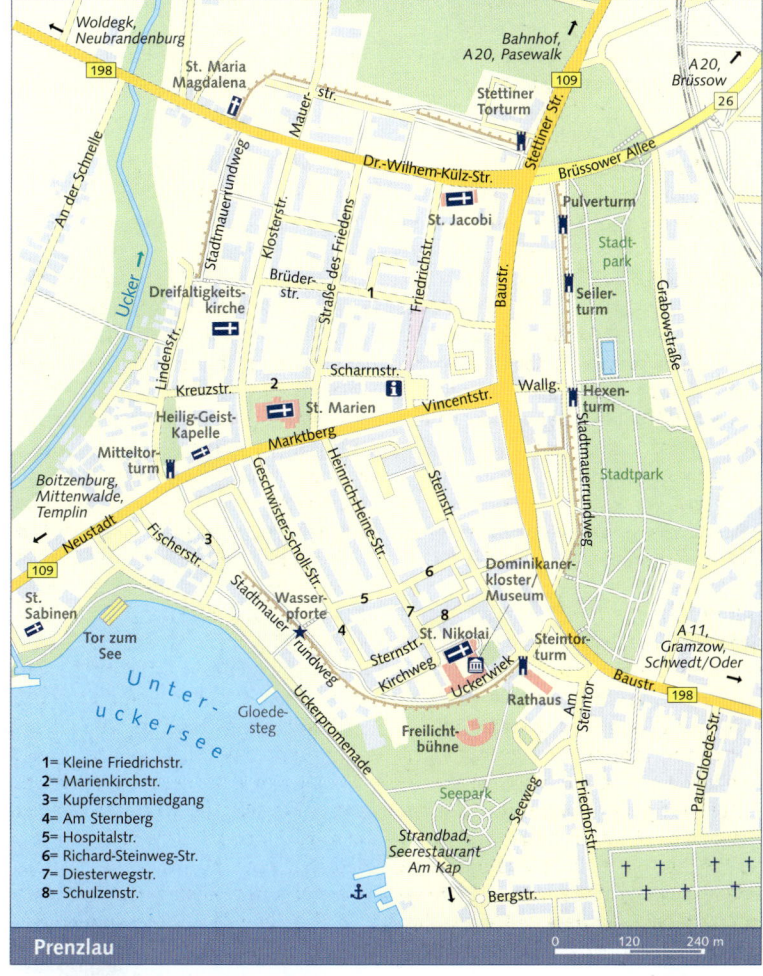

1= Kleine Friedrichstr.
2= Marienkirchstr.
3= Kupferschmiedgang
4= Am Sternberg
5= Hospitalstr.
6= Richard-Steinweg-Str.
7= Diesterwegstr.
8= Schulzenstr.

Prenzlau

Die St. Marienkirche und der Mitteltorturm in Prenzlau

den Gotteshäusern der norddeutschen Backsteingotik zählt. Ihre beiden Türme ragten ursprünglich 90 Meter in den Himmel empor. Nach einem Blitzschlag brannte der Nordturm ab und wurde 1546 mit einem Renaissancegiebel versehen. Seither misst er noch 68 Meter. 1638 ereilte den Südturm das Schicksal, weshalb man ihn 1666 durch einen kompletten Neubau ersetzte, der seitdem auf 64 Meter kommt.

Im Inneren zeigt sich das altehrwürdige Gotteshaus mit gewaltig emporstrebenden Pfeilersäulen schmucklos mit nacktem Ziegelmauerwerk. Nach der Zerstörung im Zweiten Weltkrieg – die Marienkirche brannte bis auf die Umfassungsmauern ab – wird sie seit 1972 wieder aufgebaut. Die Rekonstruktion dauert bis heute an. Im Jahr 2009 erklangen im Kirchturm erstmalig wieder, wie früher, drei Kirchglocken.

Von der einstigen Ausstattung überstand der wertvolle **Marienaltar** den Brand, da man ihn rechtzeitig in Sicherheit gebracht hatte. Von einem unbekannten Lübecker Meister geschaffen und 1512 geweiht, ist er seit 1995 wieder vor dem Chorabschluss aufgestellt. Seine kunstvollen Schnitzfiguren kann man allerdings nur hinter Glas bewundern. Seit einem spektakulären Raub Anfang 1991 – die Figuren tauchten einige Monate später in einem Kölner Bordell wieder auf – dient die Verglasung als Sicherheitsschutz.

Von Mitte des 13. Jahrhunderts stammt die **Dreifaltigkeitskirche** gegenüber in der Klosterstraße. Der einschiffige Sakralbau war das Gotteshaus der Franziskanermönche, deren Klosters bereits im 18. Jahrhundert abgerissen wurde. Um die Ecke steht am Marktberg die Anfang des 14. Jahrhunderts als Gotteshaus des Heiliggeisthospitals erbaute **Heiliggeistkapelle**. 1945 abgebrannt, waren die Rekonstruktionsarbeiten 2012

abgeschlossen und der kleinen Granitquaderbau mit zierlichem Glockentürmchen konnte neu als Ausstellungshalle eröffnen.

Daneben erhebt sich seit dem 15. Jahrhundert der gewichtige **Mitteltorturm**, der jüngste Teil der ab Ende des 13. Jahrhunderts errichteten Stadtmauer. Mit seinem quadratischen Unterteil, dem überdachten achtseitigen Wehrgang und einem von Kegelhelm und Zinnen gekrönten runden Oberteil stand er Modell für die beiden Türme der Berliner Oberbaumbrücke. Vom Mitteltorturm geht eine Sage aus slawischer Zeit, was chronologisch zwar völlig unmöglich ist. Aber sind Sagen logisch? – Als der reiche Fürst Primislaw über Prenzlau herrschte, kam ihm eines Tages sein goldener Ring abhanden. Der Verdacht fiel auf den Knappen, und obwohl dieser seine Unschuld beteuerte, wurde er vom Mitteltorturm in den Tod gestürzt. Lange später wurde das Schmuckstück in einem Rabennest im Geäst einer gefällten Eiche entdeckt, und der Fürst ließ zum Zeichen seines Bedauerns einen aus dem Holz dieser Eiche geschnitzten Raben auf die Spitze des Mitteltorturms setzen. – In Wirklichkeit schwebt über der Turmspitze ein schmiedeeiserner Adler mit Ring im Schnabel, gleichwohl ist er als ›Rabe vom Mitteltorturm‹ bekannt.

Am Unteruckersee

Nur wenige Schritte trennen den alten Stadttorturm vom Unteruckersee, dem größten aller Gewässer in der Uckermark. Dort auf Höhe der alten Schleuse, in die die Ucker aus dem See hinaus abfließt, befand sich bis zur deutschen Ostkolonisation die slawische Vorgängersiedlung. Vermutlich um 1170 entstand ebendort ein erster Kirchenbau – dem Schutzheiligen vor Überschwemmungen St. Sabinus geweiht – und bis Mitte des

13. Jahrhunderts kam ein Kloster dazu. Sechs Jahrhunderte lang hielt der heilige Sabinus wohl seine schützende Hand über das Gotteshaus. 1799 aber richtete eine Überschwemmung so großen Schaden an, dass die Kirche gesperrt werden musste. 1816/17 wurde **St. Sabinen** als Saalbau mit Fachwerkturm neu hochgemauert, und so steht sie bis heute da. Immer samstags ist die Kirche geöffnet und man kann ihren reich gegliederten Renaissancealtar von 1597 bewundern. Im Rahmen der Landesgartenschau (LaGa) 2013 hat der gesamte städtische Uferbereich eine neue Gestaltung erfahren. Sichtbares Zeichen nahe der Schleuse ist die silberglänzende ›Große Woge‹,

eine Skulptur des Brüssower Bildhauers Volkmar Haase. Weiter am Seeufer entlang laden Steganlagen mit Sonnendecks zum Sitzen mit schöner Aussicht aufs Wasser ein. Das Fahrgastschiff ›Onkel Albert‹ schippert über die Uckerseen, und nebenan warten Strandcafé und Badeanstalt auf einen Besuch.

Zwischen südlicher Stadtmauer und Seepromenade erstreckt sich der **Seepark** am Uferhang. Zur LaGa wurde er nach Art einer uckermärkischen Endmoränenlandschaft neu angelegt. Ebenfalls seit 2013 erinnert ein Weinberg mit 200 Rebstöcken an der Stadtmauer daran, dass der Weinbau im Mittelalter auch in der Uckermark keine Seltenheit war.

Im Hof des Dominikanerklosters

Im Seepark an der Uckerpromenade

Vom **Steintorturm** aus, Ende des 13. Jahrhunderts erbaut, schwingt die alte Stadtmauer im Süden von Prenzlaus historischem Zentrum zum See hinab. Dort gründeten 1275 Dominikanermönche ein Kloster. Mitte des 16. Jahrhunderts wurde es im Zuge der Reformation aufgelassen. Doch die alten Gemäuer mit Kreuzgängen, Refektorium, Officium, Sakristei konnten sich relativ unbeschadet über die Jahrhunderte retten. 1997–1999 aufwändig restauriert, beherbergt das **Dominikanerkloster** heute das Prenzlauer **Kulturzentrum und Museum**. Sammlungen mittelalterlicher Sakralplastiken und vor allem die Kunstwerke und Objekte des ›Schatzes von Seehausen‹ (→ S. 166) sind zu bewundern sowie außerdem eine Ausstellung zur Kulturgeschichte der Uckerseenregion.
Die von 1275 bis 1343 als Gotteshaus des Dominikanerklosters erbaute, turmlose **St. Nikolaikirche** besitzt ein schönes Taufbecken von Anfang des 15. Jahrhunderts und als größten Schatz einen Holzschnitzaltar von 1609. Berühmt wurde sie durch das letzte Konzert des Liedermachers Wolf Biermann vor seiner Ausbürgerung 1976 aus der DDR. Von der frühgotischen **Alten Nikolaikirche** in der Nachbarschaft blieb nach Abbruch des Kirchenschiffes im 18. Jahrhundert der stattliche Westturm stehen.

Mauern und Türme

Auf knapp anderthalb Kilometern sind mit Unterbrechungen fast die Hälfte der mittelalterlichen Stadtmauern erhalten und heute sorgfältig restauriert. Ab Ende des 13. Jahrhunderts wurden die Wehrmauern über drei Kilometer Länge und bis zu neun Meter hoch rund um die Stadt aufgebaut. Südlich am Seepark, östlich am Stadtpark sowie im Norden des historischen Zentrums lassen sie sich mit einem schönen Spaziergang erkunden.

Uckermark

Der Hexenturm

Start ist der **Steintorturm** am Domini-kanerkloster, Ende de 13. Jahrhunderts erbaut und heute Sitz des Uckermär-kischen Geschichtsvereins. Neben ei-nem Rundumblick über die Dächer von Prenzlau bietet der Turm Raum für eine stadtgeschichtliche Ausstellung (April–September immer donnerstags 14–16 Uhr). Von dort geht es über die viel befahrende Baustraße in den Stadtpark hinein, wo als erster von drei Türmen der **Hexenturm** steht. 1494 hat man ihn nachträglich in die Stadtmauer ein-gefügt. Seinen Namen erhielt er, weil in seinem Verließ der Hexerei bezich-tigte Menschen einsaßen. Weiter an der Stadtmauer entlang folgen der **Sei-lerturm**, im 19. Jahrhundert aus einem Wiekhaus zu Seilerwerkstatt umgebaut, und anschließend der **Pulverturm**. Noch bis Ende des 19. Jahrhunderts fungierte er als Schießpulverlager.

Am Rande der verkehrsumtosten Kreu-zung der B 109 mit der B 198 thront der **Stettiner Torturm** (auch Blindower Turm genannt). Seine Fundamente datie-ren auf das 13. Jahrhundert. Der Turm wurde im 14. Jahrhundert erhöht und stadtauswärts mit einem Zwinger und Vortor versehen. Mitte des 19. Jahr-hunderts hat man diese wehrhaften Einrichtungen wieder abgebrochen und 1859/60 die alte Tordurchfahrt geöff-net, die heute ein Fußgängerweg neben der Straße ist.

Vom Stettiner Turm umzieht die restau-rierte Stadtmauer das nördliche histori-sche Zentrum fast bis zur Ucker. Gleich neben dem Torturm erinnert an der Mauer eine Gedenktafel an den Mund-artdichter Julius Dörr (1850–1930), des-sen Wiege in Prenzlau stand. Gegenüber erhebt sich auf der anderen Straßenseite die **St. Jacobikirche**, ein Feldsteinsaal von Mitte des 13. Jahrhunderts und 1945 niedergebrannt. Die Restaurierungsar-

Der Seilerturm

beiten halten noch an. Nahe der Ucker steht neben der Stadtmauer die katholi-sche **Kirche St. Maria Magdalena**, 1892 neugotisch erbaut, in den letzten Kriegs-tagen 1945 zerstört und wie die meisten historischen Prenzlauer Bauwerke nach dem Zweiten Weltkrieg wiedererrichtet.

Fürstenwerder

An der Grenze zu Mecklenburg schmiegt sich im äußersten Winkel des Naturparks Uckermärkische Seen der 800-Einwoh-ner-Ort Fürstenwerder an die Ufer von Dammsee und Wahrensee. Seine Grenz-lage hat das 1319 erstmals erwähnte Ackerbürgerstädtchen über Jahrhunderte hinweg nicht hochkommen lassen, ihm dafür aber eine heute noch auf 1200 Metern erhaltene, mittelalterliche **Be-**

Karte S. 183

festigungsmauer beschert. Von einst drei Stadttoren haben das **Woldegker Tor** und das **Berliner Tor**, beide im 14. Jahrhundert erbaut, den Zeiten getrotzt. Im Herzen der kreisförmigen alten Stadtanlage steht die Mitte des 13. Jahrhunderts als Feldsteinsaal errichtete **Pfarrkirche**. Nach einem Stadtbrand 1740 wurde sie wieder aufgebaut, der neue Turmaufsatz schloss 1786 die Arbeiten ab. Aus jenen Jahren stammen vermutlich auch Gestühl und Empore im Gotteshaus. 1877 komplettierte eine Grüneberg-Orgel aus der Werkstadt des Stettiner Orgelbaumeisters Barnim Grüneberg die sakrale Einrichtung.

Nahebei sind unter dem Dach eines Ackerbürgerhauses von 1740 die kleine **Touristeninformation** und eine **Heimatstube** untergebracht. Letztere veranschaulicht in Schrift und Bild sowie zahlreichen historischen Gerätschaften die Geschichte von Fürstenwerder.

Eine Badewiese am Wahrensee vor der Kulisse der Stadtmauer rundet das Angebot ab. Aber nicht deswegen hat es der kleine Ort zur besonderen Berühmtheit gebracht. Fürstenwerder mit seiner jahrhundertealten, vergessenen Geschichte,

angesiedelt in einer Landschaft irgendwo im Nirgendwo, gebrochen zwischen zwei deutschen Gesellschaftssystemen und ökonomisch vergleichsweise abgehängt. Die Alten sterben, die Jungen gehen weg. Das ist die Folie für Saša Stanišićs Bestseller-Roman ›Vor dem Fest‹, für den er in Fürstenwerder viele Details recherchierte und 2014 dafür den Belletristik-Preis der Leipziger Buchmesse erhielt.

Brüssow

Das aufgeräumte 1900-Einwohner-Städtchen, ca. 15 km nordöstlich von Prenzlau gelegen, verfügt bis auf ein paar Stadtmauerreste über keine besonderen Sehenswürdigkeiten. Einen sanften Hügel hinauf und den anderen wieder hinab liegt es in der weiten Ackerlandschaft der nördlichen Uckermark. Wer etwas über die Geschichte des 1259 erstmalig in Büchern aufgetauchten Orts erfahren möchte, wird im **Heimatmuseum** in der ehemaligen evangelischen Kirche fündig. Camper und Badefreunde kommen am Ufer des Brüssower Sees auf ihre Kosten. Die besondere Adresse, für die Brüssow für Genießer neuerdings steht, hat mit überlieferten Rezepten für Kräuterliköre

Uckermark

In der Likörmanufaktur Brüssow

zu tun. In der **Kräuterlikörmanufaktur** nahe dem Brüssower Marktplatz werden die aromatischen Spirituosen nach Rezepten von 1500 bis 1945 hergestellt. Mit dem ›**Sacred Ground Festival**‹ wurde Brüssow zudem Shooting Star unter den Wir-fahren-aufs-Land-Tipps. Zwischen

Dorfteich und alter Scheune feiert die Jugend der Welt mit hämmernden Baselines das ›desire to create an intimate space outside of city streets‹. Am Morgen danach ist dann ein uckermarktypisches Chillen mit zirpenden Grillen und weidenden Kühen angesagt.

 Prenzlau und nördliche Uckermark
Vorwahl: 03984
Postleitzahl: 17291
Stadtinformation Prenzlau, Marktberg 2, Tel. 833952, Mai–Sept. Mo–Fr 10–18, Sa/So 10–13 Uhr, Okt.–April Mo–Fr 10–17, Sa 10–12 Uhr.
www.prenzlau-tourismus.de
Touristeninformation Fürstenwerder, Ernst-Thälmann-Straße 26, Nordwestuckermark/OT Fürstenwerder, Tel. 039859/202, Mai–Sept. Do/Fr 10–15 Uhr.
www.fuerstenwerder-seengebiet.de
Touristeninformation Brüssow, Prenzlauer Straße 8, 17326 Brüssow, Tel. 039742/8600, Mo–Fr 9–11 Uhr.
www.amt-bruessow.de

Zum Speicher & Alte Brennerei, Nechlin 8, 17337 Uckerland/OT Nechlin, Tel. 039740/299792, DZ/F ab 90 €, DZ/F mit Teilbadnutzung 70 €. 15 km nördlich von Prenzlau wurde in der Brennerei des ehemaligen Arnim'schen Gutsdorfs Nechlin von 1887 noch bis 1993 Schnaps destilliert. Sorgfältigst restauriert, eröffnete 2015 in den alten Mauern das stilvolle Hotel ›Alte Brennerei‹. In Zimmern wie Restaurant wird historisches Ziegelmauerwerk elegant mit Hölzern und warmen Farben kombiniert. Im feldsteingemauerten Tonnengewölbe der alten Malztenne werden im Restaurant frische, leichte, kreative Gerichte serviert. Sowohl die Brennerei als auch gegenüber der zugehörige restaurierte historische Kornspeicher werden nachhaltig mit Strom und Wärme aus erneuerbaren Quellen betrieben.
www.cafezumspeicher.com
Hotel am Uckersee, Straße am Uckersee

27/30, OT Röpersdorf, Tel. 6748, DZ/F ab 79 €. Freundliches Haus unter einem Walmdach, 4 km südlich von Prenzlau in Röpersdorf, die Zimmer teils mit Wasserbetten; großer Garten, Fahrrad- und Kanuverleih; das Restaurant gegenüber vor dem Unteruckerseeschilfgürtel bietet herzhafte Hausmannskost, Schnitzel und Eisbein, leckere Fischgerichte sowie Flammkuchenvariationen. www.schilfland.de
Jugendgästehaus Uckerwelle, Brüssower Allee 48a, Tel. 832220, ab 20 € die Nacht in Mehrbettzimmern. Modernes, buntes, fröhliches Haus mit vielen Freizeitangeboten, nicht unbedingt in der schönsten Prenzlauer Gegend gelegen, aber nur gut anderthalb Kilometer östlich vom Zentrum gelegen. www.uckerwelle-pz.de

Kanu & Rad Station Prenzlau, Neustädter Damm 17 d, Tel. 0174/1802180. Auf dem urigen Rasengelände am Seeufer westlich der Uckerschleuse, direkt am Berlin-Usedom-Radweg, ist alles auf Kanu- und Radwanderer ausgerichtet. Man kann sein Zelt aufschlagen oder in modernen Scubes nächtigen; mit Kanu- und Fahrradverleih. , www.solaris-prenzlau.de.
Wohnmobil-Stellplätze: Rasenplatz am Prenzlauer Strandcafé Balu, Uferpromenade 45, Tel. 7180971. Mit Strom, keine Entsorgungsmöglichkeit. www.uckerschiff.de

Seerestaurant Am Kap, Uckerpromenade 84, Telefon 7180305. Die Traditionsgaststätte am Höhenufer über dem Unteruckersee gibt es seit 1911. Drinnen und draußen auf der Seeterrasse werden, anders als es der Name erwarten lässt, vor

allem Schnitzel und Steaks, aber auch einige Fischgerichte serviert. Was zählt ist die fantastische Lage über dem See. www.kap-prenzlau.com
Seenfischerei Trellert, Fischereiweg 1, Nordwestuckermark/OT Lindenhagen, Tel. 039856/3118, Mai–Okt. Do–So ab 11 Uhr, Nov.–April Fr/Sa 9–16 Uhr nur Fischverkauf. Unweit vom Dörfchen Lindenhagen liegen Fischerei und Gastlokal in idyllischer Alleinlage am Sternhagener See. Aal, Hecht, Zander, Barsch und Schleie kommen, lecker nach Hausmacherart zubereitet, frisch aus dem See in Topf und Pfanne bzw. in den Räucherofen. Strahlt die Sonne vom Himmel, sind die Plätze auf der Terrasse oder auf der Wiese am Seeufer schnell belegt. Angler können einen Angelschein erwerben und selbst ihr Glück versuchen. Es gibt Ruderboote zu leihen. Einfach frischen Fisch zum Mitnehmen kaufen kann man natürlich auch. www.trellert.de

St. Marienkirche Prenzlau, Mai–Okt. tgl. 10–17 Uhr. www.marienkirche.com
Museum im Dominikanerkloster Prenzlau, Uckerwiek 813, Tel. 752241, Mai–Sept. Di–So 10–18, sonst Di–So 10–17 Uhr. www.dominikanerkloster-prenzlau.de
Heimatmuseum Fürstenberg, Ernst-Thälmann-Straße 26, Nordwestuckermark/OT Fürstenwerder, Tel. 039859/202, Mai–Sept. Do/Fr 10–15 Uhr. www.fuerstenwerder-seengebiet.de
Heimatmuseum Brüssow, Karl-Marx-Straße 6a, 17326 Brüssow; den Besuch bitte vorher bei der Touristeninformation Brüssow anmelden.

Dampferfahrten über Oberucker- und Unteruckersee zwischen Prenzlau und Warnitz; Mai–Sept. ab Schiffsanleger neben dem Prenzlauer Seebad; Fahrplaninfo: Reederei Kohn, Uckerpromenade 44, 17291 Prenzlau, Tel. 03984/832089. www.uckerseeschiff.de

Paddelboote an der **Kanu & Rad Station Prenzlau**, Motorboote, Kanus, Tret- und Ruderboote am **Strandcafé Balu**, s.o.

Kanu & Rad Station Prenzlau, s.o.

Seebad Prenzlau, Uckerpromenade 46, Mai–Sept. bei schönem Wetter. www.seebad-prenzlau.de
Badewiese am Westufer vom Unteruckersee in **Röpersdorf**, zu erreichen ab Hauptstraße wenige Meter nördlich der Dorfkirche über die ›Straße am Uckersee‹; Badewiese in **Fürstenwerder** am Wahrensee.

Uckerkaas Hofladen, Bandelow 50, 17337 Uckerland/OT Bandelow, Tel. 039740/20572, Im Hofladen der Bauernkäserei Wolter, 10 km nördlich von Prenzlau, kann man nicht nur den hauseigenen bekannten Uckerkaas in allen möglichen Sorten erstehen, sondern auch zahlreiche weitere Spezialitäten der Region; mit angeschlossenem Imbiss (am nördlichen Ortseingang von Bandelow). www.uckerkaas.de
Gutshof Kraatz, Schlossstraße 7, Nordwestuckermark/OT Kraatz, Tel.039859/63976. 2 km östlich von Fürstenwerder werden in den denkmalgeschützten Wirtschaftsgebäuden des ehemaligen Guts Kraatz erlesene Weine und Sekte kredenzt, aus alten Sorten von Äpfeln, Birnen und Quitten gekeltert. Für das leibliche Wohl sorgt die Weinschänke mit kleinen Gerichten aus ökologischem Anbau aus den umliegenden Dörfern. Angeschlossen sind zwei geschmackvolle Ferienwohnungen. www.gutshof-kraatz.de
Alrich Historische Liköre, Am Markt 6, 17326 Brüssow, Tel. 039742/866642, Mo–Sa 10–12 Uhr. Falls die Tür geschlossen ist, klingeln, oder beim Chef in der Apotheke am Marktplatz nachfragen.

Reisetipps von A bis Z

Angeln

In Brandenburg können Friedfische ohne Fischereischein geangelt werden (ab acht Jahre). Nötig ist eine **Angelkarte**, außerdem muss man gegen einen kleinen Obulus eine **Fischereiabgabemarke** erwerben. Die Marke gilt deutschlandweit für ein Jahr und bescheinigt von Amts wegen die Erlaubnis zum Angeln. Man erhält sie bei der Unteren Fischereibehörde, Fischern und Anglerverbänden, in Angelläden oder online unter www.angelkarten.com.

Angelkarten gelten für ein jeweiliges Gewässer und werden beim örtlichen Fischer, in Angelläden und einigen Freizeiteinrichtungen gekauft. Wo sie sich befinden, wissen die Touristeninformationen vor Ort.

Zum Raubfischangeln ist darüber hinaus ein Fischereischein erforderlich.

Alles Wissenswerte zu Gewässern, Fangbestimmungen, Schonzeiten und Mindestmaßen erfährt man beim Landesanglerverband Brandenburg:

Landesanglerverband Brandenburg e.V.
Zum Elsbruch 1
14558 Nuthetal/OT Saarmund
Tel. 033200/523916
www.landesanglerverband-bdg.de

Ausflug nach Polen

Wer gerne mal beim Nachbarn vorbeischauen möchte, kann das ohne Probleme tun. Wie Deutschland ist das EU-Mitglied Polen ein Schengen-Land, und Grenzkontrollen für Bürger aus der Schengen-Zone finden nicht statt. Zum Identitätsnachweis ist ein gültiger **Personalausweis** oder Reisepass notwendig. Dies gilt auch für Kinder, und zwar ab Geburt.

An Waren darf alles für den Eigenbedarf hin- und her transportiert werden. Ausnahme: Die Ausfuhr von Tabak ist zollfrei auf 800 Zigaretten pro Person über 18 Jahre beschränkt.

Autofahrer benötigen für die Einreise ihren **Führerschein** und den **Kfz-Schein**. Die Grüne Versicherungskarte ist nicht mehr obligatorisch. Dennoch empfiehlt sie sich, da sie erfahrungsgemäß die Abwicklung im Schadensfall erleichtert.

In Polen wird auch tagsüber mit Abblendlicht gefahren. Im PKW mitzuführen sind neben Warndreieck und Verbandskasten außerdem ein Feuerlöscher.

Steuert der Fahrzeughalter den Wagen nicht selbst, benötigt der Fahrer vom PKW-Halter eine **schriftliche Vollmacht** – selbst wenn dieser nebenan auf dem Beifahrersitz Platz genommen hat –, die ihm bescheinigt, dass er den Wagen nutzen darf. Das Formular kann man herunterladen unter: www.polen.travel/images/POIT_Berlin/Formulare/vollmacht_pkw.pdf

Deutsch-polnische Grenzübergänge im Gebiet, das dieser Reiseführer beschreibt, liegen bei:
Mescherin – Gryfino
Schwedt – Krajnik Dolny
Hohenwutzen – Osinow Dolny

Baden

Tausende Seen gibt es in Brandenburg. Viele davon liegen im Barnimer Land und in der Uckermark, wo bald jedes Dorf sein eigenes kleines Badegewässer hat. Knapp 60 Bademöglichkeiten in der Region sind vom Land Brandenburg offiziell ausgewie-

Angeln ist an vielen Gewässern möglich

*An der deutsch-polnischen Grenze
bei Gartz*

sen: als Strandbad, Badestrand, Badewiese, Waldbad oder Badestelle; die einen bewirtschaftet, die anderen nicht, mal handtuchklein, mal riesig groß.

Strandbäder mit weitreichendem Service von Sanitär über Imbiss bis Strandkorbund Wassersportgeräteverleih sind eintrittspflichtig. Größere frei zugängliche Badestrände und Badewiesen bieten meistens ebenfalls eine Imbissmöglichkeit und WC; manche sind wie die Strandbäder von Rettungsschwimmern bewacht, andere aber auch nicht, und es herrscht ›Baden auf eigene Gefahr‹. Badestellen sind schließlich, wie der Name schon sagt, kleinere Plätze, die in der Regel weder bewacht noch bewirtschaftet sind, und dort heißt es den Picknickkorb mitnehmen.

Die offizielle Badesaison beginnt in der Regel Mitte Mai und endet Mitte September. In dieser Zeit werden vom Landesumweltamt Brandenburg Gewässerproben entnommen und auf ihre Güte geprüft. Unter https://badestellen.brandenburg.de findet sich im Sommerhalbjahr eine Badestellenkarte mit einer jeweiligen Kurzbeschreibung und Informationen zu Ausstattung, Versorgungseinrichtungen und Wasserqualität.

In diesem Reiseführer haben wir die schönsten Bademöglichkeiten jeweils im Info-Anhang zu den Ortsbeschreibungen angegeben.

Für Sommerbadespaß speziell in der deutschen Hauptstadt und im Brandenburger Umland ist im Trescher Verlag außerdem der Titel ›Baden in und um Berlin‹ von Kristine Jaath erschienen.

Bootfahren

Ob mit Segelboot, Paddelboot, Motorboot oder jüngst im Trend Hausboot und Floß – die Vielfalt der sportlichen Möglichkeiten ebenso wie der Wasserlandschaften und Wasserwanderwege ist groß: vom verkrauteten historischen Kanal über Fließe und Flüsse bis hin zu großen Seen. Unter www.lbv.brandenburg.de finden Paddler und Freizeitkapitäne eine Karte der schiffbaren Landesgewässer, Hinweise zu den Geschwindigkeiten und zu den Schleusenzeiten der Kanäle.

Alles Wissenswerte rund um das Thema Wasser, von Angeltipps über Paddeltourenvorschläge, Marinas und Anlegestellen, auf Wasserwanderer spezialisierte Unterkünfte u.v.m. bieten der Tourismusverband Uckermark und der Tourismusverein Naturpark Barnim (→ S. 196) auf ihren Homepages und in ihren Broschüren.

Bootsverleiher vor Ort sind in diesem Reiseführer jeweils im Info-Anhang zu den einzelnen Ortsbeschreibungen angegeben.

Im Strandbad am Lübbesee bei Templin

Reisetipps von A bis Z

Der Bahnhof Chorin

Bus und Bahn

Deutsche Bahn, Regionalbahnen, S-Bahnen und Stadtverkehrsgesellschaften in Brandenburg und Berlin sind seit 1999 mit einheitlichem Tarifsystem im Verkehrsverbund Berlin-Brandenburg (VBB) zusammengeschlossen. S-Bahnen und Regionalbahnen im Liniennetz des VBB führen, jeweils mit Start in Berlin, in die Region:

RB 27 (NEB) ›Heidekrautbahn‹ via Wandlitzer Seengebiet in die Schorfheide nach Groß Schönebeck

RB 66 über Bernau und Eberswalde nach Angermünde

RE 3 Berlin–Stralsund über Bernau, Angermünde, Wilmersdorf, Warnitz, Seehausen, Prenzlau

RE 3 Berlin–Schwedt über Bernau, Angermünde und Pinnow

RB 12 nach Templin

S 2 nach Bernau

Die Fahrradmitnahme ist in allen Zügen des Regionalverkehrs in gekennzeichneten Wagen möglich.

Ticket und Fahrplaninfos erhält man unter der Rufnummer des VBB-Infocenters 030/25414141 und im Netz unter www.vbbonline.de.

Auskunft zu Fernzügen der Deutschen Bahn bekommt man unter Tel. 0180/6996633 und www.bahn.de.

Zur Anreise siehe auch: → S. 10

Immer von April bis Oktober bringt der **HeideLiner** im Pendelverkehr Fahrgäste ab Bahnhof Groß Schönebeck über Wildpark nach Groß Väter in die Schorfheide. Der Kleinbus der Barnimer Busgesellschaft fasst maximal 15 Personen.

Das ganze Jahr über verbindet der **Uckermark-Shuttle** immer am Wochenende die Städte und Dörfer der Uckermark miteinander. Der Ringbus der Uckermärkischen Verkehrsgesellschaft führt als Kreisverkehr in beide Richtungen über Templin, Prenzlau, Schwedt, Angermünde, Templin. Ab Templin geht ein Abzweig über Lychen nach Fürstenberg/Havel und retour. Zwischen April und Oktober nimmt der Uckermark-Shuttle auf einem Fahrradträger bis zu vier Räder mit, nach Voranmeldung unter Tel. 03332/442755 im Anhänger bis zu 12 Räder.

Daneben verbinden zahlreiche reguläre Buslinien der Barnimer Busgesellschaft und der Uckermärkischen Verkehrsbetriebe die Ortschaften in der Region miteinander. Informationen zu Linienverkehr, Fahrplänen, Tarifen u.v.m. gibt es bei

Barnimer Busgesellschaft
KundenCenter
Friedrich-Ebert-Straße 27d
16225 Eberswalde
Tel. 03334/235003
www.bbg-eberswalde.de

**UVG Uckermärkische Verkehrs-
gesellschaft mbH**
Steinstraße 5
16303 Schwedt
Tel. 03332/442755
www.uvg-online.com
www.wirbewegensie.de

Feste und Veranstaltungen

Ob Filmfest oder Lesung, ob Theater oder
Brettlbühne, ob Klassikkonzert, Rockfesti-
val oder Jazz – das Veranstaltungsangebot
im Barnimer Land und in der Uckermark
ist vielfältig. In Kirchen und Klosterruinen,
Gutshäusern, Scheunen, Ställen und Frei-
lichtbühnen wird aufgespielt, nicht selten
von internationalen renommierten Spitzen-
künstlern. Hier eine Auswahl:

■ Über das Jahr

Bernauer Kunst- und Handwerkermarkt,
an vier Sonntagen in der schönen Jahreszeit präsentieren Künstler und Handwerker ihre Erzeugnisse, umrahmt von Musik
und Tanz, Infos unter Tel. 03338/761919,
www.bernau-bei-berlin.de.
Glambecker Klaviermusiken, jährlich 15
Klavierkonzerte international renommierter

*Nicht wirklich geschichtsfest: kleine
Kreuzritter beim Bernauer Hussitenfest*

Künstler in der kleinen Glambecker Dorfkirche in der Schorfheide, Infos unter Tel.
033367, www.glambeck-schorfheide.de.
Odertalfestspiele, Theater, Tanz, Kabarett,
Konzerte, Feste und Spektakel der Uckermärkischen Bühnen, von Mai bis September
drinnen im Kulturhaus und draußen auf der
Odertalbühne an der Hohensaaten-Friedrichsthaler-Wasserstraße. Infos unter Tel.
03332/538111, www.theater-schwedt.de.
Uckermärkische Musikwochen, an vier
Sommerwochenenden präsentieren internationale Künstler Alte Musik, klassische
und moderne Musik sowie Liederabende in
Dorfkirchen, Scheunen, Guthäusern, Speichern, Ställen, Infos unter 0331/9793301,
www.uckermaerkische-musikwochen.de.

■ Ostern

Oster-Kloster-Fest Chorin, auf dem bunten Mittelaltermarkt auf dem Gelände des
Klosters Chorin werden alte Osterbräuche
gefeiert und bieten Kunsthandwerker ihre Waren feil. Kultureller Höhepunkt sind
die Theateraufführungen, Konzerte und
das Ritterlager mit Turnierspielen; Gründonnerstag bis Ostermontag, Info unter
www.schorfheidechorin.info.

■ Mai

Festival ›jazz in e.‹, vier Tage Jazz in Eberswalde, im Mai um Christi Himmelfahrt, Infos unter www.mescal.de.

■ Juni

Hussitenfest, immer am zweiten Juniwochenende in Bernau, drei Tage Turniergetümmel, Konzerte, Festspiele, Mittelaltermarkt und am Samstag farbenprächtiger
historischer Umzug durch die Bernauer Innenstadt, Infos unter Tel. 03338/761919,
www.bernau-bei-berlin.de.

■ Juli

Flößerfest Finowfurt, großes Volksfest an
einem Wochenende im Juli in Finowfurt
am Finowkanal, mit traditionellem Flößen,
Wettflößen, Baumstammsägen u.v.m. und
natürlich Musik und Tanz und Speis' und

Trank, Programm-Informationen gibt es unter www.gemeinde-schorfheide.de.

Inselleuchten, internationales Rock & Pop-Festival an einem Juliwochenende an der Leesenbrücker Schleuse in Marienwerder, Programm-Info unter www.inselleuchten.de.

Choriner Musiksommer, vor der malerischen Kulisse des Klosters Chorin gastieren das Rundfunkorchester Berlin, der Dresdner Kreuzchor, die Stettiner Philharmonie, die Regensburger Domspatzen, die Staatskapelle Weimar und viele andere hochrangige Chöre und Orchester, Informationen unter Tel. 03334/818472 oder unter www.choriner-musiksommer.de.

Liederfestival Thomsdorf, drei Tage im Juli am Carwitzer See: Chansons, Folk und vieles mehr, Infos unter Tel. 039889/509671, www.liederfestival-thomsdorf.de.

■ August

Grimnitzer Glastage, eine Woche im August Schauvorführung, Ausstellungen und Veranstaltungen in der Glashütte Grimnitz in Joachimsthal, Informationen unter www.glashuettegrimnitz.de.

Bebersee Festival, Kammermusikfestival Ende August/Anfang Sept. in der Schorfheide, Infos unter Tel. 03984/833973, www.bebersee.de.

Lychener Flößerfest, am ersten Augustwochenende in Lychen an der Oberpfuhlpromenade, mit Flößebauen, Floßfahrten, Drachenbootrennen, Konzerten, Musik und Tanz u.v.m. und samstags später am Abend Feuerwerk, Infos unter Tel. 039888/2555, www.lychen.de.

Musik auf dem Floß, Konzertabende auf dem See auf den eigens dafür zum Musikfloß zusammengebauten Treibholz-Flößen, immer mittwochs im Juli/Aug. um 19.30 Uhr, Infos unter Tel. 039888/2555, www.lychen.de.

■ September

UM Festival, drei Tage Anfang September zeitgenössische Kunst, Musik und Literatur in den uckermärkischen Dörfern Fergitz, Pinnow und Gut Sternhagen, alle zwei Jahre im Rhythmus 2018, 2020 ..., Info unter www.um-festival.de

Musik auf dem Floß, siehe ›August‹.

■ Oktober

Eberswalder Filmfest Provinziale, eine Woche ausgesuchte Filmkunst Anfang Oktober in Eberswalde, Infos unter Tel. 5264492, http://filmfest-eberswalde.de.

Informationsstellen

Oberste Informationsstelle für Tourismusangelegenheiten in Brandenburg ist die Tourismus-Marketing Brandenburg GmbH (TMB) mit einem riesigen Angebot für Urlauber und Ausflügler. Ob allgemeine Brandenburg-Informationen, Unterkünfte und Reservierungen, Kunst und Kultur, Naturerlebnisse, Sport- und Freizeitgestaltung, Tourenvorschläge sowie eine Fülle von Broschüren und Prospektmaterialien – dies und vieles mehr kann man wahlweise online, telefonisch oder auf Papier abfragen:

TMB Tourismus-Marketing
Am Neuen Markt 1
14467 Potsdam
Tel. 0331/2004747
www.reiseland-brandenburg.de
service@reiseland-brandenburg.de

Für das Barnimer Land halten der Tourismusverein Naturpark Barnim und die WITO Barnim, für die Uckermark die Tourismus Marketing Uckermark GmbH Broschüren mit Ausflugstipps, Vorschlägen für Rad-, Wander-, und Wasserwandertouren, Kunst und Kultur, Gastgeberverzeichnisse mit Unterkünften von Luxushotels über Pensionen und FeWos bis Camping mit Möglichkeit zur online-Buchung und vieles mehr bereit.

Tourismusverein Naturpark Barnim e.V.
Bahnhofsplatz 2 (im Bahnhof Wandlitzsee)
16348 Wandlitz
Tel. 033397/67277
www.barnim-tourismus.de

WITO Barnim – Wirtschafts- und Tourismusentwicklungsgesellschaft des Landkreises Barnim
Alfred-Nobel-Str. 1
16225 Eberswalde

In Angermünde

Tel. 03334/59100
www.barnimerland.de
Tourismus Marketing Uckermark GmbH
Stettiner Straße 19
17291 Prenzlau
Tel. 03984/835883
www.tourismus-uckermark.de
Lokale Touristeninformationen finden sich
in jeder größeren Ortschaft. Ihr Angebot reicht von allgemeinen Informationen
zu Stadt und Region über Zimmernach-
weis und Stadtführung bis hin zu Broschüren, Stadtplänen und Wanderkarten sowie Auskünften zu lokalen Fahrrad- und
Wassersportgeräte-Verleihern, Reiterhöfen,
Ausflugszielen und anderem mehr. Ihre
Adressen und Öffnungszeiten finden sich in
diesem Reiseführer in den Info-Anhängen
zu den einzelnen Orten.

Radfahren

Zwei Radfernwege führen durch die Region: der **Radweg Berlin–Usedom**, der den
Weg über Bernau, den Naturpark Barnim,
die Schorfheide, die Uckerseen und Prenzlau zur östlichsten deutschen Ostseeinsel
nimmt, sowie der **Oder-Neiße-Radweg** an
der Oder entlang durch den Nationalpark
Unteres Odertal über Schwedt und Gartz
nach Stettin. Als Ost-West-Verbindung

verläuft der **Oder-Havel-Radweg** zwischen
Hohensaaten am Oderdeich und westlich
Liebenwalde überwiegend am historischen
Finowkanal entlang. Der **Uckermärkische
Radrundweg** ab Stolpe verbindet die sehenswertesten uckermärkischen Orte miteinander, über Angermünde, Joachimsthal,
Templin, Lychen und die Uckerseen bis
Prenzlau und durch den Nationalpark Unteres Odertal.
Sei es die ›Klostertour‹ von Chorin durch
den Grumsiner Forst zum Parsteiner See,
sei es die ›Kleine Familientour‹ rund um
die Wandlitzer Seen oder die 150 Kilometer lange ›Gutsherrenradtour‹ ab Prenzlau
durch die nördliche Uckermark – zahlreiche Radwandervorschläge halten parat:
der Tourismusverein Naturpark (als Broschüren zum Bestellen), die WITO Barnim
(zum Herunterladen) und die Tourismus
Marketing Uckermark (auf Papier und als
Datei), Adressen s.o.
Am Wegesrand hat sich eine gute Versor-
gungsstruktur etabliert, und auch wer ohne Drahtesel anreist, muss nicht verzichten.
Zahlreiche Verleiher sowie viele größere
Hotels und Pensionen halten Räder bereit.
Das vom ADFC zertifizierte Symbol **Bett &
Bike** weist auf eine besonders freundliche,
radfahrergerechte Aufnahme hin. ›Bett &
Bike‹-Unterkünfte verfügen in der Regel
über Radunterstände, Möglichkeiten zum
Kleidertrocknen und machen kleinere Re-
paraturen am Fahrrad möglich.
Einen besonderen Service bietet die Tourismus Marketing Brandenburg (BTM) mit
dem ›RadNavigator Brandenburg‹, von dem
sich Pedalritter auf ihrem Weg per GPS leiten lassen konnen. Nach der Anmeldung
unter www.radnavigator-brandenburg.de
sucht man sich seine Radtour aus, lädt sie
auf Smartphone oder Tablet und erhält
so für unterwegs nicht nur einen exakten
Wegweiser und jederzeit seine genau Po-
sition, sondern darüber hinaus Kurzinfor-
mationen über Ausflugsziele, Restaurants
und Sehenswürdigkeiten an der Strecke.
Einfach auf Papier ausdrucken kann man
sich diesen Service natürlich auch.

Reisetipps von A bis Z

Ein weiterer bewährter Ansprechpartner für alle Belange rund ums Radeln ist der **Allgemeine Deutscher Fahrrad-Club**
Landesverband Brandenburg
Gutenbergstraße 76
14467 Potsdam
Tel. 0331/2800595
www.brandenburg.adfc.de

Unterkunft

An Unterkünften besteht im Barnimer Land und in der Uckermark kein Mangel. Man hat die Wahl zwischen gehobener Hotelerie, zumeist in edel restaurierten Herrenhäusern untergebracht, schönen Pensionen, B & Bs sowie einer Fülle von Ferienwohnungen und Privatquartieren, Campingplätzen und Ferienhütten. Die Campingplätze liegen meist malerisch unter Kiefern am See, verfügen über moderne sanitäre Einrichtungen und sind für gewöhnlich mit Gaststätte, kleinem Shop, Brötchen-Service, Spiel- und Sportgeräteverleih ausgestattet.

Die in diesem Reiseführer aufgeführten Unterkunftstipps geben ungefähre Zimmerpreise als Richtpreis an. Sie beziehen sich, sofern nicht anders erwähnt, auf ein Doppelzimmer für zwei Personen mit Bad und Frühstück bei einer Übernachtung in der Hochsaison. Damit spiegeln sie jeweils den höchstmöglichen Preis und dienen lediglich für die Orientierung. Wechselnde Wochenend-Arrangements und Preisnachlässe für Buchungen mehrerer Nächte, in der Nebensaison oder außerhalb der Saison sind üblich, können hier aus Platzgründen aber keine Berücksichtigung finden – weshalb es sich immer lohnt, einen persönlichen Preisvergleich anzustellen.

Die Hochsaison geht in der Regel von Juni bis September, Frühjahr und Herbst ist Nebensaison, die Wintermonate liegen außerhalb der Saison.

Wer auf der Suche nach seiner bevorzugten Unterkunft in den Katalogen oder auf den Homepages der regionalen Tourismusorganisationen (→ S. 196) noch nicht fündig geworden ist, für den halten die lokalen Tourismusinformationen ein weiteres umfangreiches Angebot bereit. Ihre Anschriften sind in diesem Reiseführer in den Info-Anhängen der jeweiligen Orte angeführt.

Wandern

Unzählige markierte Wanderwege führen durch die Region, und es ist unmöglich sie alle zu nennen. Jeweils am Ort halten die Touristeninformationen mannigfaltige Vorschläge für Tageswanderungen parat. Eine große Vielfalt weiterer Wandertouren zwischen 1 Kilometer und 160 Kilometer Länge, geführt oder auf eigene Faust, finden sich in den Publikationen der regionalen Tourismusorganisationen (→ S. 196).

Gute Bedingungen für Radfahrer, hier am Marstall in Boitzenburg

Literatur

Sachbücher

Hans Bentzien, Unterm roten und schwarzen Adler. Geschichte Brandenburg-Preußens für jedermann, Berlin: Volk und Welt 1992. Eine Chronik Brandenburgs und Preußens vom 10. Jahrhundert bis zur Gründung der DDR.

Hans Christian Graf von Krockow, Fahrten durch die Mark Brandenburg, München: DVA 1994. Auf den Spuren Fontanes bereiste der Historiker und profunde Kenner der preußischen Geschichte unmittelbar nach der Wiedervereinigung das Land Brandenburg, berichtet kritisch und doch voller Zärtlichkeit vom Vorgefundenen und dem Verschwundenen, von Personen und Persönlichkeiten Brandenburg-Preußens.

Heinz Ohff, Preußens Könige. München: Piper 2009. Mit hübschen Anekdoten gewürzte populäre Geschichte Preußens, anhand der Biografien seiner neun Könige von Friedrich I. bis Wilhelm II. erzählt.

Belletristik

Theodor Fontane, Wanderungen durch die Mark Brandenburg, Berlin: Aufbau 2005. In fünf Bänden, zwischen 1862 und 1889 erschienen, entführt Fontane seine Leser auf beinahe 2400 Seiten in die Mark Brandenburg. Auch Teile des Barnimer Land wurden von dem Meisterschreiber der Reiseliteratur erwandert; so der Hohe Barnim mit Werbellinsee, nachzulesen im Band ›Oderland‹, oder das Kloster Chorin und Mariensee im Band ›Havelland‹.

Saša Stanišić, Vor dem Fest, München: Luchterhand 2014. Sittengemälde eines uckermärkischen Dorfs. Es gibt eine alte Malerin, einen ehemaligen NVA-Oberst, einen Förster, einen Glöckner und seinen Lehrling, eine Füchsin auf Nahrungssuche und andere mehr, die sich begegnen oder auch nicht, etwas tun oder auch nicht, in der Nacht vor dem Fest. Stanišić hat für seinen Roman in und rund um das real existierende Dorf Fürstenwerder in der nördlichen Uckermark recherchiert.

Ehm Welk, Die Heiden von Kummerow, Rostock: Hinstorff 2008. Erstmals 1937 erschienen, erfreut sich Welks heiter-humorvolle Erzählung über das, was sich zugetragen hat ›an hellen und düsteren Ereignissen, an menschlichen Handlungen der Liebe und des guten Willens, der Schwäche und der Böswilligkeit (…) in Kummerow im Bruch hinterm Berge‹ nach wie vor großer Beliebtheit. Vielen gilt der Roman als deutsches Gegenstück zu Guareschis ›Don Camillo und Peppone‹.

Julie Zeh, Unterleuten, München: Luchterhand 2016. Der irgendwo in einem Dorf in Brandenburg angesiedelte – es könnte auch im Barnim oder in der Uckermark sein – Gesellschaftsroman schildert, wie sich ein idyllisches Dorf mit alteingesessenen Wendegewinnern und alteingesessenen Wendeverlierern und aus Berlin zugezogenen Neudörflern in eine Vorhölle verwandeln kann, wenn ein Investor in direkter Nähe einen Windpark bauen will.

Die Autorin

Kristine Jaath, 1962 in Würzburg geboren, zog 1981 in den damals noch eingemauerten Westteil Berlins und lebt seitdem bis auf einen Studienaufenthalt in Rom ununterbrochen am grünen Strand der Spree. Sie studierte Germanistik, Religionswissenschaften und Italienisch in Rom und Berlin, arbeitete anschließend beim öffentlich-rechtlichen Radiosender RIAS Berlin (seit 1990 DeutschlandRadio) und widmet sich seit Mitte der 1990er Jahre der Reiseschriftstellerei. Sie veröffentlichte zahlreiche Texte und Bildbände sowie Reiseführer über Deutschland, Italien und Polen. Im Trescher Verlag sind von ihr außerdem die Titel ›Brandenburg‹, ›Potsdam‹ sowie ›Baden in und um Berlin‹ erschienen.

Anhang

Bildnachweis

alle Fotos: Kristine Jaath

Kartenregister

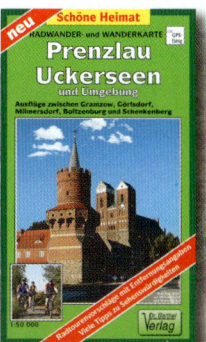

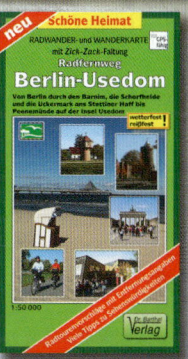

MEHR WISSEN.BESSER REISEN
REISEFÜHRER AUS DEM TRESCHER VERLAG

Trescher Verlag

Kristine Jaath

BRANDENBURG

Unterwegs zwischen Elbe und Oder

Trescher Verlag

Manfred Reschke

WANDERUNGEN DURCH BRANDENBURG

55 Touren durch das ganze Land

trescher-verlag.de

Kartenlegende

☀	Aussichtspunkt, Aussichtsturm	14	Autobahnausfahrt
♪ ♪	Burg, Burgruine	A11	Bundesautobahn
≋	Badestelle	273	Bundesstraße
🏠	Bahnhof	200	Landesstraße
🛒	Einkaufen		
†	Friedhof		
🏨	Hotel, Pension		
🏠	Jugendherberge		
♂	Kirche		
♂ ♂	Kirchenruine		
🏛	Museum		
✕	Restaurant, Gasthof		
Ⓢ	S-Bahn Haltestelle		
🚢	Schiffsanlegestelle		
⬗	Schiffshebewerk		
‖	Schleuse		
♂ ♂	Schloss, Schlossruine		
★	Sehenswürdigkeit		
⚓	Sportboothafen		
⌗	Stadtmauer		
⊓	Stadttor		
🎭	Theater		
i	Touristeninformation		
Ⅲ	Turm		
❋	Vogelbeobachtungsturm		
♣	Wildpark		
✗	Windmühle		

Zeichenlegende

ℹ	Allgemeine Informationen	🛶	Bootsverleih
🛏	Hotels und Pensionen	🚲	Fahrradverleih, Radsport
⛺	Camping- und Wohnmobilplätze	🐎	Reiten und Kutschfahrten
✕	Gastronomie	🏊	Badestellen, Strandbäder
🏛	Museen und Ausstellungen	🚣	Wassersportmöglichkeiten
♣	Naturschutzzentren, Wildparks	🎵	Feste, Märkte, Kulturveranstaltungen
🚢	Fahrgastschiffahrt	🛍	Einkaufstipps

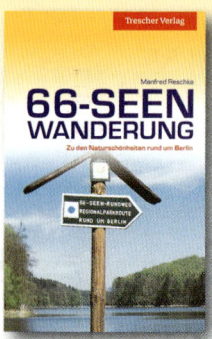

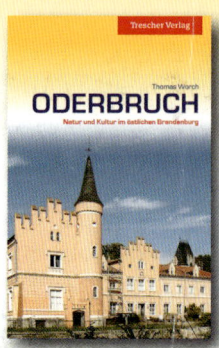

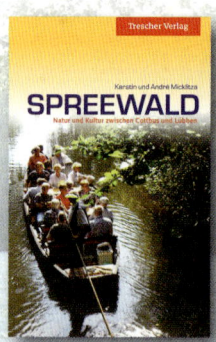

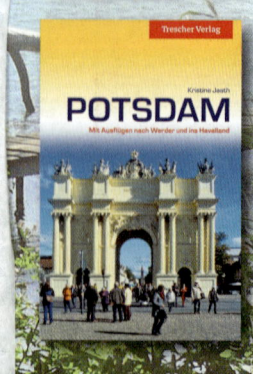

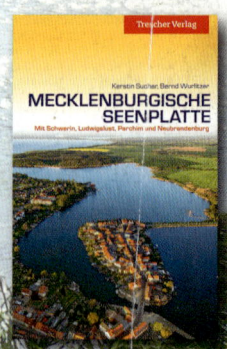